Aloisia Brenner · Julius Brenner · Erich Pommerenke

Generationen am Arbeitsplatz ...
so läuft's

Aloisia Brenner · Julius Brenner · Erich Pommerenke

Generationen am Arbeitsplatz … so läuft's

Analysen, Befunde und Konzepte

Druckerei & Verlag Steinmeier

Herstellungsleitung: Johannes Paus, Wallerstein
Satz: BUCHFLINK Rüdiger Wagner, Nördlingen
Gesamtherstellung: Druckerei & Verlag Steinmeier, Deiningen
Überzuggestaltung: Claus Lang, Schwäbisch Gmünd
Fotos: Sarah Heide und von den Autoren
Bilder: Von den AutorInnen und Pixabay
Zeichnung (Seite 170): Aloisia Brenner

1. Auflage, November 2022

ISBN 978-3-943599-97-8

INHALT

KAPITEL 1
STATT EINER EINLEITUNG

Schwester Resi ist leicht irritiert

Schwester Resi ist eine erfahrene Pflegefachkraft und bekannt für ihre gut ausgeprägte Resilienz. Doch heute Morgen gerät ihre Ausgeglichenheit etwas ins Wanken. Sie muss feststellen, dass die seit zwei Monaten auf ihrer Station arbeitende junge Lernschwester gestern Abend zum wiederholten Mal die erforderlichen Dokumentationen nicht erledigt hat, obwohl sie sie schon mehrfach auf die Wichtigkeit dieser Einträge hingewiesen hat.

Beim letzten solchen Fall hat sich die an sich zuverlässige und gewissenhaft arbeitende und bei Bewohnern beliebte Kollegin damit entschuldigt, dass sie die Dokumentation auf ihrem Smartphone gespeichert habe und bei Gelegenheit nachtragen werde.

Nachdem es zwei Jahre zuvor ebenfalls mit einer jungen Kollegin zu ähnlichen Konflikten gekommen war, wird sie nachdenklich, ob ihre älteren Kolleginnen nicht doch Recht haben, wenn sie die Zuverlässigkeit »der Jungen« grundsätzlich in Frage stellen.

Aber gleichzeitig erinnert sie sich daran, dass sie selbst und ihre Geschwister in ihrer Jugend – wenn sie etwas vergessen oder nicht sorgfältig genug zum Abschluss gebracht hatten – ähnlichen Vorwürfen ausgesetzt waren: »Euch muss man aber auch alles zweimal sagen« oder »das ist doch schlampig gemacht, da kann ich es ja gleich selber machen!«.

Da kommen ihr Zweifel: Ist es vielleicht vollkommen normal, dass es in der Zusammenarbeit von Jung und Alt zu Konflikten kommen kann? Worauf beruhen solche Konflikte? Wo ist die Grenze zwischen persönlicher Unzulänglichkeit und generationenbedingten Verhaltensweisen? Und vor allem: Wer kann auf welche Weise dazu beitragen, solche Konflikte zu vermeiden?

Sie hat vollkommen Recht: Erst wenn diese und weitere Fragen systematisch angegangen werden, entstehen Perspektiven für ein besseres Miteinander. Und davon würden alle profitieren: die

Betroffenen selbst, das Unternehmen und letztlich die Gesellschaft als Ganzes.

Und genau dazu sollen unsere Ausführungen beitragen.

Sie befassen sich zunächst damit, was Generationen sind und worauf ihre unterschiedliche gesellschaftliche Prägung (Sozialisation) beruht und wie sich solche Prägungen in »typischen« Verhaltensweisen abbilden.

Daraus ergibt sich die Frage, ob diese Verhaltensweisen nur unterschiedlich sind oder ob sie Ausdruck von Werteveränderungen oder gar Werteverlusten sind.

Aus den Erkenntnissen, die sich daraus ergeben, können dann einigermaßen begründete Strategien entwickelt werden, wer auf welche Weise dazu beitragen kann, dass generationenbedingte Konflikte konstruktiv geregelt werden.

KAPITEL 2
GENERATIONEN, GENERATIONEN, ...

Versuch einer Definition

Als Schwester Resi aufwuchs, verstand sie schnell, was es mit den »Generationen« auf sich hat: Da waren zunächst ihre Geschwister und die Cousins als die »Kindergeneration«, dann die Generation der Eltern, Tanten, Onkels und deren Freunde als die »Erwachsenengeneration« und dann noch die beiden Opas und Omas als die »Generation der Alten«.

Und gelegentlich kam es vor, dass die Erwachsenen vom »Generationenwechsel« sprachen, wenn auf einem Bauernhof, in der benachbarten Bäckerei oder Gaststätte der Betrieb an die »Jungen« übergeben wurde.

Im Wesentlichen hat dieses familienbezogene Generationenverständnis seine Gültigkeit bis heute: In Abständen von durchschnittlich etwa 30 Jahren folgt in Familien die jeweils nächste Generation auf die vorausgegangene. Natürlich schwankt diese Zahl etwas, weil das durchschnittliche Alter, in dem Frauen ihr erstes Kind zur Welt bringen, sich verändern kann. So zeigt sich beispielsweise, dass mit steigender Ausbildungsqualifikation und beruflichem Engagement die Zahl der Frauen steigt, die – wenn überhaupt – ihr erstes Kind in höherem Alter bekommen. Trotzdem bleibt der »biologische« Generationenwechsel in etwa stabil bei etwa dreißig Jahren.

Etwas ganz anderes erlebt Schwester Resi am Arbeitsplatz: Hier hat sie im Lauf ihrer langen Berufstätigkeit schon viele »Generationen« kommen – und zum Teil – gehen sehen. Sie hat das Gefühl, die nachfolgenden Generationen verändern sich immer schneller in den ihnen eigenen typischen Verhaltensweisen.

Was sie erlebt, betrifft nicht die biologische Abfolge von Generationen, sondern vielmehr die unterschiedliche historisch-gesellschaftliche Prägung, denen Menschen unterworfen sind, das heißt, wie sie sozialisiert wurden.

Man kann Generationen als »Alterskohorten« bezeichnen. Die gemeinsamen Merkmale einer solchen Kohorte bestehen darin, dass man altersbedingt den gleichen prägenden gesellschaftlichen und historischen Ereignissen ausgesetzt war. Als maßgeblicher Zeitraum hierfür gelten Kindheit, Jugend und junger Erwachsener.

Altersgruppen, die wesentlich von bestimmten Ereignissen und Entwicklungen geprägt wurden, werden oft als »Generation« zusammengefasst und benannt: Kriegsgeneration, Nachkriegsgeneration, Wirtschaftswundergeneration, 68er-Generation usw.

In der Fachliteratur finden sich vier Basisdefinitionen von Generationen:

1. Als kollektive oder individuelle Akteure hinsichtlich ihrer sozial-zeitlichen Positionierung in einer Gesellschaft, einem Staat, einer sozialen Organisation oder einer Familie zu charakterisieren und ihnen eine spezifische Identität (Generationenidentität) zuzuschreiben.
2. Das Konzept der Generationendifferenz betont die Unterschiede, die sich aus der Zugehörigkeit zu einer bestimmten Generation in Bezug auf das Fühlen, Denken, Wissen und Handeln ergeben.
3. Das Konzept der Generationenbeziehungen bezeichnet die wechselseitigen und rückbezüglichen Prozesse der Orientierung, der Beeinflussung, des Austauschs und des Lernens zwischen den Angehörigen von zwei und mehr Generationen.
4. Das Konzept der Generationenordnung befasst sich mit der in einer Gesellschaft bestehenden Regelungen in Brauch, Sitte und Recht bestehenden Beziehungen.

Daraus wiederum lassen sich vier unterschiedliche Konzepte von Generationen ableiten: Generation

1. als Kategorien zur Unterscheidung von Abstammungsfolgen – wie Schwester Resi und wir alle sie in Familien erleben.
2. als pädagogisch-anthroposophische Grundkategorien von Lern- und Erziehungsprozessen.
3. als Kategorien zur Unterscheidung historisch und/oder sozialer Gruppierungen mit gemeinsamem sozio-historischem Hintergrund.
4. als Kategorie wohlfahrtsstaatlicher Verteilungsprozesse zwischen Altersgruppen und/oder Geburtskohorten (z. B. Altersversorgung).

   (Beide Einteilungen nach: Francois Höpflinger, Generationenfragen: Konzepte und theoretische Ansätze. www.hoepflinger.com)

Unsere Absicht besteht vor allem darin, der Frage nachzugehen, ob die von Schwester Resi beobachteten unterschiedlichen Verhaltensmuster auch »generationentypisch« sind. Dieser Ansatz enthält demnach vor allem Elemente des zweiten und dritten Konzeptansatzes.

Das bedeutet, dass Zeiträume definiert werden müssen, innerhalb derer bestimmte Prägefaktoren so wirksam waren, dass sie eine Generation kennzeichnen.

Generationen – eine zeitliche Einteilung

In Deutschland werden im Zeitraum seit 1945 in der öffentlichen Kommunikation häufig die folgenden vier Generationsbezeichnungen bzw. zeitlichen Eingrenzungen verwendet:

Generation	Kriegs- und Nachkriegsgeneration	Babyboomer	Generation X	Generation Y	Generation Z
Zeit	1935–1949	1950–1964	1965–1979	1980–1995	1996–2010
Symbol				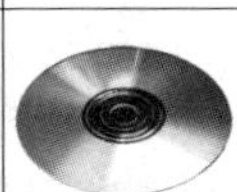	
Bedeutung	Schallplatte	Tonkassette	Walkman	CD-ROM	Smartphone

(Anmerkung: Zur leichteren Orientierung verwenden wir für die einzelnen Generationen Symbole zeittypischer Medien.)

Diese Einteilung ist zwar nicht wissenschaftlich belegt und nicht unumstritten, sie ist aber durchaus gebräuchlich und bildet einige wichtige Prägungsunterschiede und die daraus entstandenen Verhaltensmuster ab.

Wir schließen uns deswegen dieser Einteilung grundsätzlich an, haben sie aber doch ein wenig an unsere Ziele angepasst. Weil in Betrieben und Einrichtungen – zumindest als Aushilfskräfte – auch heute noch Menschen der Jahrgänge der späten 40er und der frühen 50er Jahre beschäftigt sind, haben wir eine »Generation Kriegs- und Nachkriegsjahrgänge« hinzugefügt. Das hat den Vorteil, dass sowohl die damals eher traditionellen Erziehungs- und Sozialisationsmuster beleuchtet werden können und die tiefgreifenden Umbrüche der Kriegs- und Nachkriegszeit ins Blickfeld geraten. Für den Pflegebereich ist dies deswegen wichtig, weil es unter den zu Pflegenden viele gibt, die zu dieser – und teilweise sogar zu Vorkriegsgeneration – gehören. Nur, wer deren Prägungsgeschichte – wenigstens in Grundzügen – kennt, kann angemessen mit ihren oft traumatischen Erinnerungsgeschichten umgehen.

Bevor die jeweils prägenden Ereignisse und Entwicklungen der verschiedenen Generationen beschrieben werden, soll ein zusammenfassender Überblick über die Dekaden seit 1940 Orientierungshilfe bieten.

Die Dekaden von 1940 bis zu den Nuller Jahren im Überblick

Die vierziger Jahre

Mit dem Überfall Deutschlands auf Polen am 1.9.1939 beginnt der Zweite Weltkrieg. Die folgenden zehn Jahre sind von diesem Krieg und seinen Folgen geprägt – in Deutschland, Europa und weiten Teilen der Welt. Mit Kriegsbeginn ist der demokratische Staat in Deutschland endgültig abgeschafft, alles wird den Kriegszielen unterworfen. Seine Folgen sind fürchterlich: Über 55 Millionen Menschen fallen ihm zum Opfer, etwa ebenso viele verlieren ihre Heimat, die durch den Krieg verursachten Zerstörungen sind gewaltig – vor allem auch in Deutschland. In Europa endet er mit der Kapitulation Deutschlands im Mai 1945, in Asien nach den beiden Atombombenabwürfen von Hiroshima und Nagasaki im August desselben Jahres.

Vor allem in Deutschland und Europa bewirkt er große politische Umwälzungen. Für die Menschen aber geht es, nachdem die Waffen schweigen, zunächst ums Überleben.

Dieser Kampf beginnt schon in den letzten Kriegsjahren mit dem Aufräumen der zerbombten Städte und liegt, weil die Männer im Krieg gefallen oder »kriegsversehrt« sind, vor allem bei den Frauen. Sie ersetzen die Männer in vielen »Männerberufen« und beginnen als sogenannte »Trümmerfrauen« mit den ersten Aufräumarbeiten.

Deutschland liegt 1945 auch politisch in Trümmern. Das Land verliert seine Souveränität und wird territorial beschnitten. Der »Rest« wird – wie die Hauptstadt Berlin – in vier Besatzungszonen aufgeteilt und der Hoheit der Alliierten unterstellt. Außerdem werden hohe Reparationen gefordert und es folgen – vor allem in der sowjetisch besetzten Zone – umfangreiche Demontagen. Deutschland sollte politisch und wirtschaftlich so beschnitten werden, dass es »kriegsuntauglich« wird.

Schon früh zeichnen sich in der Besatzungspolitik ideologischen und machtpolitische Gegensätze zwischen den Westalliierten und der Sowjetunion ab: Als diese im Juni 1948 die Zufahrtswege von den Westzonen nach Berlin schließt, wird Berlin bis Mai 1949 durch die »Berliner Luftbrücke« versorgt.

Die ideologischen Gegensätze und wirtschaftliche Überlegungen führen in den Westzonen – vor allem bei den Amerikanern – bald einen Umdenkungsprozess in Gang: Nur ein wirtschaftlich gestärktes Deutschland kann eine Rolle im Ost-West-Gegensatz übernehmen. Mit dem Marshallplan von 1947 setzen die Vereinigten Staaten diesen Wiederaufbau in Gang.

In den »Nürnberger Prozessen« werden 1945/46 viele NS-Führungskräfte und Kriegsverbrecher verurteilt, sehr viele Verantwortliche können sich der juristischen Verfolgung allerdings – zum Teil bis heute – entziehen.

Zum Ende der Dekade entstehen schließlich die beiden deutschen Staaten: am 23. Mai 1949 aus den Westzonen die Bundesrepublik Deutschland, am 7. Oktober 1949 aus der Ostzone die Deutsche Demokratische Republik.

Vor allem in den letzten Kriegs- und den ersten Nachkriegsjahren ist das Leben der Menschen geprägt von der Sorge ums Überleben: Die Zerstörungen in den Städten sind gewaltig, Nahrungsmittel knapp und die Wohnungsnot – angesichts von Millionen Heimatvertriebenen aus Ostdeutschland und großen Teilen Osteuropas – erheblich. Verstärkt werden die Probleme in der BRD durch die zahlreichen Menschen, die aus der sowjetisch besetzten Zone (später der DDR) in den Westen fliehen. Zusammen mit den Millionen Heimatvertriebenen stellen sie dem Land seine erste große Integrationsaufgabe.

Die beliebtesten Vornamen der 40-er: Bei Mädchen: Karin, Renate, Monika, Ursula, Ingrid, Helga, Gisela, Elke, Brigitte, Christa, Hannelore.

Bei Jungs: Hans, Peter, Klaus, Wolfgang, Jürgen, Dieter, Manfred, Günther, Horst, Bernd.

Die fünfziger Jahre

Mit der Gründung der beiden deutschen Staaten 1949 ist die Teilung Deutschlands besiegelt – politisch, gesellschaftlich und wirtschaftlich: Die Bundesrepublik orientiert sich stark am Westen, indem sie mit einer vorläufigen Verfassung (Grundgesetz) die Grundlagen für eine parlamentarische, föderalistische Republik mit sozialer Marktwirtschaft schafft und sich Schritt für Schritt in westliche Organisationen (Europäische Wirtschaftsgemeinschaft und NATO) einbindet. Die DDR, stark von der Sowjetunion abhängig, schafft sich eine sozialistische Verfassung auf der Grundlage einer zentralistischen Planwirtschaft und bindet sich mit dem Beitritt zum RGW (Rat für gegenseitige Wirtschaftshilfe, Wirtschaftsorganisation der Staaten des Ostblocks) und zum Militärbündnis des Warschauer Pakts an den Ostblock.

Politisch erhebt die Bundesrepublik den sogenannten »Alleinvertretungsanspruch«, das heißt, sie versteht sich als alleiniger Nachfolgestaat, der sich der Verantwortung des nationalsozialistischen Erbes stellt, und betrachtet die Anerkennung der DDR von Seiten dritter Staaten als »unfreundlichen Akt«. Dementsprechend wird die DDR offiziell nur als »sogenannte DDR« bezeichnet.

Die wirtschaftliche Entwicklung verläuft in beiden Teilen sehr unterschiedlich: Während die Versorgung in der DDR aus Systemgründen und wegen gewaltiger Demontagen und Reparationen an die Sowjetunion nur langsam vorankommt, entwickelt sich in der Bundesrepublik – auch wegen der erfolgreichen Währungsreform von 1948 und der amerikanischen Unterstützung (Marshallplan) – ein kaum erwartetes »Wirtschaftswunder« mit großen Produktionssteigerungen und zunehmend höherem Lebensstandard.

Das Verhältnis zwischen den beiden deutschen Staaten verschlechterte sich – wegen der politisch-ideologischen Gegensätze und weil viele DDR-Bürger in die Bundesrepublik fliehen. Am 17. Juni 1953 kommt es in Ostberlin und anderen ostdeutschen Städten zu einem Aufstand, der sich zunächst gegen die schlechten wirtschaftlichen Bedingungen, aber auch gegen die politischen Verhältnisse richtet. Mit militärischer Hilfe der Sowjetunion wird der Aufstand, der zur »westlich gesteuerten Agitation« erklärt wird, blutig niedergeschlagen. Als Erinnerung an dieses Ereignis wird der 17. Juni in der BRD zum Nationalfeiertag. Nach der Wiedervereinigung wird er abgeschafft.

Ähnliche Aufstände wie in der DDR gibt es 1956 in Polen und in Ungarn – diese werden ebenso militärisch niedergeschlagen. Die 50-er Jahre sind fast weltweit vom Ost-West-Gegensatz geprägt: (unter anderem) Korea-Krieg 1950 bis 1953, Kommunistenverfolgungen in den USA, Suezkrise 1956.

Gesellschaftlich ist diese Zeit von der Restauration geprägt: Die Rückwendung zum Altbewährten, zu Bürgerlichkeit und zur Biederkeit gibt vielen Menschen ein Gefühl von Sicherheit, das sie nach den zurückliegenden Katastrophen deutlich vermissen. In Verbindung mit dem unerwarteten wirtschaftlichen Aufstieg trägt diese Behaglichkeit dazu bei, dass die Aufarbeitung des Geschehenen verdrängt wird. Man ist froh, davongekommen zu sein und baut darauf, dass Gras darüber wächst.

Eine heftige gesellschaftliche Debatte löst die mit der Westeinbindung verbundene Wiederbewaffnung der Bundesrepublik Deutschland 1955 aus. Für viele Menschen wird damit ihr Motto »Nie-wieder-Krieg« in Frage gestellt, ja sogar verraten.

Die beliebtesten Vornamen: Bei Mädchen: Brigitte, Renate, Karin, Angelika, Monika, Ursula, Ingrid, Marion, Barbara, Gisela, Helga.

Bei den Jungs: Peter, Hans, Wolfgang, Klaus, Manfred, Jürgen, Michael, Bernd, Werner, Günther, Uwe.

Die sechziger Jahre

International: Die Beziehungen zwischen Frankreich und der Bundesrepublik werden durch einen Versöhnungsvertrag (Elysee-Vertrag) verbessert.

Der »Kalte Krieg« eskaliert weiter: Am 13. August 1961 beginnt die DDR mit dem Mauerbau in Berlin und riegelt damit – entgegen vertraglichen Regelungen – Ostberlin von Westberlin ab. Schritt für Schritt wird die gesamte »Zonengrenze« mit Stacheldraht und »Todeszonen« hermetisch geschlossen. Die Flucht aus der DDR wird damit fast unmöglich.

Im Oktober 1963 kommt es zur sogenannten »Kuba-Krise«: Als die Sowjetunion heimlich mit dem Aufbau von Raketenabschussrampen (auch für Raketen mit Nuklearsprengkörpern) auf Kuba beginnt und auf die Forderung der USA, diese abzubauen, nicht reagiert, ordnet Präsident Kennedy eine Seeblockade an. Ein drohender Atomkrieg kann in Geheimverhandlungen zwischen

Chruschtschow und Kennedy gerade noch verhindert werden. 1963 wird John F. Kennedy in Dallas ermordet.

1964 greifen die USA in den Indochinakrieg (Vietnamkrieg) ein. Die amerikanische Bürgerrechtsbewegung entwickelt sich – 1968 wird ihr wichtigster Sprecher, Martin Luther King, in Memphis ermordet – im Juni 1968 auch Robert F. Kennedy.

Kulturrevolution in China (1966) und israelisch-arabischer Sechstagekrieg (1967).

Deutschland: Die 60er-Jahre gelten als »Phase der Gärung«, weil sich in Politik und Gesellschaft wichtige Veränderungen anbahnen und vollziehen.

Allein oder mit kleineren Koalitionspartnern stellt die CDU/CSU bis 1966 die Regierung – mit den Kanzlern Adenauer und Erhard – die SPD ist stärkste Oppositionspartei. Das ändert sich 1966: Unter Bundeskanzler Kurt-Georg Kiesinger bildet sie eine große Koalition mit der SPD, Willy Brandt wird Vizekanzler und Außenminister. Er stellt in dieser Zeit die Weichen für eine neue Ostpolitik. 1969 wird er in einer sozial-liberalen Regierung Bundeskanzler.

In diesem Jahrzehnt entsteht eine neue Gesellschaft: Die Nachkriegszeit ist beendet, und es setzt sich einerseits die Entwicklung zur Wohlstandsgesellschaft fort (steigende Einkommen, mehr und bessere Konsumgüter, Bauboom von Eigenheimen, starke Zunahme des Autobestands, neuer Lebensstil) fort. Weil für den wirtschaftlichen Aufstieg nicht genügend Arbeitskräfte vorhanden sind, werden in dieser Zeit Anwerbeverträge mit verschiedenen Ländern geschlossen, und bis zum Anwerbestopp 1973 kommen etwa 14 Millionen »Gastarbeiter« nach Deutschland – von denen allerdings im Lauf der Zeit etwa 11 Millionen wieder zurück in ihre Heimat gehen.

Parallel zu diesem wirtschaftlichen Erfolg fordern Intellektuelle, Studenten und Wissenschaftler eine ernsthafte Auseinandersetzung mit der Nazi-Vergangenheit ein und gleichzeitig umfassende gesellschaftliche Reformen. So löst zum Beispiel der »Sputnik Schock« – die UdSSR hatte 1961 den ersten bemannten Satelliten ins Weltall geschossen – eine heftige Debatte über Bildungsdefizite und deren Überwindung aus.

Und weil die bundesrepublikanische Gesellschaft vom Anspruch des Grundgesetzes noch weit entfernt ist, dass »Männer und Frauen gleichberechtigt (sind)« (GG Artikel 3,2), entstehen die ersten feministischen Veröffentlichungen und Organisationen.

Ab 1967 erlebt die Republik ihren ersten wirtschaftlichen Einbruch – in der Folge nehmen Arbeitslosigkeit und rechte Parteien (NPD) zu. Und weil die parlamentarische Opposition schwach ist, bildet sich außerhalb davon in verschiedenen Gruppierungen eine außerparlamentarische Opposition (APO).

Im Zusammenhang von Studentenbewegung, Hippie- und Flower-Power-Bewegung und der Zulassung der Pille (1961) entwickelt sich die »sexuelle Revolution«: Sexualität soll frei und selbstbestimmt gelebt werden können – ohne gesellschaftlich-moralische Beschränkungen.

Ebenso werden neue Protest- und Aktionsformen entwickelt und angewandt: Happenings, Go-Ins, Sit-Ins, Sitzblockaden usw.

In neuen Wohngemeinschaften (Kommune, WG) werden neue Lebensformen erprobt und gelebt, und viele suchen in Musik und Drogen (Haschisch, Marihuana, LSD) Möglichkeiten der Bewusstseinserweiterung. Auf mehrtätigen großen Festivals kommen Hunderttausende zusammen, um mit Musik und Drogen sich selbst und die Hoffnung auf Frieden zu feiern (Woodstock 1969).

Im gleichen Jahr schaffen die USA mit Apollo 11 die erste bemannte Mondlandung.

Die beliebtesten Vornamen: Bei Mädchen: Sabine, Susanne, Petra, Birgit, Gabriele (Gabi), Andrea, Martina.

Bei den Jungs: Thomas, Michael, Andreas, Peter, Frank, Uwe, Klaus.

Die siebziger Jahre

Grundlage der weltpolitischen Lage bleibt der Ost-West-Konflikt. In seinem »Schatten« entstehen teilweise diffuse und widersprüchliche Einzelentwicklungen: Der Krieg zwischen Russland und China und der zwischen Indien und Pakistan, der Jom Kippurkrieg im Nahen Osten (1973) mit der Folge der ersten Ölkrise und das Friedensabkommen von Camp David (1978), der Beginn des Bürgerkriegs im Libanon (1975), das Ende des Vietnamkriegs

(1975), das Ende des Franco-Regimes in Spanien (1975), furchtbarer Terror von Pol Pot in Kambodscha (1979) und verschiedene Rechtsputsche in Lateinamerika. US-Präsident Nixon muss wegen der Watergate-Affäre zurücktreten (1974), im Iran erfolgt die Islamische Revolution (1978) – gleichzeitig gibt es internationale Bemühungen zur Reduzierung der Nuklearbedrohung.

Europa und Deutschland: Mit dem Wechsel von der Großen zur sozialliberalen Koalition unter Willy Brandt wird eine neue Ostpolitik eingeleitet (Ostverträge von 1970), und die neue sozialliberale Koalition versucht, Bewegung in Politik und Gesellschaft zu bringen – »mehr Demokratie (zu) wagen«. Die »Republik im Aufbruch«, wie sie auch bezeichnet wird, belebt die Diskussion um ihre Ziele – die Gesellschaft wird politischer. In diesem Prozess entstehen neue soziale Gruppierungen (Bürgerinitiativen, Widerstandsgruppen, ökologische, feministische, friedensorientierte und Antiatomgruppen), die sich auf ganz verschiedene, teils neue Weise in diese Prozesse einbringen. Neu ist hierbei beispielsweise, dass »Politik auswandert«, das bedeutet, dass die bestehenden Konflikte nicht nur allgemein und strukturell angegangen werden, sondern sich konkret an die Orte anbinden, an denen Politik umgesetzt werden soll: also gegen den Bau der Startbahn West in Frankfurt, gegen den Bau der Kernkraftwerke in Wyhl und Brokdorf, gegen das Atommülllager Gorleben, gegen die Wiederaufbereitungsanlage in Wackersdorf usw.

Es sind auch Jahre des Terrors: Nach dem palästinensischen Anschlag auf die israelische Mannschaft bei den Olympischen Spielen in München (1972) folgen fürchterliche Attentate der Roten Armee Fraktion (RAF) – unter anderem auf Jürgen Ponto, Siegfried Buback – und der »Deutsche Herbst« (1977): Die Entführung eines deutschen Lufthansaflugzeugs und seine Erstürmung bilden den Schlussakt des RAF-Terrors und führen zu der bis dahin schwersten Krise in der Geschichte der Bundesrepublik.

Nach dem Rücktritt von Willy Brandt (Guillaume-Affäre) wird 1974 Helmut Schmidt Bundeskanzler.

Gesellschaftlich wichtig sind die Reformen des Sexualstrafrechts Anfang der 1970er Jahre und des Ehe- und Familienrechts von 1976, mit denen Sexualität liberalisiert und die Ehe- und Familienverhältnisse etwas gleichberechtigter werden.

Über die Jugendlichen der siebziger Jahre gibt es unterschiedliche, ja gegensätzliche Einschätzungen: Während einerseits von einem »Neuen Sozialisationstypus« gesprochen wird – narzisstisch, hedonistisch und politisch desinteressiert – wird auf der anderen zum Ende der Dekade von einer neuen rebellischen Jugendbewegung gesprochen, deren Mitglieder Häuser besetzen und die Auseinandersetzung mit der Polizei suchen.

Die Europäische Wirtschaftsgemeinschaft wird 1973 um die Länder Vereinigtes Königreich, Irland und Dänemark erweitert. Die Deutsche Mark gewinnt gegenüber dem US-Dollar kräftig an Außenwert.

1974 wird Deutschland – zwanzig Jahre nach dem »Wunder von Bern« – erneut Fußballweltmeister.

Als neue Ausdrucksformen des Zeitgeists entstehen Hippies, die Bhagwan-Sekte, die Jesus-People, Punks, Peepshows und Zeitschriften wie das MAD-Magazin, EMMA und Zack (Comicmagazin).

Die beliebtesten Vornamen: Bei Mädchen: Nicole, Stefanie, Sandra, Katrin, Claudia, Tanja, Anja, Melanie, Andrea, Daniela.

Bei den Jungs: Christian, Michael, Stefan, Andreas, Thomas, Markus, Matthias, Sven, Jan, Alexander.

Die achtziger Jahre

International und national sind diese Jahre durch große Bewegungen gekennzeichnet, deren Ausschläge, wie zwei Ereignisse am Beginn und am Ende dieser Dekade zeigen, enorm breit sind: 1980 marschieren russische Truppen in Afghanistan ein und führen dort bis 1988 Krieg, 1989 fällt – mit der Unterstützung des sowjetischen Staatspräsidenten Gorbatschow (1990–1991) – der »Eiserne Vorhang.«

Von einer friedlichen Welt ist man aber trotzdem noch weit entfernt: Das Wettrüsten erreicht einen Höhepunkt, 1980 beginnt der erste Golfkrieg zwischen Iran und Irak, und 1982 führen Großbritannien und Argentinien einen Krieg um die Falkland-Inseln.

Es kommt zu zahlreichen unterschiedlich motivierten Terroranschlägen: 1980 das Oktoberfestattentat von München, 1981 ein Attentat auf Papst Johannes Paul II., 1982 das Massaker von

Hama (Syrien), 1984 ein Anschlag auf die Disco La Belle in Berlin. 1986 verhängen die USA nach mehreren Attentaten ein Wirtschaftsembargo gegen Libyen und fliegen Luftangriffe auf Tripolis. 1988 kommt es zu einer Geiselnahme in Gladbeck und 1988 zum Lockerbie-Anschlag auf ein Flugzeug der Pan American Airlines mit 270 Toten.

Deutschland und Europa: Bundeskanzler Helmut Schmidt (SPD) wird nach einem konstruktiven Misstrauensvotum durch Helmut Kohl (CDU) abgelöst.

Aus der Umweltbewegung entstehen in Deutschland und anderen europäischen Ländern grüne Parteien. In Deutschland ziehen die Grünen 1983 erstmals in den Bundestag ein, 1985 wird Joschka Fischer Umweltminister in Hessen.

Die wirtschaftlichen Probleme wachsen: Die Kreditaufnahme der BRD steigt gewaltig, die Arbeitslosigkeit nimmt zu (1982 sind über 8 % ohne Arbeit) und 80000 Jugendliche haben keine Lehrstelle.

Der Widerstand gegen Großprojekte wie den Bau der Startbahn-West in Frankfurt (1982) oder die Wiederaufbereitungsanlage in Wackersdorf (1986) wird stärker. Die Kernreaktorkatastrophe in Tschernobyl von 1986 verstärkt diese Proteste und trägt die Zweifel an der friedlichen Nutzung der Kernenergie in breite Schichten der Bevölkerung. Viele sind angesichts der Strahlenbelastung in Deutschland stark verunsichert.

Die Kritik am Nato-Nachrüstungsbeschluss (Stationierung der Pershing II Raketen und von Marschflugkörpern in Deutschland als Reaktion auf die sowjetische Bedrohung durch SS 20-Raketen). Unter der Beteiligung von vielen Prominenten wie Oskar Lafontaine und Erhard Eppler, der Grünen-Gründerin Petra Kelly, des Liedermachers Wolf Biermann, des Kabarettisten Dieter Hildebrandt, des Theologen Helmut Gollwitzer und der Schriftsteller Günter Grass und Heinrich Böll gibt es Blockaden am Pershing-Standort Mutlangen und zahlreiche andere Großdemonstrationen: Im Hunsrück, in Bonn und die Menschenkette von 1983 zwischen Stuttgart und Neu-Ulm.

1981 wird die Immunschwächeerkrankung AIDS als pandemische Krankheit erkannt. Ihre Übertragung erfolgt über Körperflüssigkeiten wie Speichel, Blut und Sperma. Die Ansteckungsgefahr wird auf der einen Seite von vielen missachtet, auf der anderen fast hysterisch überschätzt, indem zum Beispiel der Handschlag verweigert wird. Die freizügige Sexualmoral erhält auf jeden Fall einen Rückschlag. Kirchlich-konservative Kreise sehen in der Krankheit »die gerechte Strafe Gottes für Unzucht und Unmoral.« Weltweit sterben bis 2019 mehr als 31 Mio. Menschen an AIDS.

Die achtziger Jahre bringen viele technische Neuerungen, auch im privaten Bereich: Den Anrufbeantworter, den Mikrowellenherd, den Heimcomputer, die CD, den Walkman, das Autotelefon, das Faxgerät, Kopiergeräte u.v.a.m. Ein Teil dieser Entwicklungen markiert den Start in die Informations- und Kommunikationsgesellschaft. Parallel dazu verlaufen grundlegende Veränderungen in der Medienlandschaft: ab 1983 etablieren sich neben den öffentlich-rechtlichen Anbietern Sender und Programme des Privatfernsehens, zum Beispiel RTL oder SAT 1, ebenso Spartensender wie MTV (Musik) oder Sport- und Filmkanäle. Im Kampf um Quoten entstehen dabei vollkommen neue Formate wie beispielsweise tägliche Spielshows, Soaps, Nachmittagstalks usw. Die Folgen sind grundlegende Änderungen im Fernsehverhalten und eine insgesamt stärkere Kommerzialisierung.

Zur Buntheit dieses Jahrzehnts gehört ebenso eine sich äußerst divergent entwickelnde Jugendkultur: Neben der jugendlichen Protestkultur sind nun ganz anders orientierte Jugendszenen zu beobachten: Popper, Punker, Yuppies, zum Teil wird sogar von einer »Null-Bock-Generation« gesprochen.

Die beliebtesten Vornamen: Bei Mädchen: Julia, Stefanie, Katharina, Anna, Sarah, Katrin, Jennifer Melanie Nicole.

Bei den Jungs: Christian, Sebastian, Daniel, Jan, Alexander, Stefan, Dennis, Michael, Florian, Tobias.

Die neunziger Jahre

Aus deutscher Sicht betrachtet, beginnt dieses Jahrzehnt vielversprechend: Nach dem Mauerfall am 11. November 1989 entsteht – im Einvernehmen mit den Großmächten – die deutsche Einheit, Deutschland erhält seine Souveränität zurück. Parallel dazu fällt in mehreren Schritten der »Eiserne Vorhang« (1991 erklären sich die baltischen Staaten für unabhängig, 1993 löst sich die Tschechoslowakei in die Staaten Tschechien und Slowakei auf), die UdSSR zerfällt – das Ost-West-Blockdenken scheint überwunden, die Hoffnung auf friedlichere Zeiten wächst.

Diese werden allerdings schnell enttäuscht: An die Stelle der Blockgegensätze treten zunehmend »Stellvertreter-Konflikte«. So beginnt 1991 der zweite Golfkrieg, 1992 gibt es einen UN-Einsatz in Somalia, 1991–1995 zerfällt Jugoslawien und es kommt zu mehreren Kriegen (u.a. der NATO-Kosovokrieg von 1999 mit deutscher Beteiligung).

Als eher positive Ereignisse dieser Zeit können vermerkt werden: Die Unabhängigkeit Südafrikas mit dem Ende der Apartheid und der Wahl Nelson Mandelas zum Präsidenten (1994) und das Friedensabkommen von Oslo zwischen Israel und der palästinensischen Befreiungsorganisation PLO.

Europa rückt enger zusammen: 1992 wird der Grundlagenvertrag von Maastricht unterzeichnet, 1999 die europäische Gemeinschaftswährung in die Wege geleitet.

In Deutschland endet mit der Bundestagswahl von 1998 die Ära Kohl, neuer Kanzler einer rot-grünen Regierung wird Gerhard Schröder.

Der nationale und internationale Terror hinterlässt in den 90er Jahren tiefe Spuren: 1990 werden in Deutschland Anschläge auf Wolfgang Schäuble (Innenminister) und Oskar Lafontaine (SPD-Kanzlerkandidat) verübt; 1993 gibt es den ersten Terroranschlag auf das World Trade Center in New York; 1994 kommt es in Ruanda zum Völkermord mit fast 1 Million Toten; 1995 erfolgen ein Anschlag auf das Murrah Federal Building in Oklahoma City mit 168 Toten und der Amoklauf an der Columbine High School mit 15 Toten. Weltweite Anteilnahme löst der Unfalltod von Prinzessin Diana am 31. August 1997 in Paris aus.

In Deutschland nimmt Fremdenfeindlichkeit zu, sie eskaliert in den Brandanschlägen von Mölln und Solingen.

Die wirtschaftliche Entwicklung gerät ins Stocken: Die Wiedervereinigung verursacht hohe Kosten und Anpassungsprobleme (»Abwicklung« ostdeutscher Betriebe). Die Folgen sind steigende

Arbeitslosigkeit (1994 vier Millionen Arbeitslose) und ein erhebliches Ausbildungsdefizit für Jugendliche. Der Begriff der »unerwünschten Generation« entsteht.

In Mode und Musik erleben die 90er Jahre eine »70er-Retrowelle«: Plateauschuhe, Schlager und Grunge (Musikstil des Rock) liegen plötzlich wieder im Trend.

In der Technik verbreiten sich Mobiltelefon, FAX, Anrufbeantworter und Farbkopierer weiter, die »Computerisierung« nimmt zu: CD und DVD als Speichermedien werden selbstverständlich, das Internet wird intensiver genutzt. Als Spielzeuge kommen Play-Station und Tamagotchi auf.

Im Outfit wird bei den Damen die Dauerwelle endgültig abgelöst, dafür werden dunkel gefärbte Haare mit blonden Spitzen beliebt. Mädchen und Jungen fallen mit schriller Schminke auf (Techno- und Rave-Szene) oder mit Piercing und Tattoos.

Im Aufwärtstrend sind Discos (mit Go-go-Girls), Flohmärkte und Ibiza als Ferienziel.

Die beliebtesten Vornamen: Bei Mädchen: Anna, Julia, Sarah, Lisa, Laura, Katharina, Vanessa, Lena, Jennifer, Annika.

Bei den Jungs: Jan, Lukas, Philipp, Tim, Alexander, Daniel, Tobias, Kevin, Marcel, Dennis.

Die Nuller Jahre

Kaum eine andere Dekade ist so deutlich von einem einzelnen Ereignis gekennzeichnet wie die erste des neuen Jahrtausends: Die Terroranschläge vom 11. September 2001 auf das World Trade Center und das Pentagon mit einer furchtbaren Zerstörungskraft und fast 3000 Toten leiten Jahre des Terrors und der Terrorbekämpfung ein.

Die Spannungen zwischen islamischen und westlichen Ländern nehmen zu, beispielhaft hierfür stehen der zweijährige Irak-Krieg (mit dem Ende von Saddam Hussein) und die Eskalation des Afghanistan-Kriegs (Taliban-Krieg).

Weltpolitisch bedeutsam wird der rasante Aufstieg Chinas. Die damit verbundenen strukturellen Veränderungen beschleunigen den Globalisierungsprozess.

Große Probleme und Besorgnisse löst eine mächtige Immobilien- und Bankenkrise aus (Lehman Brothers), in deren Folge es durch gewaltige Staatsverschuldungen zur Eurokrise kommt.

Ein Erdbeben in Indischen Ozean (2004), das einen gewaltigen Tsunami zu Folge hat, fordert mindestens 230000 Tote – darunter viele deutsche Urlauber in Thailand.

2008 wählt Amerika mit Barack Obama einen Demokraten zum 44. US-Präsidenten.

Europa: 2002 wird der Euro eingeführt, 2004 die EU um zehn weitere Staaten erweitert. Sie umfasst damit 25 Staaten. 2007 wird der EU-Grundlagenvertrag ratifiziert und mit Bulgarien und Rumänien treten zwei weitere Staaten der EU bei. 2009 tritt mit dem Vertrag von Lissabon die Charta der Grundrechte der EU in Kraft. 2009 wird die Verschuldung Griechenlands bekannt, die »Eurokrise« beginnt.

Die Folgen der Klimakrise werden etwa ab der Mitte der Dekade immer deutlicher sichtbar und dringen zunehmend ins allgemeine Bewusstsein ein.

Das Internet entwickelt sich im Privat- und Wirtschaftsbereich zum umfassend genutzten Kommunikations- und Informationssystem. Mobiltelefone erhalten Farbdisplays, Touchscreens und immer bessere Kameras. Sie verdrängen damit im Hobbybereich die analoge Fotografie fast vollständig und machen für viele sogar ihre Digitalkamera überflüssig. Soziale Netzwerke (Myspace, Facebook) werden zunehmend und vor allem von Jugendlichen genutzt. Die als Generation Y bezeichneten gelten somit als die ersten »Digital Natives«. Für die Musikwiedergabe wird der MP3-Player bedeutsam.

Im Fernsehen verbreiten sich Casting-Shows, Reality-Serien und Quizsendungen (»Wer wird Millionär«) und erreichen hohe Einschaltquoten. Mit dem hochauflösenden Fernsehen (HDTV) und den Blu-Ray-Discs entsteht etwa ab der Mitte des Jahrzehnts für viele eine neue Sehqualität.

Als bemerkenswerte Ereignisse und Trends dieser Jahre können weiter festgehalten werden: das Rauchverbot (2007), Schwulenbekenntnisse (z. B. vom Regierenden Bürgermeister von Berlin, Klaus Wowereit), Harry-Potter-Bücher, der Master-Studiengang, das Fußball-Sommermärchen von 2006, die Popband Tokio-Hotel und der Film »Das Leben der Anderen« (2006) und die Latte macchiato.

In der Mode kommen auf: Trucker-Caps (am liebsten zu Hüfthosen), kurzen Jacken und Plateau-Flip-Flops), extravagante T-Shirts.

Diese Zeit scheint auch das Ende der großen Jugendtrends zu markieren, weil die Medien sie zu schnell aufgreifen, vermarkten und damit vereinnahmen. Eher diskriminierend wird »die Jugend« dieser Zeit mit den Schlagworten Porno, Aggro und Flatrate-Säufer abgestempelt.

Was Generationen prägt

Die prägenden Faktoren einer Generation sind vielfältig. Sie reichen von der Erziehung über gesellschaftliche Entwicklungen bis hin zu weltpolitischen Ereignissen. Um dieser Vielfalt gerecht zu werden, ohne ausschweifend zu sein, haben wir jeweils einige – mehr oder weniger in Beziehung zueinanderstehende Aspekte – in Rubriken zusammengefasst:

- Erziehung, Lebensformen, Gesundheit, Geschlechterbeziehungen
- Bildung, Arbeit, Karriere, Lebensstandard
- Kultur, Medien, Freizeit, Kommunikation
- Mode, neue Produkte, Konsum, Essen und Trinken, Mobilität
- Wissenschaft, Technik

Die sich daraus ergebenden Beschreibungen sind – durchaus beabsichtigt – subjektiv bestimmt: Sie beruhen – zumindest teilweise – auf persönlichen Erfahrungen der Autorin und der Autoren, die den Jahrgängen 1945, 1961 und 1985 angehören. Eventuell kann dieser subjektive Blick die Ausführungen lebendiger veranschaulichen.

Der Umfang der Einträge weicht sowohl hinsichtlich der unterschiedlichen Rubriken als auch der verschiedenen Generationen stark voneinander ab: Das liegt daran, dass zum einen die gesellschaftlichen Veränderungen unterschiedlich stark und vielfältig sind, zum andern daran, dass manchmal ein vielfältiges Faktorengefüge zusammenwirkt und an anderen Stellen einer oder wenige Faktoren besonders wirksam sind. Und erwartungsgemäß liegen für weiter zurückliegende Zeiten umfangreichere Informationen vor als für die jüngere Vergangenheit.

Erziehung, Lebensformen, Geschlechterbeziehungen und Gesundheit

Die materielle Not der Nachkriegszeit traf Kinder und Jugendliche häufig besonders hart – sie litten nicht selten unter miserablen Wohnbedingungen und waren oftmals unterernährt. Dazu kamen für viele seelische Belastungen durch Kriegsereignisse, Vertreibung und Vaterlosigkeit. Bis in die frühen 50er Jahre sprach man deswegen von »Jugendnot«. Mit dem danach eintretenden wirtschaftlichen Aufschwung verbesserte sich zumindest die materielle Not und es zeichneten sich berufliche Perspektiven ab.

Viele waren noch durch nationalsozialistische Erziehung geprägt: »Flink wie Windhunde, zäh wie Leder, hart wie Kruppstahl«, so hatte Adolf Hitler sein Erziehungsziel für die deutsche Jugend definiert. Aus seiner Sicht war diese in der Vergangenheit »verweichlicht«, und es schien ihm – wohl in der Absicht, sie »kriegstauglich« zu machen, dringend geboten, sich an »alten Werten« zu orientieren. Für die Mädchen hatte er schon früher (in »Mein Kampf«) betont: »Das Ziel der weiblichen Erziehung hat unverrückbar die kommende Mutter zu sein.«

Beide Vorstellungen stießen kaum auf Empörung, eher wurden sie als bildhafte und volksnahe Äußerungen dessen verstanden, was die meisten ohnehin dachten. Eine Rückbesinnung auf traditionelle Erziehungsziele und -methoden schien vielen, angesichts der »Verirrungen der Weimarer Republik«, ohnehin dringend erforderlich. Die auf Strenge und unbedingten Gehorsam beruhenden Vorstellungen des Kaiserreichs entsprachen Hitlers Bild des Deutschen viel mehr als die aus seiner Sicht untauglichen Versuche einer »staatsbürgerlichen Erziehung« – und darüber hinaus untauglich für seine Kriegsplanungen.

Hitlers Bild von der Jugend war so griffig, dass es noch lange nach dem Untergang des Nationalsozialismus lebendig blieb: Mit leicht ironischem Unterton wurde der Spruch bis in die späten Fünfzigerjahre gerne benutzt, wenn es darum ging, bei Jugendlichen Sportlichkeit, Leistungsbereitschaft und Ausdauer einzufordern.

Vor diesem Hintergrund wird klar, dass noch die späten 30-er und die 40-er Jahrgänge weitgehend nach diesen traditionellen Mustern erzogen wurden. »Erziehung braucht Strenge« und »Ein paar Schläge haben noch nie geschadet«, waren die dazu passenden Alltagsratschläge. Das galt auch für die Schule: Körperliche Züchtigungen (»Tatzen«, »Hosenspanner«, sogar Faustschläge) waren eher die Regel als die Ausnahme. In den Schulen wurden körperliche Strafen formal zwar ab den Fünfzigerjahren verboten, kamen aber noch lange darüber hinaus vor, ohne dass sie verfolgt wurden. Alle Körperstrafen in der Kindererziehung sind in Deutschland erst seit dem Jahr 2000 aufgrund des »Gesetzes zur Ächtung von Gewalt in der Erziehung« verboten. Aus heutiger Sicht ist schwer verständlich, warum dies so lange gedauert hat. Neben der Trägheit von Politik und Verwaltung ist hierfür ein allgemein akzeptierter und praktizierter härterer Umgang untereinander verantwortlich. Unfreundlichkeit und Grobheit waren zu dieser Zeit weit verbreitet: Eltern waren häufig schroff zu ihren Kindern, Unfreundlichkeiten beim Einkaufen eher die Regel, Schaffner wiesen Fahrgäste häufig barsch zurecht, Polizisten waren von Berufs wegen eher unfreundlich, das Betreten einer Amtsstube kam schon einer Mutprobe gleich, und Bademeister, Übungsleiter und Ordnungsdienste bedienten sich gerne eines militärischen Tons.

Hand in Hand mit dem traditionellen Erziehungsbild ging das entsprechende Geschlechterverständnis: Bei den Söhnen wurde großer Wert auf eine gute Schul- und später Berufsausbildung gelegt. Schließlich sollten sie ja später mal »eine Familie ernähren« können. Dementsprechend fand die schulische Erziehung in der Regel getrennt nach Geschlechtern statt – in Mädchen- bzw. Jungenklassen oder (häufig in Gymnasien) gleich ganz getrennt in Mädchen- oder Jungenschulen. Tendenzen, diese Trennung aufzuheben, gab es zwar schon in der Weimarer Republik, sie wurde während des Nationalsozialismus aber zum größten Teil wieder unterbunden. Echte Koedukation – gemeinsamer Unterricht für Mädchen und Jungen – wurde in der DDR gleich nach der Staatsgründung, in der BRD – je nach Bundesland – erst in den Sechzigerjahren eingeführt. Die Bildungsabschlüsse lagen in den Fünfziger- und Sechzigerjahren weit unter dem heutigen Niveau: Mehr als ein Drittel hatte Volks- bzw. Hauptschulabschluss, nur knapp ein Viertel erreichte die Hochschulreife.

Natürlich wurde die staatliche Erziehung (Kindergarten und Schule) mit dem Neubeginn organisatorisch und inhaltlich neu ausgerichtet. Dabei spielten mehrere Faktoren eine Rolle: Die

Beseitigung der von der NS-Ideologie geschaffenen Inhalte, der Rückgriff auf positive Erfahrungen aus der Weimarer Republik und der Einfluss der Besatzungsmächte.

Die Einrichtung von Kindergärten hat sich seit Beginn des 20. Jahrhunderts nur langsam entwickelt: Um 1910 konnte gerade mal zehn Prozent der Kinder ein Platz angeboten werden. Erst in der Zeit des Nationalsozialismus änderte sich dies deutlich: 1941 konnte fast schon jedes dritte Kind einen Kindergarten besuchen. Hinter diesem erweiterten Angebot standen allerdings nicht nur pädagogische Intentionen, sondern vor allem ideologische: Die Nationalsozialisten sahen in dieser Einrichtung ideale Bedingungen, früh auf die Kinder im Sinne ihres Menschenbilds einzuwirken: Ein »hartes Geschlecht«, das »stark ist, zuverlässig, treu, gehorsam und anständig«, sollte schon dort herangezogen werden. »Der kleine Junge wird einmal ein deutscher Soldat werden, das kleine Mädchen eine deutsche Mutter«. (Benzing zit. nach: Wikipedia – Stichwort: Kindergarten).

In der sowjetisch besetzten Zone bzw. der späteren DDR wurden die Kindergärten der Pflicht unterworfen, zum Aufbau einer »sozialistisch-demokratischen Gesellschaft« beizutragen. Sie waren deswegen nach den »Normen der sozialistischen Moral« zu gestalten. Ihr rascher Ausbau – schon für Kleinkinder – war Voraussetzung für die Berufstätigkeit von Frauen.

Im Westen verlief die Entwicklung wegen der dort angelegten föderalistischen Struktur in den einzelnen Bundesländern sehr unterschiedlich, aber insgesamt eher zögerlich. Bis Ende 1971 hatte das Kindergartenplatzangebot noch nicht einmal überall die dreiunddreißig Prozent-Marke erreicht. Als allgemeine Zielsetzung galt hier die »freie Entfaltung der Persönlichkeit«.

Ebenso wurde das sonstige Schul- und Bildungssystem den unterschiedlich politisch-gesellschaftlichen Systemen angepasst. Einigkeit herrscht allenfalls darin, dass es dazu beitragen musste, ein Wiederaufleben des NS zu unterbinden.

In der SBZ bzw. der späteren DDR sollte dies mit der Etablierung eines auf sozialistischen und zentralistischen Grundlagen aufbauenden Systems (»Gesetz über die sozialistische Entwicklung des Schulwesens«) erreicht werden.

Die westlichen Besatzungsmächte wollten dies durch die sogenannte »Umerziehung« (»Re-education«) der Deutschen erreichen. Sie sollte dafür sorgen, dass die Deutschen zu demokratischen Bürgern umerzogen werden, weil darin die Basis zur Errichtung demokratischer Verhältnisse gesehen wurde. Ein Teil dieser Maßnahmen diente dazu, NS-Literatur und -Propaganda aus dem Verkehr zu ziehen und Einfluss auf die Medienarbeit (Zeitungen, Rundfunk) zu nehmen. Grundsätzlich blieben Bildung und Erziehung Ländersache.

Für die Schulen bedeutete dies, dass sich schulische Erziehung an demokratischen Prinzipien zu orientieren hatte. Dementsprechend heißt es beispielsweise in der Verfassung des Landes Baden-Württemberg von 1952: »In allen Schulen ist Gemeinschaftskunde ordentliches Lehrfach.« (Art. 21/2). Der raschen Umsetzung dieses Anspruchs stand einiges im Wege: Es gab dafür weder die entsprechend ausgebildeten Lehrer noch geeignetes Unterrichtsmaterial, und häufig fehlte sowohl in der Schulverwaltung als auch beim Lehrpersonal ein ausgeprägter Wille, dieses Ziel offensiv zu verfolgen. Die Folge: Selbst Schüler, die nach 1952 eine allgemeinbildende Schule besuchten, konnten von politischem Unterricht unberührt bleiben. Und der Geschichtsunterricht endete für viele Schüler mit dem Ersten Weltkrieg.

Für die breite Bevölkerung blieb die »Umerziehung« eine eher abstrakte Forderung: Zwar kannte man den Begriff, aber dieser wurde weniger als eine Notwendigkeit für die Aufarbeitung der Vergangenheit erachtet, sondern eher als weiterer unnötiger Versuch alliierter Einflussnahme.

Mehrheitlich herrschte ohnehin die Auffassung, mit Besatzung, Entnazifizierung, Kriegsschuldzuweisung und Kriegsverbrecherprozessen sei genug unternommen, um mit der Vergangenheit abzuschließen.

Die erlebte gesellschaftliche und politische Wirklichkeit war eher widersprüchlich: An die Stelle des auf Größenwahn beruhenden Versprechens vom »Großdeutschen Reichs« war ein territorial stark beschnittenes und im Rest besetztes – und später geteiltes – Deutschland geworden, das die Schuld am Ausbruch des Krieges trug und alliierter Kontrolle unterworfen war. Und mit der Teilung in zwei Staaten (BRD im Mai 1949 und DDR im Oktober 1949) verlief sowohl die ideologische als auch die machtpolitische Grenze zwischen Ost und West mitten durch Deutschland: Die Bundesrepublik wurde Mitglied der

EWG und der NATO, die DDR der COMECON und des Warschauer Pakts.

Die Bundesrepublik verstand sich als einzig demokratisch legitimierter Nachfolgestaat und leitete daraus den »Alleinvertretungsanspruch« (»Hallstein-Doktrin«) ab. Ihre Grundlegung erfolgte deswegen nicht auf der Basis einer Verfassung, sondern eines provisorischen Grundgesetzes, das dann zu einer Verfassung werden sollte, wenn alle Deutschen darüber in freien Wahlen entscheiden könnten. Das Provisorium entwickelte sich aber zu einem wirtschaftlich aufstrebenden und stabilen Staat. Die Teilung verfestigte sich und fand ihre sichtbarste Manifestation im Mauerbau vom 13. August 1961.

So etwas wie eine nationale Identität konnte sich unter diesen Umständen kaum entwickeln, und wo sie dennoch hochgehalten wurde, wirkte sie auf viele junge Menschen etwas hohl, ja sogar aufgesetzt: Die Nationalflagge in Schwarz-Rot-Gold hatten die Nazis schnell durch die alten Reichsfarben und durch NS-Flaggen ersetzt. Die 1922 eingeführte Nationalhymne war im Nationalsozialismus auf die erste Strophe reduziert worden, an Stelle der weiteren Strophen wurde das Horst-Wessel-Lied gesungen. Nun gab es zwar wieder die alten Farben, aber in zwei Versionen: In der BRD bilden sie allein die Flagge, in der DDR wurden Hammer, Zirkel und Ährenkranz als Symbole der staatstragenden Klassen hinzugefügt (Arbeiter, Intelligenz, Bauern).

Die Nationalhymne wurde im Westen auf die zweite und dritte Strophe reduziert, in der DDR wurde im Auftrag des Politbüros eine neue geschaffen: »Auferstanden aus Ruinen«. In beiden Staaten tat man sich schwer damit: Im Westen, weil vielen die erste Strophe doch am nächsten lag oder weil ihnen gar nicht nach Nationalhymne war, im Osten, weil sie staatlich aufgedrückt war und sie damit Bekenntnischarakter bekommen hatte.

Als 1954 die deutsche Fußballnationalmannschaft völlig überraschend Weltmeister wurde, löste dies erstmals seit Kriegsende so etwas wie nationale Begeisterung, ja sogar Stolz aus. In der Schlagzeile »Wir sind Weltmeister« drückte sich dieses neue Selbstwertgefühl deutlich aus.

Einstellungen, Normen und Wertorientierungen schlagen sich deutlich in der familiären Erziehung nieder. Deswegen lohnt sich gerade für diese Zeit voller Brüche und Widersprüche ein genauerer Blick auf die alltägliche Erziehungspraxis.

Auf die Frage, was ihnen für die Erziehung ihrer Kinder besonders wichtig erscheint, wären damals die Antworten der meisten Erwachsenen etwa so gewesen: Erziehung muss eindeutig und streng sein, sie braucht klare Regeln, die Eltern haben das Sagen, Kinder haben zu gehorchen, Widerspruch wird nicht geduldet, Fehlverhalten muss konsequent bestraft werden. Als gut erzogen galten Kinder, die höflich, bescheiden, zurückhaltend, sauber, ordentlich und fleißig waren. Gelobt wurde in der Erziehung wenig (»Zuviel Lob macht stolz und eingebildet.«), wichtiger als die Förderung und Entwicklung von Fähigkeiten war es, die übertragenen Aufgaben pflichtbewusst und zuverlässig zu erledigen. In vielerlei Hinsicht folgen die familiären Ideale also bürgerlichen Vorstellungen. Auch unter Verwandten und Freunden wurde die Form gewahrt: Besuche wurden angemeldet, klar begrenzt (z.B. sonntäglicher Kaffeebesuch) und recht formell durchgeführt: Die Gäste wurden in der »guten Stube« empfangen, das feine Kaffeeservice wurde aufgedeckt und selbstgebackener Kuchen und echter Filterkaffee wurden angeboten. Selbstverständlich trugen alle Sonntagskleidung und gingen höflich miteinander um. Unter Nichtverwandten war das Sie üblich, das »Du« erforderte längere Bekanntheit und wurde von den Älteren oder Ranghöheren angeboten. Bei Frauen wurde klar unterschieden zwischen verheirateten und ledigen, letztere blieben, egal wie alt, immer Fräulein.

Und natürlich gab es in der Erziehung geschlechtsspezifische Unterschiede: Mit Mädchen wurde – wenn überhaupt – mehr geschmust als mit kleinen Jungs, und sie wurden stärker zur Hausarbeit herangezogen. Eine gute Schul- und Berufsausbildung fand man für sie weniger wichtig als für Jungs: »Du heiratest ja doch einmal, da brauchst du keine lange und teure Ausbildung.«

Gut erzogene – das hieß höfliche, nicht vorlaute und brave Kinder wurden als Beleg einer intakten und gut funktionierenden Familie betrachtet. Vor allem von Mädchen wurde erwartet, sittsam zu sein und auf ihren »guten Ruf« zu achten, während man bei den Söhnen diesbezüglich eher nachsichtig war. Sexualität blieb ohnehin ein Tabuthema, über das nicht gesprochen wurde, abgesehen von zotigen Witzen in Männerrunden und vagen Andeutungen und Vermutungen unter den Jugendlichen selbst, kam das Thema nicht zur Sprache – Aufklärung fand nicht statt.

Die Sorge um Hab und Gut war vielen Eltern sehr wichtig. Weil sie selbst zu Sorgfalt und Sparsamkeit erzogen worden waren und weil Geld knapp war, achteten sie peinlich genau darauf, dass nichts kaputt oder verloren ging, und wenn doch, wurde Ersatz erst dann beschafft, wenn alle Reparaturversuche erfolglos geblieben waren. Missgeschicke wie eine zerbrochene Kaffeekanne oder ein Kratzer in einem Möbelstück, konnten deswegen zu kleinen Tragödien werden. Und bei den Kindern führten zerrissene Hosen oder durch Fußball spielen beschädigte Schuhe zu heftigen Vorwürfen oder gar Strafen (»Wie oft habe ich dir schon gesagt, du sollst mit den guten Schuhen nicht kicken – jetzt sind sie kaputt! Wo soll ich das Geld für neue herbekommen?«). In den meisten Familien wurde streng auf die Einhaltung der Essenszeiten geachtet. Zwischenmahlzeiten oder »Selbstversorgung« gab es nicht, erst recht nicht die Möglichkeit, irgendwo schnell was mitzunehmen.

Die erzieherische Rollenverteilung zwischen Vater und Mutter sah meist so aus: Da der Vater in der Regel lange außer Haus war (lange Arbeitszeiten und oft langdauernde Wegstrecken), oblag die Alltagserziehung nahezu vollständig der Mutter. Der Vater war so eine Art »übergeordnete Autorität« (»Warte nur, bis Vater nach Hause kommt.«) und damit oft »Strafvollzugsorgan«. Insgesamt beruhte die familiäre Erziehung also auf traditionellen, konservativen und autoritären Grundmustern.

Die väterliche Autorität war zum Teil aber auch angeschlagen: Viele Frauen mussten in den Kriegszeiten auf mehrfache Weise »ihren Mann« stehen. Das bedeutete, die Familie ohne Mann bzw. Vater durchzubringen, in Familie und Beruf teilweise typische Männerarbeiten zu übernehmen und dort, wo der Krieg große Schäden angerichtet hatte, den Aufbau zu bewältigen (»Trümmerfrauen«). Bei vielen kam der Mann gar nicht mehr aus dem Krieg zurück, bei anderen erst spät (Kriegsgefangenschaft) oder körperlich und mental schwer beeinträchtigt. Vom »Verlust der Väter« wurde deswegen gesprochen. Und damit war noch etwas anderes gemeint: Die Zurückgekommenen taten sich – verborgen hinter der Kulisse des traditionell autoritären Vaterrolle –

schwer, für sich eine neue Rolle zu finden. Ihrer Jugend beraubt und in ihrer Identität und ihrem Selbstwertgefühl tief verunsichert, sahen sie sich – ausgesprochen oder unausgesprochen – mit vielen Fragen konfrontiert: Was hast du im Krieg gemacht? Wie konnte das passieren? Was hast du gewusst und gesehen? Meist konnten und wollten sie sich solche Fragen gar nicht stellen – aber sie standen ständig im Raum.

Hinter der Fassade der bürgerlich braven Familie blieben Konflikte nach außen meist unsichtbar. Verschlossene, wortkarge und manchmal (zu viel) trinkende Männer fielen in einer insgesamt eher grimmigen Gesellschaft nicht eigens auf. Und so funktionierten viele Familien nach den traditionellen Mustern: Die Mutter Hausfrau, der Vater als Ernährer und »Oberhaupt« der Familie, dem die wichtigen familiären Entscheidungen zustanden. Das galt auch für die Frage, ob und wenn ja, in welcher Form die Frau berufstätig sein durfte und für viele Rechtsgeschäfte. Etliche staatliche Gesetze und Regelungen deckten diese Ungleichheiten: Erst seit 1958 haben Männer nicht mehr in allen Eheangelegenheiten das letzte Wort, und Frauen dürfen zum Beispiel ein eigenes Konto führen. Die Berufstätigkeit von Frauen entwickelte sich aus diesem Grund und weil viele Männer es als Beeinträchtigung ihres Ansehens betrachteten, wenn die Frau arbeiten ging, nur langsam. (»Meine Frau muss nicht arbeiten, ich kann die Familie allein ernähren«.) »Durfte« die Frau dann tatsächlich berufstätig sein, wurde sie dafür häufig mit der Doppel- und Dreifachbelastung für Haushalt, Erziehung und Beruf bestraft.

Zum familiären Selbstverständnis gehörte es, nach außen ein harmonisches und wohlanständiges Familienbild abzugeben. Wo es Auffälligkeiten gab – sichtbarer Streit unter den Ehepartnern, Unsauberkeit, auffallende Kleidung, rauchende und stark geschminkte Frauen, freche und vorlaute Kinder – musste mit sozialer Ächtung in Form von Tratsch und übler Nachrede gerechnet werden. Gab es in einer Familie ein offensichtlich behindertes Kind, wurde dies, soweit irgend möglich, aus der Öffentlichkeit ferngehalten. Über die Art und Weise der Behinderung wurde allenfalls hinter vorgehaltener Hand gemunkelt.

Mädchen und Frauen, die sich mit »Amisoldaten« einließen, sahen sich oft schrägen Blicken und Diskriminierungen ausgesetzt, besonders dann, wenn aus einer solchen Verbindung eine

Schwangerschaft entstand und das Kind dunkelhäutig war. Diese Ächtungen beruhten auf überlieferten und teils scheinheiligen Anstands- und Sittlichkeitsvorstellungen. Und diese konnten sich – zumindest teilweise – auf entsprechende gesetzliche Regelungen berufen: Durch die Paragrafen 180 und 181 StGB (»Kuppeleiparagrafen«) konnten Eltern, die dem Freund ihrer minderjährigen Tochter erlaubten, bei ihr zu übernachten, strafrechtlich belangt werden, Ehebruch war strafbar und galt als Scheidungsgrund (bis 1969), und Homosexualität war unter Strafe gestellt (Paragraf 175 StGB). Zwar wurde die Übertretung solcher Regeln häufig augenzwinkernd geduldet, aber schon die Möglichkeit, dass sie von selbsternannten »Sittenwächtern« hätten angezeigt werden können, zeigte Wirkung. Und dass sich jemand zu seiner Homosexualität bekannt hätte, war undenkbar – zumal auch die Kirchen solche »Widernatürlichkeiten« heftig verurteilten.

Die allgemeine Spießigkeit verlangte ein zumindest nach außen harmonisch und wohlanständig erscheinendes Familienleben.

Die traditionellen Familienformen bilden aber nur einen Teil der damaligen sozialen Wirklichkeit ab. Aus der vor dem Krieg relativ stabilen Gesellschaft waren durch den Krieg selbst und durch seine Folgen enorme soziale Verwerfungen und eine tiefe gesellschaftliche Verunsicherung entstanden: Der Krieg hatte in Deutschland Millionen Menschen – Soldaten und Zivilpersonen – das Leben gekostet, viele Soldaten galten als vermisst, Hunderttausende kamen als »Kriegsversehrte« zurück, wahrscheinlich ebenso viele oder noch mehr als Traumatisierte, etwa zwölf Millionen aus ihrer Heimat vertriebene oder geflüchtete Menschen mussten eine neue Heimat finden, meist dadurch, dass sie zunächst einfach in bestehende Familien und deren Wohnung zwangseingewiesen wurden. Und zusätzlich mussten die etwa acht Millionen Zwangsarbeiter, die zum Kriegsende in Deutschland weilten und nicht in ihre Heimat zurückkonnten, versorgt werden – und das bei zerbombten Städten und allgemeiner Wohnungs- und Lebensmittelknappheit.

Viele Frauen waren durch den Krieg zu Witwen geworden und mussten sich – oft mit ihren Kindern – selbst durchschlagen. (1950 kamen in Deutschland bei den 25- bis 45-jährigen auf 100 Frauen gerade mal 77 Männer.) Einen neuen Partner zu finden, war angesichts des Männermangels schwierig, und darüber hinaus waren viele Männer arbeitslos und deswegen als »Versorger« nicht geeignet. Diese außergewöhnlichen Verhältnisse führten nicht selten zu Zweckverbindungen wie »Onkelehen« oder »Bratkartoffelverhältnissen«: Auch ohne Trauschein lebte man zusammen, kümmerte sich um Kinder und sorgte füreinander. Eine Ehe musste oder konnte nicht sein – zum Beispiel, weil eine Witwe ihre Versorgungsverhältnisse (Witwenrente) dadurch verschlechtert hätte.

Aber es kam auch vor, dass die lange nach Kriegsende heimkehrenden Soldaten (z. B. Kriegsgefangene und Vermisste) ihre Frauen in neuen Beziehungen lebend wiederfanden – nach der Kriegs – mussten sie zusätzlich noch eine »Heimkehrkatastrophe« erleben.

In der Summe führten all diese Verwerfungen und persönlichen Katastrophen zu vermehrten Scheidungen – und zwar sowohl bei Kriegs- und Vorkriegsehen als auch bei Ehen, die nach dem Krieg geschlossen worden waren. Die Scheidungsrate lag bei etwa 17 %. Ehen waren brüchig und zu den zahlreichen Witwen kamen damit viele geschiedene Frauen als Alleinstehende hinzu.

Unvollständige und damit meiste vaterlose Familien gab es während und nach dem Krieg noch aus ganz anderen Gründen: Beim Vormarsch der alliierten Truppen kam es zu zahlreichen Vergewaltigungen – nicht nur durch Russen, auch durch westliche Soldaten. Das ist zwar in Tausenden von Einzelschicksalen belegt, genaue Zahlen gibt es dazu allerdings nicht. Sicher ist, dass aus diesen Taten Schwangerschaften entstanden und die (werdenden) Mütter oft allein ihrem Schicksal überlassen wurden. Ebenso sind aus den zahlreichen freiwilligen Beziehungen zwischen Besatzungssoldaten und deutschen Frauen viele Kinder hervorgegangen. Hier kann von dreihundert bis vierhundert Tausend Kindern ausgegangen werden – in etwa 1500 Fällen führte dies zu Eheschließungen. Und es gab Väter, die ihre Kinder nach Amerika holten. Das heißt, die größere Zahl dieser Kinder blieb vaterlos. Dazu kam, dass die »sitzengelassenen« Frauen zusätzlich noch Diskriminierungen ausgesetzt waren – und natürlich auch ihre Kinder. Die Beziehungen zwischen den deutschen Frauen und amerikanischen Soldaten waren von Anfang an von beiden Seiten nicht gern gesehen: Bei den Amerikanern wegen des »Fraternisierungsverbots« (Verbrüderungsverbot), und bei vielen Deutschen galten solche Beziehungen als »Verrat«. Oft war mit der Ablehnung der Neid über – vermeintliche oder tatsächliche – materielle Vorteile verbunden: Der Spottvers »Jedes Ami-Hürle trägt sei Armbandührle« bringt dies drastisch zum Ausdruck.

Von deutschen Soldaten wurden nach Schätzungen während des Krieges europaweit zwischen ein und zwei Millionen sogenannte »Wehrmachtskinder« gezeugt – sowohl in Beziehungen zwischen deutschen Soldaten und Frauen in den besetzten Ländern als auch in Vergewaltigungen. In beiden Fällen blieben die Kinder meist vaterlos, die Mütter wurden oft verachtet oder sogar misshandelt. Bis heute ist dieses Thema tabuisiert und öffentlich kaum bekannt.

Als Bilanz der Lebensformen der Nachkriegszeit kann festgehalten werden: Das Ideal der bürgerlichen Kleinfamilie (Vater, Mutter, Kinder), das sich mit der Auflösung der traditionellen bäuerlichen und handwerklichen Großfamilie im 19. Jahrhundert entwickelt hatte, blieb weiterhin bestehen. Die aus mehreren Generationen bestehende Großfamilie existierte zwar noch auf dem Land, aber ihre Zahl nahm – mit dem Rückgang bäuerlicher und handwerklicher Betriebe – ab.

Zu den Lebensformen der Nachkriegszeit gehörten naturgemäß alleinlebende Frauen. Das waren zum einen Frauen, die Witwen geworden waren und nicht wieder heiraten konnten oder wollten, aber auch solche, die diese Lebensform frei wählten, zum Beispiel weil sie im Beruf so aufgingen, dass eine Familie nur hinderlich gewesen wäre (z. B. als »Chefsekretärin«), oder weil in ihrem Beruf die Heirat nicht erwünscht oder gar ausgeschlossen war (z. B. im Lehrberuf). In ihrer gesellschaftlichen Stellung blieben solche Frauen – unter Umständen lebenslang – ein »Fräulein« und wurden so angesprochen. Obwohl als Anrede schon 1972 offiziell abgeschafft, war auch danach das »Fräulein« noch lange die gebräuchliche förmliche Anrede für unverheiratete Frauen.

Vom sogenannte »Fräuleinwunder« wurde in den 50er Jahren vor allem in den USA gesprochen, weil junge deutsche Frauen als attraktiv, modern und begehrenswert empfunden wurden und deswegen von GIs mit in die USA genommen wurden.

Als Gesamtbild der Lebensformen dieser Zeit ergibt sich demnach: Die bürgerliche Kleinfamilie bleibt Ideal und ist die Regel. Allerdings ist sie vielfältigen und teils schweren Belastungen ausgesetzt. Zugleich – sozusagen auf der Nebenbühne – existieren, meist eher aus der Not als aus freiem Willen geboren, zahlreiche andere Lebensformen.

Gesundheit

Die Kriegs- bzw. Nachkriegsgeneration sah sich im Bereich des Gesundheitswesens recht wechselvollen Entwicklungen ausgesetzt. In der Zeit von 1933 bis 1945 war es der NS-Ideologie unterworfen. Das bedeutete, dass auf der einen Seite für die »Erhaltung eines gesunden Volkskörpers« viel getan wurde, auf der anderen Seite aber die skrupellosesten Menschenversuche (z. B. an Behinderten, Straffälligen und Kriegsgefangenen) und Euthanasieverbrechen begangen wurden. Letztere wurden mit dem Begriff der »Rassenhygiene« gerechtfertigt.

Für den »normalen Volksgenossen« war es »völkische Pflicht«, selbst für die eigene Gesundheit zu sorgen. Das hieß, es wurde erwartet, dass jeder sein »Rassen- und Erbgut« umfassend dafür einsetzt, die volle Leistungsfähigkeit des deutschen Volkes zu erreichen. Wer das nicht tat, galt als »Volksschädling.« Von staatlicher Seite wurde viel getan, um diese Ziele zu erreichen: So gab es umfangreiche Programme für betriebssportliche Aktivitäten, Sport- und Freizeitförderungen, und in den Schulen wurde Wert auf Sportunterricht gelegt.

Wie viele Bilddokumente beweisen, entwickelte sich schon damals eine Art »Körperkult«: Dargestellt waren meist athletische und muskulöse Männer, in sportlichen und teils eher heroischen Posen, und ebenso Frauen, diese aber zurückhaltender in ihren Posen, oft in Gruppen und selbstverständlich züchtig bekleidet.

Das Bewusstsein, dass sportliche Betätigung wichtig und gesundheitsfördernd ist, nahmen viele Menschen mit in die Nachkriegszeit. Eine Fitnessbewegung, wie wir sie heute kennen, hat sich daraus aber erst viel später entwickelt. Sportliches Training konnte sich – angesichts der vielfältigen Zerstörungen und anderer Defizite – erst allmählich entwickeln.

Dazu kam, dass sich aufgrund der im Verhältnis zu heute viel stärkeren körperlichen Belastung im Haushalt und im Beruf körperliche Fitness sozusagen von allein ergab. Berufsarbeit war zumeist körperliche Arbeit, und auch im Haus fielen genügend anstrengende Tätigkeiten an: Holz machen, Kohlen schleppen, Wäsche waschen und aufhängen, Putzen, Gartenarbeiten usw. Und auch Mobilität wurde vorwiegend über körperliche Anstrengung verwirklicht: Kürzere Entfernungen wurden zu Fuß oder mit dem Fahrrad bewältigt, wobei kürzer durchaus 10 bis 20 Kilometer sein konnte und Fahrräder selten eine Gangschaltung hatten. In der Freizeit ging man Wandern oder machte Fahrradausflüge. Das galt auch für die Kinder: Sie waren viel unterwegs, spielten meist draußen, fuhren mit Fahrrad und Rollschuhen, im Winter mit Skiern und Schlittschuhen und gingen im Sommer zum Baden an einen See oder Fluss – später, so ab Mitte der Fünfzigerjahre, auch in neu erbauten Freibädern. Recht zügig nahm in dieser Zeit die Zahl derer zu, die sich Sportvereinen anschlossen: 1950 waren dies etwa vier Millionen, 1959 schon fast fünf Millionen, davon etwa 40 Prozent Kinder und Jugendliche. Bei den Erwachsenen überwog der Anteil der Männer (über 80 Prozent) deutlich. Je nach den örtlichen Gegebenheiten gehörten zu den beliebtesten Sportarten: die »Klassiker« Fuß- und Handball, Faustball, Leichtathletik, Tischtennis, Turnen, Hockey und Schwimmen.

In den Schulen wurde früh Wert auf Sport- und – soweit Bäder vorhanden waren – auf Schwimmunterricht gelegt. Die Zahl der Kinder, die schwimmen konnten, war – zumindest in den Städten – weit höher als heute.

Trotzdem war das Gesundheitsbewusstsein insgesamt weit von dem entfernt, was wir heute darunter verstehen. Nach den Hungerjahren während des Krieges und in den ersten Nachkriegsjahren wollte man sich endlich mal wieder richtig satt essen und sich auch mal »einen genehmigen«. Als dies wieder möglich war, dachte zunächst kaum jemand an Übergewicht oder gar Fettleibigkeit. Die Wohlstandsbäuche und die damit verbundenen Gesundheitsprobleme verbreiteten sich deswegen rasch. Geraucht wurde noch ohne schlechtes Gewissen. Die große Mehrheit der Männer tat dies ausgiebig, fast überall und ohne jede Einschränkung. Und die Frauen taten es ihnen – obwohl rauchende Frauen lange recht argwöhnisch betrachtete wurden – allmählich gleich. Das Bedürfnis nach Zigaretten war so groß, dass diese in Schwarzmarktzeiten zur eigentlichen Währung wurden. Und wenn sich jemand wegen des allgegenwärtigen Qualms beschwerte, wurde er eher belächelt als ernst genommen. Ganz allgemein wurden Risiken oft falsch eingeschätzt, verdrängt oder erst gar nicht wahrgenommen: Am Arbeitsplatz gab es viele und oft schwere Arbeitsunfälle, nicht selten mussten Arbeitnehmer zu besseren Schutzmaßnahmen (z. B. Schutzbrillen) gedrängt, ja sogar gezwungen werden. Auch im Straßenverkehr wurde dieser Fatalismus sichtbar: Zweiradfahrzeuge wie Fahrrad, Moped und Motorrad wurden selbstverständlich ohne Schutzhelm benutzt, und die ersten Autofahrer, die Sicherheitsgurte anlegten, anfangs belächelt. Dieser Leichtsinn spiegelt sich in der Bilanz der seit 1953 erfassten Verkehrstoten wider: Trotz geringer Verkehrsdichte und geringen Fahrleistungen gab es damals mehr als 12000 Verkehrstote in einem Jahr. Im Jahr 2020 waren es 2724.

In Teilbereichen trugen die westlichen Besatzungsmächte zu einem ausgeprägteren Gesundheitsbewusstsein bei. So förderte die amerikanische Militärverwaltung verbesserte Zahnpflege (z. B. in den Schulen) und setzten sich für präventive Gesundheitsmaßnahmen ein.

Wie vieles andere entwickelte sich die Gesundheitspolitik in der BRD und der DDR recht unterschiedlich. Im sozialistischen System der DDR galt die Maßgabe, dass jeder Anspruch auf eine moderne und kostenlose medizinische Behandlung haben muss. Ihre Verwirklichung stieß oftmals wegen fehlender Ressourcen an Grenzen.

Im Westen wurde das Gesundheitssystem der Weimarer Republik wieder aufgebaut. Die Krankenkassenbeiträge entfielen je zur Hälfte auf Arbeitgeber und Arbeitnehmer, und die Selbstverwaltung der Versicherungen wurde von Verbandsvertretern übernommen.

Gleichzeitig entwickelten sich schnell die Ansätze einer betrieblichen Gesundheitsförderung. Damit sind alle gemeinsamen Maßnahmen von Arbeitgebern, Arbeitnehmern und Gesellschaft gemeint, mit denen Gesundheit und Wohlbefinden am Arbeitsplatz verbessert werden sollen. Es wurde schnell erkannt, dass diese allen Beteiligten nützen, und sie wurde rasch weiterentwickelt.

Erhebliche Verbesserungen gab es in der Geburtsmedizin. Mit dem Reichshebammengesetz von 1938 waren Hebammen in ihrer Rolle als Expertinnen für normale Geburten gestärkt worden, und es bestand damit ein Anspruch auf Hebammenhilfe. In der Bundesrepublik kam der wirtschaftliche Aufschwung sowohl der Allgemeinmedizin als auch der Geburtshilfe zugute, weil schnell mehr Geld in das gesamte Gesundheitswesen einfließen konnte. Der Ausbau von Kliniken führte unter anderem dazu, dass die Zahl der Klinikentbindungen stieg und die Geburtsrisiken sanken.

Für Kindergärten und Schulen entstanden Programme gesundheitlicher Erziehung. Dabei wurde beispielsweise untersucht, ob Kinder körperlich unterentwickelt waren, und betroffene Kinder wurden in entsprechende Hilfsprogramme aufgenommen. Ebenso gab es bald Programme für Zahnhygiene.

In den fünfziger Jahren kam es noch zu massenhaften Ausbrüchen gefährlicher Krankheiten. Ursächlich hierfür waren die mangelhaften hygienischen Verhältnisse der Nachkriegszeit, Unterernährung, verdorbene Lebensmittel und fehlende ärztliche Versorgung. Teilweise handelte es sich um bis dahin wenig bekannte Krankheiten, mit deren Bekämpfung man keine oder nur geringe Erfahrungen hatte. So zum Beispiel bei der Kinderlähmung (Polio), an der in den frühen 50ern Tausende Kinder erkrankten. Erst im April 1957 begannen erste Massenschutzimpfungen. Gegen Diphtherie wurde ab 1961 geimpft, Masernimpfungen sind seit 1973 empfohlen.

Trotz verbesserter Zahnpflege wurde der Zahnarztbesuch für viele Kinder unvermeidlich. Meistens lief es auf eine Amalgamplombe hinaus, deren Gefährlichkeit erst sehr viel später entdeckt bzw. angemessen eingeschätzt wurde.

Erziehung, Lebensformen, Geschlechterbeziehungen und Gesundheit

Erziehung

»In meiner Kindheit herrschten zu Hause und in der Schule strenge Regeln, es gab sogar Schläge und andere Strafen durch die Eltern«, erinnert sich Resi, wenn sie an die Kinderzeit zurückdenkt. Es galten strenge Vorgaben, was den Tagesablauf anbelangte: feste Zeiten, wann aufgestanden, gebetet, gearbeitet oder gegessen wurde. Mädchen spielten mit Puppen, Kaufladen und Puppenstube. Sie wurden frühzeitig spielerisch an typisch weibliche Aufgaben herangeführt. Jungs spielten mit Autos und Werkzeugen, die sie oftmals selbst gebastelt hatten. Die Mithilfe in Haushalt und Garten wurde zwar allen Kindern abverlangt, aber auch in diesen Aufgaben bildeten sich die traditionellen Geschlechterrollen ab. Erst in den 1960er Jahren löste sich diese geschlechtsspezifische Rollenverteilung langsam auf.

Lebensformen/Geschlechterbeziehungen

Resis Großeltern lebten noch in der Großfamilie, ihre Eltern gründeten schon einen eigenen Hausstand und was tat Resi? Sie zog noch während der Ausbildung in eine Wohngemeinschaft – eine Kommune, wie es ihr Vater bezeichnete. »Welch eine Schande, womöglich finden dort Gruppensex und Drogenpartys statt«, befürchtete er, als er von diesem Vorhaben erfuhr. Dabei war diese Angst völlig unbegründet: Es ging gesittet zu in der WG, war doch die Vermieterin, eine alte Dame mit klaren Vorstellungen von Ordnung und Moral, stets auf der Hut, dass die WG nicht in Verruf gerät. Nach den Erfahrungen in der WG traute sich Resi, mit ihrem Freund zusammenzuziehen, also eine »Ehe ohne Trauschein« zu führen. »Wie soll ich das nur der Oma sagen«, überlegte Resi, denn für die Kriegsgeneration war so eine Lebensform nahezu unvorstellbar. Doch erstaunlicherweise erfuhr Resi in einem Gespräch mit der Großmutter, dass diese es gar nicht falsch fand, vorher zu testen, mit wem man ein Leben lang zusammenleben wollte. Erst bei dieser Gelegenheit erfuhr Resi, dass die Oma nicht immer glücklich war mit dem Leben in der Großfamilie. Doch die Ehe zu beenden wäre damals unmöglich gewesen. »Was hätten da die Leute gesagt?« Nicht nur die moralische, auch die wirtschaftliche Seite wäre problematisch gewesen. So bekam Resi Omas Segen für diese »unmoralische« Beziehung, die dann später doch in ein »geordnetes Eheleben« überging.

Dieser Schritt wurde auch für Resis berufliche Zukunft bedeutsam: Sie wollte sich beruflich verändern und bewarb sich um eine Stelle als Gemeindeschwester. Ihre Bewerbung war erfolgreich – wohl auch deswegen, weil sie verheiratet war. Der katholische Pfarrer, der darüber zu entscheiden hatte, hätte sie als »in wilder Ehe« lebende Frau wohl kaum eingestellt.

Nach kurzer Ehezeit wurde Resi erstmals schwanger und etwa 18 Monate später ein zweites Mal. Weil sie möglichst bald wieder in ihren Beruf zurückkehren wollte, wurden die beiden Kinder größtenteils vom Vater großgezogen. Das war in der damaligen Zeit sehr ungewöhnlich und wurde durchaus kritisch betrachtet. Doch weil Resi aus der kleinen Krankenpflegestation eine modern organisierte Sozialstation aufgebaut und dort die Pflegedienstleitung übernommen hatte, wollte sie dies auf keinen Fall aufgeben.

Wenn Resi sich mit ihrer Brieffreundin Erika aus Köln verglich, fühlte sie sich benachteiligt. Deren Eltern waren zwar gleich alt wie ihre, doch sie waren viel weniger streng, erlaubten Erika vieles, was sie nicht durfte, und waren insgesamt viel lockerer. Und weil sie diese Freiheiten in der Stadt auch bei anderen bemerkte, wurde ihr klar, dass sich das Stadtleben in diesem Punkt deutlich vom Landleben unterschied.

Gesundheit

Während drei Geschwister von Resis Eltern an Krankheiten starben, die heute gut behandelbar sind, kamen Resi schon wichtige medizinische Fortschritte zugute.

Im Jahr 1964 erreichten die Geburtenzahlen der Babyboomer mit 1,3 Millionen ihren Höchststand. In den frühen Jahren dieser Generation gab es noch viele Hausgeburten. Die Hebammen kamen zur Entbindung zu den Schwangeren nach Hause. In den nachfolgenden Jahren suchten immer mehr Frauen das Krankenhaus auf, um ihr Kind zur Welt zu bringen. Welches Geschlecht das Kind hatte und ob eventuell eine Mehrfachgeburt zu erwarten war, zeigte sich erst während der Geburt.

Zu Hause wurde meist ein Wäschekorb zum Stubenwagen umfunktioniert, und das Kind wurde so schnell wie möglich getauft. Durch Impfungen konnte der Ausbruch bestimmter Krankheiten verhindert werden. Infekte wurden zunehmend mit Antibiotika behandelt. 1961 kamen etwa 2500 Kinder mit schweren Fehlbildungen auf die Welt – verursacht durch das Schlaf- und Beruhigungsmittel Contergan.

Bei der jährlich stattfindenden Mütterberatung, die in einem eigens dafür umgebauten Bus direkt im Wohnort verpflichtend stattfand, wurde jeder Mutter Gelegenheit gegeben, den Gesundheitszustand ihres Kindes bis zum dritten Lebensjahr regelmäßig und unentgeltlich von einem Arzt überwachen zu lassen. Dieser sollte feststellen, ob sich die Kinder geistig und körperlich altersgemäß entwickeln und keine Krankheitszeichen aufweisen. Der Beratungsarzt erteilte Ratschläge für eine sorgfältige Pflege und eine gesunde Ernährung des Kindes, führte die notwendigen Vorbeugemaßnahmen gegen Rachitis, sowie die jeweils fälligen Schutzimpfungen durch, die als ein erfolgreiches medizinisches Prinzip der Kontrolle und Bekämpfung von Infektionskrankheiten im Kindesalter galten. Dafür wurde viel geworben, der Satz »Schluckimpfung ist süß, Kinderlähmung ist grausam« war im Radio und Fernsehen zu hören.

In den 1960er und 70er Jahren gab es viele medizinische Erfolge: 1963 wurden Impfstoffe gegen Mumps, Masern, Windpocken, Röteln, Hepatitis A und B, Lungenentzündung und Meningitis entwickelt. Ebenso kam in diesem Jahr das bis heute bekannte Mittel Valium auf den Markt. 1965 wurde zum ersten Mal ein Zahnimplantat aus Titan eingesetzt, 1967 weltweit die erste Herztransplantation durchgeführt, und 1968 gab es die erste Knochenmarktransplantation.

Die erste künstliche Befruchtung fand 1977 statt, worauf am 25. 7. 1978 Louise Brown per Kaiserschnitt entbunden wurde. So manche dieser medizinischen Entwicklungen wurden damals wie ein Wunder empfunden, mussten doch die Generationen zuvor an vielen Krankheiten bzw. Kriegsverletzungen lange leiden oder gar daran sterben, weil es noch keine adäquate medizinische Behandlung gab.

Wenn Schwester Resi an ihre Ausbildung zur Krankenschwester zurückdenkt, erinnert sie sich an viele Patienten, denen in den Kriegs- oder Nachkriegsjahren im Krankenhaus nicht hatte geholfen werden können. Viele der von ihr behandelten Patienten der Kriegsgeneration litten an den Spätfolgen von Kriegsverletzungen oder nicht verarbeiteten Kriegserlebnissen. Sie erfuhr dabei von vielen schweren Schicksalen, die der Krieg mit sich gebracht hatte.

In solchen Momenten war sie außerordentlich dankbar, dass sie selbst in eine ganz andere Zeit hineingeboren worden war, und sie lernte die Fortschritte in der Medizin umso mehr zu schätzen. Sie war froh, wenn es mit Hilfe einer der neuen Therapien gelang, einem Patienten zu helfen.

In ihrer Ausbildung zur Krankenschwester hatte sie die Möglichkeit, Erfahrungen in allen medizinischen Disziplinen zu sammeln. Sie lernte Schwestern und Ärzte kennen, die für sie große Vorbilder wurden.

Das Thema Gesundheitsvorsorge gewann immer mehr an Bedeutung. Dazu gehörten Vorsorgeuntersuchung in der Schwangerschaft, die moderne Geburtshilfe in der Klinik, die Kindervorsorge und die Zahnhygiene. Die neu eingeführte Krebsvorsorge löste zwar viele Diskussionen aus, wurde aber trotzdem erstaunlich gut angenommen.

Das Rauchen war bei den Babyboomern weit verbreitet: Geraucht wurde in jedem Lokal, im Auto, in der Wohnung und ganz selbstverständlich in Fernsehsendungen. Während bis dahin vor allem Männer rauchten, holten die Frauen auf: »Der Anteil der Raucherinnen stieg bis zu den 1960 bis 1964 Geborenen (2013 zwischen 49 und 53 Jahren alt) auf 50 % an und ging dann wieder leicht zurück auf 45 % der 1975 bis 1979 Geborenen«. (Zahlen nach Statist. Bundesamt)

Mit den sogenannten Röntgenreihenuntersuchungen, die es seit 1955 gab, wurde nahezu die gesamte Bevölkerung in Röntgenbussen auf Lungentuberkulose und andere Lungenerkrankungen untersucht. In Baden-Württemberg wurden diese Maßnahmen 1981 wieder aufgehoben.

Die Familienplanung veränderte sich durch medizinisch-pharmazeutische Entwicklungen. Die Anti-Baby-Pille (Verhütungspille), die zu den hormonellen Verhütungsmethoden für die Frau gehört, war zum ersten Mal im Sommer 1960 in den USA zur Empfängnisverhütung zugelassen worden. 1961 wurde die Pille in Deutschland unter dem Markennamen »Anovlar« von Schering erhältlich. Sie wurde allerdings nur verheirateten Frauen mit mehreren Kindern verschrieben und offiziell als Mittel gegen Menstruationsbeschwerden deklariert. Heute zählt »die Pille« zu den weltweit am häufigsten verordneten Medikamenten.

Die Tatsache, dass Schwester Resi später von der Gemeindeschwester, die als Einzelkämpferin in einer Gemeinde Tag und Nacht und an Sonn- und Feiertag erreichbar war, zur Leiterin eines ambulanten Pflegedienstes wurde, zeugt vom Wandel auch im Pflegebereich.

Erziehung

Stefan wurde 1975 geboren und gehört damit der Generation X an. Wenn er heute auf seine Schulzeit zurückblickt, wird ihm deutlich, dass sich seither viel verändert hat. Als er eingeschult wurde, war Unterricht an Samstagen üblich. In der Regel mussten die Schüler noch aufstehen, um den Lehrer zum Unterrichtsbeginn zu begrüßen. Die jüngeren Lehrer verzichteten nach und nach darauf, der »Herr Pfarrer« legte noch lange Wert auf diese Ehrerbietung.

Im üblichen dreigliedrigen Schulsystem seines Bundeslandes waren die Schulen aufgeteilt in eine für alle geltende vierjährige Grundschule und einer anschließenden Weiterführung in Haupt-, Realschule oder Gymnasium. Die Zuordnung zu den weiterführenden Schulen erfolgte über eine Empfehlung der GrundschullehrerInnen, die in fast allen Fällen von den Eltern übernommen wurde.

In Stefans Kindheit unterschieden sich Erziehungsstile und Sozialisationsbedingungen zwischen Stadt und Land noch deutlich: Die elterliche Erziehung war im ländlichen Raum noch immer stark an traditionellen Mustern orientiert, während sie sich in den Städten in vielen Familien mehr und mehr an liberalen Modellen orientierten. Die Freizeitmöglichkeiten für Kinder und Jugendliche auf dem Land hingen weitgehend vom Angebot der Vereine ab und beschränkten sich oft auf einen Sportverein (Fußball und vielleicht noch eine oder zwei weitere Sportarten), den Musikverein und die Freiwillige Feuerwehr. Das Angebot der Sportvereine in der Stadt war vielfältiger (Leichtathletik, Schwimmen, Volleyball, Tennis, Tischtennis, Turnen, Mountainbiken) und, je nach Gegebenheiten, gab es weitere Angebote. Darüber hinaus entstanden dort vereinsunabhängige Freizeitgestaltungen wie Trimm-Dich-Pfade, Skater-Parks, Laufstrecken und Fitnessstudios. Zum Teil fand dort sogar schon Freizeitbetreuung durch Sozialarbeiter statt.

In den Städten waren Jugendliche der Generation X erstmals in größerem Umfang von der Berufstätigkeit beider Elternteile betroffen. Das bedeutete, dass sie tagsüber weitgehend sich selbst überlassen blieben. In der Regel gab es weder Ganztagsschulen noch öffentliche Betreuungsmöglichkeiten, und betreuende Angehörige (z. B. Großeltern) waren ebenso die Ausnahme. Mit der steigenden Zahl sogenannter »Schlüsselkinder« nahmen Vernachlässigungsfolgen von Kindern und Jugendlichen stark zu.

Weil seit 1956 in Deutschland die allgemeine Wehrpflicht galt, mussten die Männer nach dem Ende der Schulzeit oder der Ausbildung in der Bundeswehr ihren Wehrdienst ableisten. Vor dem Hintergrund der jüngeren Geschichte und der intensiven Diskussion um die Wiederbewaffnung Deutschlands (Verteidigungsfähigkeit gegenüber Pazifismus) zweifelten viele junge Männer die Notwendigkeit und Sinnhaftigkeit der Wehrpflicht an und verweigerten den »Dienst an der Waffe«. Auf der Grundlage von Artikel 4 Absatz 3 des Grundgesetzes bestand dazu ein Rechtsanspruch, und es konnte stattdessen ein Zivildienst angetreten werden. Eine Genehmigung für einen solchen Ersatzdienst wurde anfangs von einer »Kommission« sehr streng gehandhabt und nur in seltenen Fällen bewilligt. Im Laufe der Zeit schaffte man die Kommissionen ab und vereinfachte die Verfahren.

Die Wehrpflichtdebatte ist nur ein Beispiel für vielfältige und tiefgreifende Debatten dieser Zeit: der Streit um den Paragrafen 218, die neue Ostpolitik, die Auseinandersetzungen über den Umgang mit Terrorismus (RAF), Fragen der Ökologie, um nur einige zu nennen. Und mit der Nachrüstungsdebatte zu Beginn der 80er Jahre gerieten die mit der atomaren Aufrüstung verbundenen Bedrohungen verstärkt ins allgemeine Bewusstsein. Zu dieser Zeit noch undenkbar, fiel zum Ende der Dekade die Mauer. Die politischen und gesellschaftlichen Verhältnisse in der Bundesrepublik veränderten sich grundlegend, und auch weltpolitisch war fast nichts mehr so wie vorher. Das Politik und Gesellschaft bis dahin bestimmende innere und äußere Koordinatensystem verlor seine Gültigkeit. Kein Wunder, dass damit eine allgemeine Verunsicherung verbunden war – vor allem für die heranwachsende Generation. Und die war mit der fortschreitenden Digitalisierung, dem Wandel der Arbeitswelt und den wirtschaftlichen Problemen weiteren großen Umwälzungen ausgesetzt.

Lebensformen und Geschlechterbeziehungen

Die Lebensform auf dem Land war im Wesentlichen von Familien mit Kindern geprägt. Auch die häusliche Rollenverteilung blieb traditionell: Der Vater war berufstätig, die Mutter Hausfrau. Allerdings wurden die Familien allmählich kleiner. Das zeichnete sich schon während Stefans Kindheit ab. Die Zahl der Mütter, die früh wieder – oder erstmals – eine Berufstätigkeit aufnahm, nahm zu – in der Stadt schneller als auf dem Land. Ebenso stieg, aus verschiedenen Gründen, die Zahl der Alleinerziehenden.

Allgemein wurden die von den 68ern angestoßenen gesellschaftspolitischen Diskussionen im Hinblick auf Geschlechterbeziehungen und Lebensformen allmählich wirksam. Für junge Leute wurde es selbstverständlich, sich in Beziehungen auszuprobieren und den eigenen Weg in eine Lebensgemeinschaft zu finden. Im Zusammenhang mit einer steigenden Zahl von Scheidungen, einer größeren – oft beruflich bedingten – Mobilität und den gestiegenen Erwartungen an Selbstverwirklichung veränderten sich Lebensformen (Wohngemeinschaften, Zusammenleben ohne Trauschein, bewusst gewähltes Singleleben), und die gelebten Partnerschaften wurden vielfältiger. Damit verbunden war die allmähliche Selbstverständlichkeit der Gleichberechtigung in Partnerschaften. Sollten in einer solchen Partnerschaft Kinder ihren Platz finden, erwuchs daraus oft eine echte Bewährungsprobe.

Gesundheit

Wohlstandsbedingte Krankheiten wie Herz-Kreislauf-Erkrankungen, Diabetes oder Adipositas spielen eine große Rolle, allerdings gewinnen sowohl das allgemeine Bewusstsein für Gesundheit als auch die Überlegungen für gesunde Ernährung an Bedeutung. Der Trend zum Abnehmen beginnt, unterschiedlichste Diäten werden entwickelt und die Fitnessbewegung erblüht. Mit der Bodybuilder-Bewegung wird die auf gesundheitsfördernde Aspekte ausgerichtete Bewegung allerdings in ihr Gegenteil verkehrt: An die Stelle der Gesundheit rückt als Zielvorstellung »der perfekte Körper«.

Mitte der 70er Jahre steigen die Kosten im Gesundheitswesen drastisch (Kostenexplosion) und erste politische Überlegungen zur Kostendämpfung werden angestellt. Die Ursachen für die hohen Kosten liegen darin, dass immer mehr Menschen unbegrenzten Zugang zu umfangreichen medizinischen Leistungen haben (ca. 90 %), dass die medizinischen Leistungen teurer werden und dass sich durch den medizinischen Fortschritt der Leistungsbereich erweitert.

Als für die Generation X relevante Entwicklungen und Erfindungen wären zu nennen: 1973 wird die Magnetresonanztomographie (MRT) erfunden, 1977 gibt es die erste künstliche Befruchtung und 1980 erklärt die Weltgesundheitsorganisation (WHO) die Welt für pockenfrei. 1983 wird das HI-Virus entdeckt, in den Folgejahren entwickelt sich seine Verbreitung zu einer weltweit ernsten Gefahr – vor allem für junge Menschen.

Der Bereich der Diagnostik verbessert sich stark: Sowohl die Untersuchungstechnik als auch die von ihr gelieferten Ergebnisse ermöglichen genauere Diagnosen und damit bessere Therapiemöglichkeiten. Die Krebsforschung steckt damals in den Kinderschuhen.

Erziehung, Lebensformen, Geschlechterbeziehungen und Gesundheit

Als Lisa geboren wurde, hatte sich im Erziehungsbereich schon jede Menge verändert. In den Kindergärten gab es seit einigen Jahren »lange Gruppen«. Gedacht waren diese in erster Linie für Kinder, deren Eltern beide berufstätig waren und für Alleinerziehende. Wenige Jahre zuvor war so etwas kaum denkbar: In der Regel blieb, solange die Kinder im Kindergartenalter waren, ein Elternteil – im Regelfall die Mutter – zu Hause. Dementsprechend begrenzt war das Kinderbetreuungsangebot. Dass Lisa eine solche Ausnahme war, wurde ihr erst viel später bewusst. Auf jeden Fall hat sie diese Zeit stark geprägt.

Die Betreuungsprobleme für berufstätige Eltern setzten sich in der Grundschule fort: Es gab keinen Samstagsunterricht mehr, und die Nachmittage waren in der Regel unterrichtsfrei, so dass die Kinder entweder direkt nach dem Unterricht abgeholt werden mussten oder eine außerschulische Betreuung – oft die Großeltern – organisiert werden musste. Am Ende der Grundschule gab es die Empfehlung der Lehrer für die weiterführende Schule. Diese war lange Zeit bindend, verlor aber immer mehr an Bedeutung.

Durch die Einführung von Vorbereitungsklassen (umgangssprachlich meist 9 + 2 genannt) und des Fachabiturs wurde das dreigliedrige Schulsystem immer durchlässiger. Wer nach Abschluss von Haupt- oder Realschule seinen Bildungsabschluss verbessern wollte, konnte das tun. Um die Jahrtausendwende wurde die bildungspolitische Diskussion durch einige internationale Vergleichsstudien zum Bildungssystem neu belebt. In der ersten PISA-Studie (Programme for International Student Assessment; Programm zur internationalen Schülerbewertung) landete Deutschland nur auf dem 13. Platz – ein ernüchterndes Ergebnis.

Die allgemeine Wehrpflicht wurde in der Streitkräftereform von 2011 ausgesetzt und der Zivildienst durch einen Bundesfreiwilligendienst ersetzt. Das Ergebnis war, dass für Lisas Generation die prägenden Einflüsse der Bundeswehr an Bedeutung verloren. Der Bundesfreiwilligendienst wurde zwar von manchen genutzt, fand aber keine breite Akzeptanz.

Weil immer mehr Eltern auf einen guten Bildungsabschluss ihrer Kinder Wert legten und weil zunehmend Berufe akademisiert wurden, nahmen immer mehr Schulabgänger ein Studium auf. Vor allem in den 90er Jahren wuchs ihr Anteil stark.

Im Gegensatz zu den vorausgegangenen Generationen wurde das Verhältnis zwischen Eltern und Kindern harmonischer. Die Sorge der Eltern um das Wohl ihrer Kinder führte zum Teil zu einer »Überbehütung«. Diese neue Elterngeneration wird mit dem Begriff »Helikopter-Eltern« beschrieben. Umgekehrt fühlten sich viele Heranwachsende im Elternhaus sehr wohl und blieben gerne und lange im »Hotel Mama.«

Die Erziehung durch das Elternhaus war bei Lisa bereits sehr viel liberaler. Lisa erlebte schon deutlich weniger Verbote und mehr Möglichkeiten, als das bei Stefan der Fall war. Lisa konnte beispielweise bereits als Jugendliche allein oder mit Freundinnen ausgehen und hatte viel mehr Möglichkeiten. Was die Erziehung durch das Elternhaus anging, fand eine Annäherung zwischen Stadt und Land statt. Trotzdem sind die Lebensverhältnisse in ländlich geprägten Regionen bis heute andere als in der größeren, urbanen Umgebung.

Lebensformen

Insgesamt wurde die Anzahl der Familienmitglieder weiter kleiner. Einzelkinder waren keine Ausnahmeerscheinung mehr. Mit steigenden Scheidungszahlen wurden Alleinerziehende und Patchwork Familien normaler. Die Lebensformen wurden allgemein vielfältiger: Singlehaushalte gehörten ebenso dazu wie Wohngemeinschaften unterschiedlichster Art. Ebenso gleichgeschlechtliche Beziehungen. Viele begegneten solchen neuen Lebensformen anfangs misstrauisch, doch insgesamt stieg die Akzeptanz.

Weil der Wohlstand allgemein zunahm und sich der Wohnraum der Familien vergrößerte, war es für viele Kinder der Generation Y ganz selbstverständlich, von klein auf ein eigenes Zimmer zu haben. Damit waren gute Voraussetzungen für selbstgestalte Lebensformen geschaffen.

Gesundheit

Durch Erkenntnisse, die auf wissenschaftlicher Basis gewonnen wurden, konnten in der Pflege und in der ganzen Medizinbranche neue Formen der Diagnostik und der Therapie entwickelt werden. Diese wurden zunehmend angewandt und verbesserten sowohl die Situation von Pflegebedürftigen als auch Allgemeinpatienten. Im Jahr 2006 kam mit der HPV-Impfung gegen Papillom Viren die erste Impfung gegen Gebärmutterhalskrebs auf den Markt. Allgemein gab es in den Bereichen Impfung und Medikation große Fortschritte. Nebenwirkungen wurden durch präzisere Dokumentation immer transparenter und konnten reduziert werden.

Erziehung, Lebensformen, Geschlechterbeziehungen und Gesundheit

Schwester Resis Nichte Lea ist 2001 geboren und gehört somit zur Generation Z. In ihrem Geburtsjahr gab es sowohl in Deutschland als auch weltweit wichtige Ereignisse. Aber davon bekam sie natürlich erst viel später etwas mit, und sie merkte, dass einiges davon durchaus Auswirkungen auf ihr Leben und das ihrer Generation hatte. So durften in Deutschland erstmals Frauen bei der Bundeswehr den Dienst an der Waffe ausüben. In Berlin wurde Klaus Wowereit (SPD) zum Bürgermeister gewählt, obwohl er im Wahlkampf seine Homosexualität öffentlich bekannt gemacht hatte. Und der in ihrem Geburtsjahr gefassten Bundestagsbeschluss zur Riester-Rente könnte Auswirkungen auf ihre Altersversorgung haben.

In Indien wurde erstmals die Milliardengrenze der Einwohnerzahl überschritten. Das Ereignis aber, das sich untrennbar mit dem Jahr 2001 verbindet, geschah am 11. September 2001. Mehr als 3000 Menschen wurden Opfer der Terroranschläge, die sich in New York und Washington ereigneten. Millionen Zuschauer wurden am Bildschirm fassungslose Zeugen, wie Selbstmordattentäter der islamistischen Terrororganisation al-Qaida mit Passagierflugzeugen in das World Trade Center flogen, explodierten und in der Folge beide Türme des Bauwerkes zum Einsturz brachten.

Erziehung

Lea wurde vom ersten Tag an von allen umsorgt und geliebt. Sie war der Mittelpunkt, alles drehte sich um sie. Von klein auf war sie gewöhnt, sehr viel Aufmerksamkeit, Lob und Anerkennung zu bekommen für alles, was sie machte. Die Eltern ließen ihr Töchterchen mitbestimmen, wo immer es ging, sie wurde immer informiert und in Entscheidungen miteinbezogen. Im Kindergarten wurde sehr auf die Förderung der Kleinen geachtet, in der Schule wurden individuelle Entwicklungsgespräche geführt und die bestmögliche Förderung eines jeden Kindes angestrebt. Man kaufte ihr Spiele, die ihre Entwicklung fördern sollten, alle waren bemüht, sie bestmöglich zu unterstützen. Mama und Papa begleiteten sie wie Freunde, und Lea sprach sie ganz selbstverständlich mit Vornamen an.

Doch Leas Eltern merkten sehr wohl, dass es Kinder im Kindergarten gab, deren Eltern all dies nicht leisten konnten. Lea bewältigte später die Anforderungen der Schule ohne Probleme. Und sie bemerkte, dass dies nicht allen Kindern gleich gut gelang. Allerdings wurde ihr erst sehr viel später klar, dass dies daran gelegen haben könnte, dass nicht alle Eltern ihren Kindern eine solch gute Förderung zukommen lassen konnten, wie dies bei ihr der Fall war.

Lebensformen/Geschlechterbeziehungen

Wenn Lea ihre Lebenssituation mit der ihrer KlassenkameradInnen vergleicht, wird ihr rasch bewusst, dass nicht alle Kinder so leben wie sie: Bei nicht wenigen ist die Familie nicht mehr intakt oder vollständig: »Viele meiner Freundinnen leben alleine mit Mutter oder Vater und verbringen lediglich die Wochenenden oder Ferien beim anderen Elternteil. Einige leben in Familien mit Kindern aus verschiedenen Beziehungen, und ein Freund von mir lebt sogar mit seinen beiden Vätern zusammen in einer WG. Und in dieser WG gibt es eine Familie, die aus zwei Müttern mit zwei Kindern besteht«.

Die Wohnverhältnisse der anderen Kinder sind oft beengter als die in ihrem Einfamilienhaus, in dem (selbstverständlich) jedes Kind sein eigenes Zimmer hat. Und viele können sich ganz offensichtlich nicht alles leisten, was für Lea zur Grundausstattung gehört.

Die verschiedenen Lebensformen sind in der Generation Z fast zur Normalität geworden. Nur noch selten mokiert sich jemand über bisher ungewöhnliche Partnerschaften und Lebensstile. Ihre vollständige rechtliche Anerkennung braucht allerdings noch etwas Zeit.

Gesundheit

Wenn Lea oder ihre Freunde irgendwelche gesundheitlichen Probleme haben, was zum Glück recht selten vorkommt, wird erst mal gegoogelt. Gesunde Zähne und ein gesunder Körper sind ihnen wichtig, dafür wird mit regelmäßigen Besuchen beim Zahnarzt, guter Körperpflege und Sport gesorgt. Selbstsicher geht Lea zu ihrem Gynäkologen und lässt sich über Formen der Empfängnisverhütung beraten. Die Gesundheits-App für den Hausarzt bzw. die Online-Sprechstunden sind für Lea Normalität. Und ganz selbstverständlich lässt sie sich gegen Corona impfen und lädt sich den entsprechenden Nachweis auf ihr Smartphone. Sie weiß genau, dass das Thema Corona mit der Impfung nicht abgeschlossen ist und dass eine weitere Entwicklung der mRNA-Impfstoffe aussteht.

Als Auszubildende in der Pflege hat Lea guten Kontakt zu ebenfalls jungen Ärzten, mit denen sie sich selbstverständlich duzt. »Why not?« Ebenso wie ihr Stationsarzt-Kollege will sie nach der Ausbildung für eine gewisse Zeit im Ausland arbeiten.

Bildung, Arbeit, Karriere, Lebensstandard

Hätte jemand zum Kriegsende bereits für die 50er Jahre ein »Wirtschaftswunder« vorausgesagt, wäre er wohl für verrückt erklärt worden. Die Voraussetzungen für einen wirtschaftlichen Aufschwung hätten damals schlechter kaum sein können: Das Land in Trümmern, ein großer Teil der Betriebe zerstört, das, was übrig war, zum Teil demontiert, viele Männer »im Krieg geblieben« – getötet, vermisst, in Kriegsgefangenschaft – viele der Zurückgekommenen seelisch und körperlich verletzt (»kriegsversehrt«), harte Reparationsauflagen der Siegermächte, die Deutschland für die Zukunft »klein« halten wollten. (So sollte der Morgenthauplan der Amerikaner Deutschland auf Dauer zum Agrarstaat degradieren, und in der sowjetisch besetzen Zone wurde bis zu Bahngleisen alles demontiert, was wirtschaftlich tauglich erschien.)

Trotzdem fielen die Menschen nicht in ohnmächtige Lethargie, sondern fingen bereits in den letzten Kriegsmonaten an aufzuräumen und nach vorne zu schauen. Die »Trümmerfrauen« sind Sinnbild dafür geworden: Weil die meisten Männer nicht da waren und staatliche Hilfe kaum zu erwarten war, begannen sie in den Städten mit bloßen Händen, die durch Kriegszerstörung – vor allem Bombenangriffe – teilweise vollkommen zerstörten Straßen und Häuser aufzuräumen und – soweit möglich – wieder bewohnbar zu machen. Das war nicht nur äußerst mühsam, sondern auch gefährlich: Die Ruinen konnten einstürzen, Blindgänger-Bomben explodieren und giftige Stoffe die Haut verätzen. Außerdem musste immer damit gerechnet werden, auf verschüttete Leichen zu stoßen.

Soweit sie überhaupt entlohnt wurden, erhielten sie 70 Pfennig die Stunde – selbst für damalige Verhältnisse ein magerer Lohn.

Es ging fast allen schlecht, jeder musste sich durchschlagen, so gut er konnte, egal ob Kriegsheimkehrer oder Zivilist, Mann oder Frau, Einheimischer oder Flüchtling, jeder suchte sein Überleben dort zu sichern, wo sich eine Chance bot. Das konnte das Hausieren ebenso sein wie der Schwarzmarkthandel, die Hilfe im Handwerk oder in der Landwirtschaft, der mobile Handel mit Schnürsenkeln und Ähnlichem oder die Erledigung einfacher Kurierdienste. Eine unsichere und riskante Zeit, in der einige wenige schnell Karriere machen konnten – mit den richtigen Verbindungen, einem guten Startkapital oder einfach der richtigen Idee zur richtigen Zeit.

Der sich im Westen schon in den frühen fünfziger Jahren abzeichnende wirtschaftliche Aufschwung ist allerdings nicht allein mit dem allgemeinen Zupacken zu erklären. Hierbei spielten noch eine Reihe anderer Faktoren eine Rolle: Vor allem die Amerikaner hatten schnell erkannt, dass ihnen ein verarmtes Deutschland mehr schaden als nützen würde. Mit der Marshallplanhilfe schufen sie die Startvoraussetzungen zu einem gewaltigen wirtschaftlichen Aufschwung. Parallel dazu wurde mit der Währungsreform von 1948 eine Vertrauensbasis für einen gelingenden Neubeginn geschaffen. Die gleichzeitig damit versprochene Chancengleichheit für alle erfüllte sich allerdings nur ansatzweise: zu unterschiedlich waren die Startchancen zwischen den Vielen, die außer den neuen 40 Mark, die alle bekamen, nichts hatten, und denjenigen, die größere Sachwerte, wie z. B. Immobilien, besaßen.

Die von der Politik früh in die Wege geleitete Westorientierung der Trizone und späteren BRD hat zwar die Spaltung Deutschlands begünstigt, war aber mit der europäischen Annäherung und den daraus folgenden Verträgen entscheidende Voraussetzung für das sogenannte »Wirtschaftswunder«. Während viele europäische Länder noch mit alten und teilweisen veralteten Maschinen und Produktionsmethoden arbeiteten, konnten sich die deutschen Betriebe, die oft mit neuer Technik und einem großen Fundus an Fachkräften ausgestattet waren, schnell auf dem Markt etablieren. Mit der schnellen Entwicklung der Massenproduktion vollzog sich ein Strukturwandel auf dem Arbeitsmarkt: Die Industrie brauchte für diese Produktion zunehmend angelernte Arbeiter und bot gleichzeitig geregelte Arbeitszeiten, gute Entlohnung, teilweise sogar schon soziale Leistungen wie Kantinen, Betriebsausflüge, ärztliche Versorgung und vieles andere. Die Folge: Viele Arbeitskräfte aus Landwirtschaft und Handwerk fanden Arbeit in Industriebetrieben. Diese »Ausblutung« führte einerseits zum Arbeitskräftemangel im Handwerk und andererseits förderte sie in der Landwirtschaft den ohnehin sich abzeichnenden Wandel vom Voll- zum Nebenerwerbsbetrieb.

Dieser Strukturwandel hatte auch Auswirkungen auf die Arbeitszeiten: Während sich diese in der Landwirtschaft weitgehend an dem vom Verlauf der Jahreszeiten vorgegebenen Rhythmus orientierte, gab es im Handwerk für die angestellten Mitarbeiter schon geregelte Arbeitszeiten. Das galt auch für die Industrie. Dort waren sie bis zum Ende des 19. Jahrhunderts teilweise extrem lang. (Zu Beginn der Industrialisierung waren Arbeitszeiten von 14 bis 16 Stunden täglich und bis zu 80 Stunden in der Woche nicht selten.) 1918 war in Deutschland die 48-Stundenwoche (mit sechs Arbeitstagen) eingeführt worden, 1956/57 vollzog sich der Übergang zur Fünf-Tage-Woche mit 45 Stunden.

Der Bedarf an Arbeitskräften war so groß, dass die Arbeitslosenquote, die 1950 noch über 8 % betrug, bis 1960 auf etwa ein Prozent gesenkt werden konnte. Und das, obwohl mit den zahlreichen DDR-Flüchtlingen, die bis 1961 (Mauerbau) in die Bundesrepublik kamen, zusätzlich meist junge Arbeitskräfte zur Verfügung standen. (Pro Jahr bis zu 200000, allein bis 1951 mehr als vier Millionen). Um zusätzliche Arbeitskräfte zu gewinnen, wurden bereits Mitte der 50er Jahren mit Italien und anderen Ländern Anwerbeverträge geschlossen – die Geschichte der »Gastarbeiter« begann.

Die Berufstätigkeit von Frauen entwickelte sich nach dem Krieg widersprüchlich: Einerseits hatten sie ja während des Krieges bewiesen, dass sie so gut wie alle Berufe ausüben konnten, und sie wurden in der unmittelbaren Nachkriegszeit zur Ausübung vieler solcher »Männerberufe« dringend gebraucht. Die Mehrheit der Frauen aber zog sich in den 50er und 60er-Jahren – vor allem im Westen – wieder in die traditionelle Frauenrolle zurück: Sie übernahmen die Verantwortung für Haushalt und Familie und sahen sich, weil es an Kinderbetreuung fehlte, wenn überhaupt, nur zu Gelegenheits-, Aushilfs- oder Halbtagstätigkeiten in der Lage. Da sich viele Männer der Übernahme von Hausarbeit lange Zeit verweigerten, ergab sich für viele Frauen eine Doppelbelastung aus Familien- und Berufstätigkeit. Einen »Ausweg« aus dieser Situation versprachen sich viele in der Annahme von Schichtarbeit: Indem beide Ehepartner jeweils in Gegenschicht arbeiteten, war einerseits ein relativ hohes Haushaltseinkommen gesichert und andererseits dafür gesorgt, dass – zumindest theoretisch – immer ein Elternteil für die Kinder da war. In der Praxis entstanden daraus allerdings hohe Belastungen: Die Ehepartner sahen sich oft kaum noch, die Kinder mussten sich auf wöchentlich wechselnde Situationen einstellen und – wenn sich nicht beide gleichermaßen für die Hausarbeit verantwortlich fühlten – entfiel auf die Frauen erneut die größere Last. Und sie waren darüber hinaus lange Zeit der »Lohndiskriminierung« (geringer bezahlte Tätigkeiten bzw. geringerer Lohn bei gleicher Tätigkeit) ausgesetzt.

Kein Wunder, dass unter diesen Bedingungen die Erwerbsquote von Frauen in den 50ern gerade mal 40 % erreichte und die 50 %-Marke erst in den 70ern überschritten wurde.

Obwohl viele Schulgebäude zerstört waren und Lehrer fehlten, kam das Bildungssystem nach dem Krieg – in Ost und West – doch relativ schnell in Gang. Die Schulgebäude waren, soweit überhaupt noch vorhanden, meist in schlechtem Zustand, die Ausstattung an Lehr- und Lernmitteln dürftig und die Klassen sehr groß. Aber trotzdem erhielten recht bald alle Kinder Zugang zu allgemeinbildenden Schulen.

Organisatorisch und inhaltlich knüpfte das Bildungssystem zunächst an die Traditionen an, wurde aber bald – vor allem in der sowjetisch besetzten Zone – von den Besatzungsmächten beeinflusst oder sogar ganz dominiert.

Im Zusammenhang mit dem Wiederaufbau und der rasanten wirtschaftlichen Entwicklung erkannte man schnell, wie notwendig eine gute berufliche Ausbildung war. Der mittlere Schulabschluss (Mittel- oder Realschule) wurde gestärkt und besondere Berufsqualifizierungen wurden ermöglicht, so zum Beispiel die Ausbildung zum Techniker, Diplomkaufmann oder – über die Berufsoberschule – das Studium an Fachhochschulen.

Die Studierendenzahlen an Universitäten spiegelten deutlich die traditionelle Bildungsorientierung: Kinder aus Akademikerfamilien waren deutlich überrepräsentiert, Arbeiterkinder fanden sich dort eher selten, und der Anteil weiblicher Studenten blieb lange niedrig: um 1960 gerade mal bei einem Viertel, 1970 schließlich bei knapp über einem Drittel.

Diese Relationen haben sich zwar bis heute wesentlich verbessert, aber die damaligen Grundlegungen trugen doch dazu bei, dass das deutsche Bildungssystem (im europäischen Vergleich) den Ausgleich sozialer Benachteiligungen am wenigsten leistet.

Karriere

Die beruflichen Karrieren der Kriegs- und Nachkriegsgeneration sind ein Spiegelbild der damaligen Verhältnisse: Zwischen beruflichem Abstieg, Hoffnungslosigkeit und grandiosen Karrieren war alles möglich. Allerdings stellte die oft zitierte »Stunde null« keine echte Chancengleichheit dar – materieller Besitz wie Grund und Boden, gesellschaftliche Beziehungen und angesehene Herkunft verbesserten die Startchancen deutlich. Es gelang aber trotzdem vielen, beruflich wieder Fuß zu fassen und in Betrieben in hervorgehobene Positionen (Vorarbeiter, Schicht- oder Abteilungsleiter, Werkmeister oder sogar Betriebs- oder Vertriebsleiter) zu kommen. Die formalen Berufsqualifikationen spielten dabei zunächst eine untergeordnete Rolle, belohnt wurde oft Zuverlässigkeit, Leistungsbereitschaft, Ansehen und Betriebstreue.

Insgesamt war der Arbeitsmarkt der 50er Jahre vom Wirtschaftswachstum und vom Strukturwandel bestimmt: Auf der einen Seite entstanden in der Industrie und im Einzelhandel viele neue Arbeitsplätze, auf der anderen Seite »saugte« die Industrie zahlreiche handwerkliche Arbeitskräfte ab. Die Zahl der Arbeitsplätze im Maschinenbau und in der elektrotechnischen Industrie stieg zwischen 1950 und 1960 jeweils um fast eine halbe Million, die kunststoffverarbeitende Industrie verdreifachte ihren Anteil in dieser Zeit fast. Parallel dazu entstanden auch im Handwerk viele neue Betriebe und Arbeitsplätze: Durch die von den Amerikanern erwirkte neue Gewerbefreiheit war die Gründung neuer Betriebe einfacher geworden. Zusätzlich entstanden im Verlauf des wirtschaftlichen Aufschwungs und der damit verbundenen Konsumsteigerung neue Arbeitsfelder – im Bereich der Mobilität (Service und Reparatur von Fahrrädern, Mopeds, Motorrädern und Autos), Unterhaltungselektrik (Radio, Plattenspieler, Fernsehgeräte) und in der Haustechnik (Bäder, Kühlschränke, Waschmaschinen usw.).

Auch für das Bauhandwerk waren die Perspektiven gut: Es gab viel aufzuräumen und neu zu bauen, sowohl in der Wirtschaft wie auch im privaten und öffentlichen Bereich. Vielen kleineren Baufirmen gelang es, sich zu großen Baufirmen weiterzuentwickeln und damit Arbeitsplätze zu schaffen. Die frühe Anforderung von »Gastarbeitern« beruhte wesentlich auf dem Bedarf an Arbeitskräften im Baubereich.

Kennzeichnend für die Nachkriegszeit waren die zahlreich entstehenden Arbeitsverhältnisse im Dienstleistungsbereich, vorwiegend im Handel: Im Gegensatz zu heute, wo an einem Einkaufsort fast alle Produkte des täglichen Bedarfs angeboten werden (Supermarkt, Warenhaus, Discounter), musste man damals für fast jedes Produkt einen speziellen Laden aufsuchen: Das Brot beim Bäcker, die Wurst beim Metzger, Gemüse und Obst – soweit man dies nicht selbst anbaute – beim Gärtner bzw. auf dem Wochenmarkt, Ersatz für einen abgerissenen Knopf im Kurzwarengeschäft, das Bier und die Limonade im nachbarlichen »Flaschenhandel« (später Getränkemarkt), die Milch im »Milchlädle«, Mehl, Zucker usw. bei »Konsum«, Haushaltswaren im Haushaltsfachgeschäft, Zigaretten im Tabakladen (später am Automaten) usw. – und natürlich funktionierten all diese Geschäfte ausschließlich über die Ladentheke und im direkten Kontakt zum Ladeninhaber bzw. zum Verkaufspersonal. Wer sich ein neues Hemd oder eine Bluse kaufen wollte, musste seinen Wunsch erst einem Verkäufer oder einer Verkäuferin mitteilen, diese(r) holte danach eine entsprechende (kleinere oder größere) Auswahl an die Ladentheke. Bei Nichtgefallen konnte man um eine Ergänzung bitten oder aber wieder gehen – was vielen nicht leichtfiel. Heutzutage findet Einkaufen weitestgehend »kontaktfrei« statt, und man muss schon in ganz edle Markengeschäfte oder zu teuren Juwelieren gehen, um eine individuelle (und exklusive) Kundenzuwendung zu erhalten.

Der Handel konnte sich damals eine solche personalintensive Verkaufsform leisten, weil vor allem Frauen, trotz geringer Entlohnung, solche Nebenverdienstmöglichkeit suchten.

Überhaupt bot der damalige Arbeitsmarkt – neben dem gesuchten Fachpersonal – vielfältige Beschäftigungsmöglichkeiten, die keine besonderen Qualifikationen erforderten: Botengänger, Putzfrauen, Platzanweiserinnen im Kino, Straßenkehrer, Saaldiener (kümmern sich um die Versorgung der Beschäftigten in größeren Werkstätten), Fahrkarten- und Bahnsteigkontrolleure, (an den Bahnsteig durfte man damals nur mit Fahr- oder Bahnsteigkarte, andernfalls war es verboten, diesen Bereich zu betreten!), Nachtwächter, Portiers, Postverteiler, Tankwarte und viele andere mehr.

Als weiteres Ergebnis von Umbruch und Suche nach Arbeit entwickelte sich in der Nachkriegszeit ein vielfältiges System von Haustürgeschäften: Das waren zum einen sogenannte »Vertretergeschäfte«, also das Anbieten von Zeitschriftenabonnements, Versicherungsverträgen usw. Bekanntestes Beispiel hierfür dürfte der »Kobold-Vertreter« (Vorwerk-Staubsauger) sein. Mit der unmittelbaren Vorführung der Leistungsfähigkeit und Anwendungsvielfalt seiner Geräte – vom Staubsaugen bis zum Haare föhnen – gelangen dieser Vertriebsform große Erfolge: Zusammen mit der Anschaffung vielfältigster Zusatzgeräte wurden große Umsätze gemacht. Und weil die Staubsaugerbeutel nur über die Vertreter zu beziehen waren, gab es regelmäßig Vertreterbesuche, bei denen die neuen und besseren Geräte und Zusatzteile (wie zum Beispiel spezielle Teppichbodensauger) angeboten werden konnten. In so manchem Haushalt nahm das Koboldarsenal im Lauf der Zeit bedrohliche Ausmaße an …

Ebenso an der Haustür wurden Wäscheklammern, Wasch- und Reinigungsmittel und Produkte von sozialen Einrichtungen (z. B. Blindenwerkstätten) verkauft – und es wurde auch gebettelt. All dies zeigt, dass es Armut gab und dass viele auf der Suche nach Beschäftigung und Einkommen nach neuen Wegen suchten – zum Teil recht aufdringlich. Mit dem Schild »Betteln und Hausieren verboten«, das an vielen Wohnungen und Hauseingängen deutlich sichtbar angebracht war, versuchten viele, sich solchen »Belästigungen« zu entziehen.

Spätestens mit der Generation der 50er Jahre wuchsen junge Leute heran, die schulisch besser gebildet und beruflich besser qualifiziert waren. Das kam dem Bedarf an qualifizierten Fachkräften und akademisch Ausgebildeten sehr entgegen. Der Erfolg der beruflichen Karriere hing nun zunehmend von solchen Qualifikationen ab. Viele Eltern erkannten diese Chancen und ermöglichten ihren Kindern – zum Teil mit erheblichen finanziellen Belastungen – ein Studium. Ihr leitendes Motiv war wohl der Wunsch: »Ihr sollt es einmal besser haben als wir.«

Mehrere Generationen nacheinander hatten seit dem Ersten Weltkrieg wirtschaftliche und finanzielle Krisen durchzustehen. In der Inflation von 1923 verloren viele ihr gesamtes Sparvermögen. Die Einführung der Rentenmark (November 1923) und schließlich der Reichsmark (Oktober 1924) brachte zwar eine vorläufige Beruhigung, aber mit der Weltwirtschaftskrise von 1929 entstanden erneut große wirtschaftliche Probleme: eine gewaltige Deflation, in deren Folge es 1932 mehr als 6 Millionen Arbeitslose in Deutschland gab, was einer Quote von 40 % entsprach.

Der Erfolg des Nationalsozialismus gründete nicht zuletzt auf dem Versprechen, für »Arbeit und Brot« zu sorgen. In den ersten Jahren ihrer Herrschaft gelang es durch gigantische Arbeitsbeschaffungsprogramme (Bau von Autobahnen) und dem Aufbau einer gewaltigen Rüstungsindustrie, den Eindruck eines Wirtschaftaufstiegs zu erwecken, aber dies war wirtschaftlich nicht solide. Bevor die Folgen sichtbar werden konnten, stürzten sie Deutschland in den Zweiten Weltkrieg.

Und im Verlauf dieses Krieges wurden den »Volksgenossen« mit verschiedenen Hilfsprogrammen große materielle Opfer abverlangt. Schon im Verlauf des Krieges zeichnete sich für viele ab, dass er sie auch finanziell teuer zu stehen kommen würde.

Die Wirtschaft war fast ausschließlich auf den Krieg ausgerichtet: Kriegswichtige Produkte hatten absoluten Vorrang, mit dem Einzug von immer mehr Soldaten wurden Arbeitskräfte knapp – vielfach mussten Frauen einspringen, und vielfach wurden Zwangsarbeiter rekrutiert – dazu wurden die Rohstoffe knapp. Die Folgen für die Zivilbevölkerung waren drastisch: Immer mehr Waren konnte man nur über »Bezugsscheine« erwerben, Kleidung zum Beispiel seit November 1939 nur mit der »Reichskleiderkarte«.

Schon zum Ende des Kriegs entstand deswegen ein Schwarzmarkt, über den die Bevölkerung versuchte, sich mit dem Tausch von Waren über Wasser zu halten. Einige wenige konnten sich damit sehr bereichern und die Voraussetzungen für weiteren wirtschaftlichen Erfolg schaffen.

Mit der Besetzung durch die Alliierten – vor allem der Amerikaner – kam der Schwarzmarkt erst richtig in Schwung: Die neue Währung waren amerikanische Zigaretten, aber auch Alkohol und andere begehrte Waren. Wer nichts dergleichen anzubieten hatte, war arm dran. Jeder musste sehen, wo er blieb. Da viele Männer im Krieg gestorben waren, noch in Internierung oder in Kriegsgefangenschaft oder einfach vermisst waren, blieb diese Aufgabe oft an den Frauen hängen. Von den Städten aus zogen viele mit dem Letzten, was sie hatten, zu Bauern aufs Land, um es gegen Lebensmittel einzutauschen.

In den Städten holte man sich, was zu holen war: Kohlen aus Waggons, Alleebäume als Heizmaterial und zurückgelassene Rüstungsgüter.

Die westlichen Alliierten bemühten sich, diese Zustände zu beenden, zum Beispiel dadurch, dass sie »Nährmittelkarten« ausgeben ließen, auf deren Grundlage, je nach Schwere der Arbeit, unterschiedliche Rationen an Grundnahrungsmitteln zugeteilt wurden.

Das bei vielen durchaus vorhandene Geld in Reichsmark konnte nicht zum Kauf von Waren eingesetzt werden, weil zu wenig Waren vorhanden waren und das wenige, das da war, noch zurückgehalten wurde.

Um dieser Situation zu begegnen, beschlossen die Alliierten, eine Währungsreform durchzuführen. Sie war für alle vier Besatzungszonen und Berlin gedacht, wurde aber, weil eine Einigung mit der Sowjetunion nicht zustande kam, nur in der Trizone (amerikanische, britische und französische Zone) eingeführt.

Sie trat am 20. Juni 1948 in Kraft und markiert den Beginn eines wirtschaftlichen Neustarts. Kurzfristig sollte damit der Geldüberschuss beseitigt werden, längerfristig eine funktionierende Marktwirtschaft in Gang gesetzt werden.

Zunächst wurde jedem ein »Kopfgeld« von je 40.– Deutsche Mark ausbezahlt, und private Bankguthaben wurden im Verhältnis 10:1 in D-Mark umgetauscht. Alle laufenden Zahlungen (Löhne, Mieten, Steuern, Renten) wurden im Verhältnis von 1:1 von Reichsmark in D-Mark umgerechnet.

Danach hatten (fast) alle weniger, konnten mit dem Wenigen aber mehr anfangen, denn es gelang durch diese Maßnahmen in Verbindung mit der wirtschaftlichen Förderung durch die USA finanzielle und wirtschaftliche Sicherheit herzustellen und zu einem geregelten Marktgeschehen zu gelangen.

Für viele Menschen eröffneten sich damit wieder (bescheidene) finanzielle Perspektiven, man schaute wieder etwas zuversichtlicher in die Zukunft.

Im Gegensatz zu heute, wo Bargeschäfte eher rückläufig sind und zum Teil sogar als verdächtig gelten, war das damalige alltägliche Wirtschaftsgeschehen weitestgehend ein »Bargeschehen«: Bezahlt wurde ausschließlich bar, wo man bekannt war, konnte man eventuell auch mal anschreiben lassen, und das Arbeitsentgelt wurde selbstverständlich in bar ausbezahlt – und zwar wöchentlich. Freitags bekam der Vater seine »Lohntüte«, und es konnte wieder eingekauft werden, denn oft war bis dahin die Geldbörse der Mutter vollkommen leer. Natürlich behielt er etwas davon zurück, für Zigaretten, den Besuch in der Wirtschaft oder für Hobbys. In schlechteren Fällen lief er mit der Lohntüte direkt in die Gastwirtschaft und riss damit gleich ein größeres Loch in die Wochenkasse.

Raten- oder Kreditkäufe entwickelten sich erst allmählich.

Wo es möglich war, wurde gespart. Zunächst, indem einfach etwas zur Seite gelegt wurde für »Notfälle« oder mit einem Sparbuch. Viele Ältere hatten ihr Vertrauen in solche Anlagen verloren, wenn sie etwas übrighatten, kam es in ein Versteck (»Sparstrumpf«). Mit zunehmendem Wohlstand kam dieses Vertrauen allmählich zurück, und es entwickelten sich sowohl neue Anlageformen als auch neue Formen des Geldverkehrs.

Der Begriff »Wirtschaftswunder der 50er-Jahre« beschreibt, wie sich in dieser Zeit in der Bundesrepublik Deutschland – vollkommen unerwartet – eine Steigerung des Lebensstandards vollzog, die wenige Jahre zuvor unvorstellbar war. Einkommen und Kaufkraft stiegen für viele: Musste man 1950 noch etwas mehr als 4 Stunden für ein Kilo Butter arbeiten, reichten 1959 dafür schon etwas mehr als zwei Stunden. Bei Fleisch, Zucker und Margarine sank der Aufwand ebenfalls auf fast die Hälfte, für Bohnenkaffee war sogar nur noch ein Drittel der Arbeitszeit erforderlich. (Franck, a.a.O., S. 9). Nachdem die vorausgegangenen Jahre für viele sehr entbehrungsreich gewesen waren, folgte nun eine Zeit, in der es genug zu essen und zu trinken gab – und das wurde auch genossen. Die sogenannte »Fresswelle« führte schnell zu vielen »Wohlstandsbäuchen« – dem Symbol des Wirtschaftsaufschwungs.

Parallel dazu und in zunehmendem Maße konnte man sich sogar Konsumgüter leisten (Radio, Plattenspieler, Fahrräder, Mopeds, Autos, Waschmaschinen, Kühlschränke u.Ä.), und Urlaubsreisen wurden möglich. Zunächst in Deutschland, schon bald in Österreich, Italien und in andere Länder.

Die Zeit markiert den Beginn der sogenannten »Wohlstandsgesellschaft«, was durchaus zu kritischen Anmerkungen führte:

Helmut Karasek (Literaturkritiker und Spiegel-Redakteur) charakterisierte die 50er Jahre 1978 so: »Im Rückblick gleichen die Fünfziger einer Familie, die mit viel Eifer umzieht, sich über jede neumontierte Lampe in der neuen Wohnung freut. Sie kann und darf noch nicht wissen, dass auch ihre Probleme mit ihr umgezogen sind. Besonders, wenn sie sich auf den Wiederaufbau ihrer alten Gewohnheiten kapriziert. Verdrängen macht Spaß, eine Weile; Erinnern macht noch mehr Spaß, eine Weile.« (Karasek, 1978.)

Bildung, Arbeit, Karriere, Lebensstandard

Wenn Schwester Resi an die ersten Schuljahre zurückdenkt, fallen ihr große Klassenzimmer mit bis zu 60 Kindern ein, die Schultische hintereinander aufgestellt und der Beginn des Unterrichts mit einem Gebet oder einem Lied. Und sie erinnert sich an einen strengen Lehrer und einen ebenso strengen katholischen Pfarrer, der im Religionsunterricht ab und zu zum Stock griff, wenn ein paar Jungs übermütig wurden.

Die frechen Buben bekamen in solchen Fällen »Tatzen«, also Stockschläge auf die Hand bzw. die Fingerspitzen. Mädchen wurden, wenn sie nicht gehorsam waren oder im Unterricht schwatzten, an den langen Zöpfen gezogen oder mussten sich in die Ecke stellen. Das Verbot von Körperstrafen an Schulen erfolgte in der Bundesrepublik erst 1973.

Manche Lehrer verlangten von den Kindern aufzustehen, wenn sie eine Frage beantworteten. Gelegentlich mussten sie Aufgaben vor der Klasse an der Tafel lösen, was insbesondere schüchternen Schülerinnen und Schülern schwerfiel. Meistens wurde darauf aber keine Rücksicht genommen, ja manche Lehrer machten sich sogar lustig über sie. Für die Betroffenen waren solche Situationen verletzend, und sie schämten sich für ihr »Unvermögen«.

Doch zum Glück gab es auch junge Lehrer, die ganz anders waren: Den Schülern mehr zugewandt, verständnisvoller und in ihren Methoden moderner. Bei ihnen durfte zum Beispiel das Klassenzimmer so umgestellt werden, dass Tischgruppen entstanden und die Schüler untereinander kommunizieren und gemeinsam Aufgaben angehen konnten. Bei ihnen fühlte man sich freier und der Unterricht machte mehr Spaß

Die Schulreform im Jahr 1969 brachte das 9. Pflichtschuljahr, aus der Volkschule wurden Grund- und Hauptschulen, die Mittelschule wurde zur Realschule. Im Deutschunterricht gab es damals noch das Teilgebiet »Schönschreiben«, und im Laufe der ersten Schuljahre wurde die Schiefertafel erst durch eine Plastiktafel und später durch Schulhefte ersetzt – Bleistift und Füllfederhalter lösten den Griffel ab.

Die bei den Großeltern und teilweise sogar bei den Eltern verbreitete Sütterlinschrift wurde durch die »lateinische Ausgangsschrift« abgelöst. Im Fach Mathematik zog die Mengenlehre ein, was an den Elternabenden zu langen und heftigen Diskussionen zwischen den Pädagogen und den Eltern führte. Das Fach Englisch war mittlerweile ab der fünften Klasse Pflicht, teilweise konnte auch die französische Sprache erlernt werden.

Arbeit

Die Kriegs- und Nachkriegsgeneration kennt Schwester Resi gut, gehören doch ihre eigenen Großeltern und Eltern diesen Generationen an. Als Krankenschwester hat sie schon viele Menschen dieser Generationen gepflegt. Dabei hat sie viel über diese Zeit erfahren, und sie kann deswegen viel von dem weitergeben, was diese Generationen geprägt hat.

Ihr Großvater war Jahrgang 1900 und gehörte damit zu denen, die zweimal in den Krieg ziehen mussten: Als noch nicht ganz Erwachsener in den Ersten Weltkrieg und als über Vierzigjähriger in den Zweiten Weltkrieg. Er bewirtschaftete einen kleinen Bauernhof in einer schwäbischen Landgemeinde. Da es schwierig war, ausschließlich von der Landwirtschaft zu leben, arbeitete er zusätzlich als Waldarbeiter. Zudem rupfte er noch Seegras, um daraus Matratzen zu fertigen. Das so verdiente Geld reichte gerade, um zu überleben.

Die Ehefrau blieb zu Hause, sie bekam 9 Kinder und hatte somit alle Hände voll zu tun. Um die schweren Jahre nach dem Krieg zu überstehen, zog sie nach getaner Haus- und Hofarbeit mitsamt den kleinen Kindern in den Wald, um Beeren zu sammeln. Sie lebten von einfachen Gerichten, selbst gebackenem Brot und von der Ernte aus dem eigenen Garten. Fleisch gab es nur am Sonntag. Für die Kinder fiel davon nur ein kleines Stückchen ab, der Hauptteil stand dem Vater zu.

Die alten Eltern wurden im Haus mitversorgt und später bis zum Tod im Haus gepflegt. Drei von den Kindern starben an Krankheiten bzw. Verletzungen, die zu dieser Zeit nicht behandelt werden konnten. Zeit für Trauer gab es kaum, der Alltag war ausgefüllt durch schwere Arbeiten im Haus, auf dem Feld, im Stall und im Garten.

Im Ort gab es damals einen Schmied, den Müller, einen Bäcker, einen Seiler, den Sattler, einen Schreiner und einen Tante-Emma-Laden, in dem es alles zu kaufen gab, was man so brauchte. In den beiden Wirtschaften des Orts trafen sich abends die Männer am Stammtisch. Etwa einmal im Monat kamen der Scherenschleifer, ein Lumpensammler und fahrende Händler mit Haushaltswaren wie Bürsten, Körbe und Schürzen in den Ort.

Im Nachbarort war eine Fabrik, in der Miederwaren genäht wurden. Die jungen Leute gingen nach dem Krieg dorthin, um Geld zu verdienen. Die älteren Mädchen fanden oft Arbeit als Haushaltshilfe in der nächsten Stadt, wodurch es im elterlichen Haus wieder etwas mehr Platz gab. Alle mussten von ihrem verdienten Geld etwas in die Haushaltskasse abgegeben. Schwester Resis Mutter gehörte zu der Generation, die keinen Beruf erlernen durfte. Nach acht Jahren Volksschule und dem Haushaltsjahr in Stuttgart lernte sie einen jungen Mann aus einem Nachbarort kennen und heiratete mit nur 17 Jahren, bekam jedes Jahr ein Kind und war somit im Alter von 21 Jahren Mutter von drei Kindern.

Weil Schwester Resi fast ihr ganzes Berufsleben im Pflegebereich verbrachte, hatte sie viel mit den Menschen dieser Generationen zu tun. Und viele haben ihr erzählt, was sie erlebt haben, was sie besonders bedrückt und womit sie nie »fertig geworden« sind. Da gab es alte Männer und Frauen, die von den Nöten und Sorgen, aber auch schönen Erlebnissen vergangener Zeiten berichteten, aber ebenso welche, die unter Ängsten litten, unter unverarbeiteten Kriegserlebnissen und unter schrecklichen Flucht- und Vertreibungserfahrungen. Viele waren noch im Alter stark traumatisiert, weil es nur selten die Möglichkeit gab, diese Ereignisse psychotherapeutisch aufzuarbeiten und die meisten von solchen Möglichkeiten gar nichts wussten.

Die heute Pflegebedürftigen sind in der Regel, die Eltern oder Großeltern der heute (älteren) berufstätigen Menschen. Bahnt sich ein Pflegefall an, geraten sie in eine Dilemmasituation: Was kann ich selbst leisten? Wo sind meine Grenzen? Wo erhalte ich welche Hilfe? Ab wann wird eine Heimunterbringung unumgänglich?

Ein Beispiel dazu: Otto Boom war leitender Angestellter in den letzten Jahren vor der Rente. Auf ihn war immer Verlass. Den Betrieb kannte er schon seit seiner Ausbildung. Doch in den letzten Wochen kam er häufig zu spät, machte einen erschöpften Eindruck und wurde deswegen von seinen jüngeren Kollegen als unzuverlässig empfunden. »Der Alte wird immer schwieriger«, beklagte sich kürzlich ein junger Kollege beim Vorgesetzten. In einem Mitarbeitergespräch stellte sich heraus, dass seine Ehe seit Monaten zu scheitern drohte, da seine Ehefrau die ständige Doppelbelastung ihrer eigenen Berufstätigkeit und der Pflege der Schwiegereltern nicht mehr aushielt. Sie hatte zu trinken angefangen, was anfangs unbemerkt blieb. In letzter Zeit fand Otto aber oft versteckte Flaschen mit alkoholischen Getränken, und er musste nachts immer öfter selbst aufstehen, wenn sein Vater sich in Alpträumen von Panzern und Soldaten verfolgt fühlte und durchs Haus geisterte.

Zum Glück gab es in Ottos Betrieb eine Sozialarbeiterin, die ihm den Zugang zur Suchtberatungsstelle und zu einer kompetenten Pflegeberatung ermöglichte. Dort bekam er Hilfe, und er fand einen Weg aus der aussichtslosen Situation.

Während die Generation von Schwester Resis Opa oft bis zum Rentenalter in dem Betrieb arbeiteten, in dem sie schon die Lehre absolviert hatte, wirkte Schwester Resi im Lauf ihres Berufslebens an drei Arbeitsstellen. Das war typisch, denn auch die meisten anderen Angehörigen ihrer Generation waren durchschnittlich bei zwei bis drei Arbeitgebern beschäftigt. (In der nachfolgenden Generation X steigert sich dies auf durchschnittlich acht Arbeitgeber, bei der Generation Y sogar auf 12.)

Was die Babyboomer schon bei ihren Eltern erlebt hatten, übertrug sich großenteils in ihre eigenen Verhaltensmuster: So zum Beispiel der Stellenwert der Arbeit. »Erst die Arbeit, dann das Vergnügen!« Das hatten ihnen ihre Eltern von klein auf beigebracht. Und ohne dass ihr das bewusst war, prägte es ihren eigenen Berufsweg. Direkt nach ihrem Schulabschluss machte sie im Pflegeheim ein Praktikum und anschließend – weil sie erst mit 17 Jahren die Ausbildung zur Krankenschwester beginnen durfte – ein Haushaltsjahr in einem Geschäftshaushalt. In der Zeit dazwischen zu verreisen, wie es heute oft üblich ist, war für sie undenkbar.

Der Wettbewerb spielte für viele Babyboomer im Berufsleben von Anfang an eine Rolle: Weil es sich bei ihnen um geburtenstarke Jahrgänge handelt, gab es immer deutlich mehr Bewerber als offene Lehrstellen. In einem Testverfahren wurden die »Besten« ausgewählt. Dabei wurden häufig Fragen nach der Motivation gestellt, aber auch solche, mit denen die Bereitschaft zur Übernahme von Mehrarbeit geprüft wurde.

Im Arbeitsverständnis von Babyboomern ist es selbstverständlich, hart zu arbeiten, auch mal zwölf Stunden oder länger, bei Bedarf auf Pausen zu verzichten und Überstunden zu übernehmen. Viele Babyboomer definieren sich über ihre Arbeit. Dadurch setzen sie sich einerseits dem Risiko aus, ein Burnout zu erleiden, und andererseits haben nicht wenige nach der Beendigung des Arbeitslebens Probleme damit, sich in ein erfülltes Rentenleben einzufinden.

Babyboomer wurden in ihrem Berufsleben noch stark »hierarchisch« sozialisiert. Zum Beispiel dadurch, dass ihnen vermittelt wurde, Alter und Berufserfahrung seien die wichtigsten Qualifikationsmerkmale. Das bedeutete konkret, dass der Ältere und Erfahrenere grundsätzlich Recht hat. Vor allem dann, wenn der Jüngere noch Lehrling war. Der noch heute weit verbreitete und gern zitierte Spruch »Lehrjahre sind keine Herrenjahre« drückt diesen Anspruch aus. Darin eingeschlossen war häufig die Erwartung, dass die Auszubildenden Kaffee für alle kochten, Putzarbeiten übernahmen und sonstige kleinere Dienstleistungen erledigten. Solche Erfahrungen machte auch Schwester Resi, und von ihren Freundinnen, die eine Ausbildung in Handwerksberufen absolvierten, hörte sie Ähnliches: Ganz selbstverständlich wurde von ihnen erwartet, die Werkstatt auszukehren, Schnee zu schippen oder mal die Kinder des Chefs zu hüten.

Regeln sind für Babyboomer wichtig und sinnvoll. Das wurde den meisten durch einen klar vorgegebenen und verbindlich geltenden Regelkanon wirksam vermittelt. Wo Kinder solche Regeln hinterfragten, wurden sie meist mit Sätzen wie »Das ist halt so«

oder »Das war schon immer so« abgefertigt. Pünktlichkeit hat deswegen zum Beispiel für Resis Generation einen sehr hohen Stellenwert. Unpünktlichkeit gilt als inakzeptabler Regelverstoß. Tatsächlich führt – vor allem im Berufsleben – ein lockerer Umgang mit Zeitabsprachen nicht selten zu Konflikten.

Babyboomer lernten früh, dass Fehler nicht passieren dürfen und dass man, wenn doch etwas passierte, mit strengem Tadel oder gar Bestrafung zu rechnen hatte. Unverhältnismäßige Angst vor Sanktionen kann allerdings dazu führen, dass man versucht, Fehler zu vertuschen. Im Berufsleben führt die Vertuschung unter Umständen zu schlimmeren Folgen als der Fehler selbst. Aus diesen und anderen Gründen hat sich die Fehlerkultur im Lauf der Zeit in vielen Betrieben deutlich verändert: Man gesteht ein, dass irren menschlich ist und die Chance zu Verbesserungen bietet. Nach der Arbeitsauffassung von Steve Jobs, dem Apple Gründer, kann es sogar sinnvoll sein, einen Fehler zu inszenieren, wenn eine Organisation scheinbar fehlerfrei läuft. Ein solcher Satz war in den 60er und 70er Jahren nahezu undenkbar.

Karriere

Heutige Führungskräfte gehören oft zur Babyboomer-Generation, zum Teil auch schon zu den X- und Y-ern. Anstrengung, Einsatz und Fleiß waren wichtige Voraussetzungen, um befördert zu werden. Ihr Führungsstil ist sehr unterschiedlich. Die Babyboomer halten sich meist an die klassischen Führungsstile nach Kurt Lewin. Bei manchen findet sich ein eher autoritärer, bzw. hierarchischer Führungsstil, während andere den kooperativen bzw. demokratischen Führungsstil praktizieren. Zum Teil findet sich sogar der lockere Laissez-Faire Führungsstil.

Schwester Resi erlebte in ihrem Berufsleben drei völlig verschiedene Führungsstile. Genauere Ausführungen dazu im Kapitel Führung Gestern – Heute – Morgen.

Lebensstandard

Schaffen und sparen, das wurde den Babyboomern von ihren nachkriegsgeprägten Eltern nachdrücklich vermittelt. Das galt insbesondere im »Schwabenländle«, und da gehörte das Häusle-Bauen mit dazu.

Resi bekam, als sie selbst ein festes Einkommen hatte, von ihrer Hausbank Euroschecks, eine Scheckkarte und einen Überziehungskredit angeboten. Ihr Vater fand das gar nicht in Ordnung: »Bei uns wird nur etwas gekauft, wenn wir das Geld dafür angespart haben«, sagte er. Er hielt es für gefährlich, dass man sich Geld leihen konnte, weil er befürchtete, man könne dadurch in eine Schuldenfalle tappen.

Doch Resi nahm dieses Angebot gerne an, konnte sie sich doch jetzt auf Kredit im Otto-Katalog ein paar schicke und modische Sachen bestellen und erst später bezahlen.

Und sie wollte sich – nachdem sie den Führerschein hatte – gerne ein kleines Auto leisten. Schließlich hatte sie für den Erwerb des Führerscheins fast tausend D-Mark ausgegeben. Sie legte deswegen fleißig Geld zur Seite, für das Sparguthaben gab es immerhin 4,4 % Zinsen.

Zu ihrem allgemeinen Lebensstandard meint Resi: »Im Vergleich zu meinen Eltern habe ich einen hohen Lebensstandard. Ich kenne keine Hungersnot, ich kann mir gute Lebensmittel leisten und werde jeden Tag satt. Mein Kleiderschrank enthält alles, was ich brauche, mein monatlicher Verdienst als Führungskraft erlaubt es mir, ein bisschen Geld anzusparen, und so kann ich mir manche besonderen Dinge leisten, von denen meine Eltern nur träumen konnten.«

Der Tag, an dem der ortsansässige Fachhändler die erste Waschmaschine ins Haus brachte, ist Resi noch heute in Erinnerung. Ihr Vater machte im Keller Platz für dieses phänomenale Haushaltsgerät, Waschkessel und Waschbrett konnten jetzt endgültig entsorgt werden. Allerdings musste die gewaschene Wäsche in die Schleuder umgeladen werden, da es eine halbautomatische Waschmaschine war. In ihrer ersten eigenen Wohnung hatte Resi dann technische Geräte, die ihre Großmutter noch gar nicht kannte: Eine elektrische Rührmaschine, eine Kaffeemaschine, einen elektrischen Eierkocher und einen Hand-Föhn.

Ihr tragbares Transistorradio konnte Resi mit nach draußen nehmen und so ihre Musik ungestört im Freien genießen.

Ihre ersten Bewerbungsschreiben fertigte Resi noch mit der elektrischen Schreibmaschine an, die immerhin schon so modern war, dass die letzten 10 Zeilen gespeichert werden konnten. Von ihrer Mutter wurde sie um diese Errungenschaft beneidet.

Zehn Jahre später machte sie erste Erfahrungen mit einem Personal Computer. Es war zwar recht schwierig, mit den vielen Funktionen zurechtzukommen, die das Gerät bot, aber mit der Hilfe eines Nachbarjungen, der sich mit Computern schon gut auskannte, meisterte sie schließlich auch diese Herausforderung und war stolz auf sich.

Dabei waren selbst Fachleute am Anfang skeptisch bezüglich des praktischen und wirtschaftlichen Nutzens dieser neuen Technologien. 1943 ging IBM Chef Thomas Watson davon aus, dass es einen Weltmarkt für maximal fünf Computer geben würde. Ken Olsen, Gründer der Computerfirma Digital Equipment Corp., meinte 1977, es gäbe keinen Grund, warum irgendjemand einen Computer in seinem Haus brauche.

Bildung, Arbeit, Karriere, Lebensstandard

Für die Generation X war es normal geworden, eine Ausbildung zu absolvieren oder zu studieren. Staatliche Förderprogramme wie das Bafög (Bundesausbildungsförderungsgesetz) ermöglichten es auch Jugendlichen aus sozial schwächeren Familien, ein Studium zu beginnen. Trotzdem gab es nach wie vor Elternhäuser, die Vorbehalte gegen ein Studium hatten. Einige Klassenkameraden von Stefan waren davon betroffen. Mit Sätzen wie: »Vergiss nicht, wo du herkommst, wir sind eine Arbeiterfamilie!« wurde versucht, sie von einem Studium abzuhalten. Aber weil die Generation X erheblich besser gelernt hatte, sich gegen die Vorurteile der Eltern durchzusetzen, wuchs der Anteil derer, die eine akademische Laufbahn einschlugen, deutlich.

Diese Veränderungen im Bildungsbereich waren dringend erforderlich, denn der Wandel in der Arbeitswelt war in vollem Gang: Die Entwicklung zur Dienstleistungsgesellschaft nahm Fahrt auf. Das bedeutete unter anderem, dass fast unabhängig von der Branche immer mehr einfache Fertigungsschritte in die sogenannten Niedriglohnländer ausgelagert oder automatisiert wurden. In der Folge gab es immer weniger Arbeiten für angelernte »Hilfsarbeiter«, gleichzeitig wuchs der Bedarf an hochqualifizierten Spezialisten. Bereits in den 90ern entstanden neue

Berufsbilder, die den Eltern der Generation X noch unbekannt waren. Beispielhaft sind hier der I&T Systemelektroniker oder der Mechatroniker zu nennen.

Insgesamt stieg der gesellschaftliche Stellenwert von Bildung. Neben der Zunahme von Studierendenzahlen und Berufsqualifizierungen zeigte sich dies auch daran, dass immer mehr Menschen nach einem erfolgreichen Schul- und Ausbildungsabschluss nach weiteren Aufstiegschancen suchten. Mit dem sogenannten »zweite Bildungsweg« wurden hierfür immer mehr Möglichkeiten geschaffen und auch wahrgenommen. Zu dem schon länger existierenden Abendgymnasium kamen Fernstudienmöglichkeiten hinzu, und über verschiedene Kolleg- und Abendkurse wurden vielfältige Berufsqualifikationsangebote geschaffen. Später am Arbeitsplatz lernte Stefan immer mehr Kollegen kennen, die sich auf diese Weise qualifiziert oder sogar ein Studium abgeschlossen hatten. Speziell in den kaufmännischen Bereichen wurden Fach- und Betriebswirte zunehmend durch Fernstudien oder Abendschulungen ausgebildet.

Hinsichtlich seiner beruflichen Karriere hatte Stefan gegen Ende der Schulzeit eine klare Vorstellung. Er wollte unbedingt studieren, und etwas anderes als ein naturwissenschaftliches Studium kam für ihn gar nicht in Frage. Als seine Eltern ihm erzählten, dass es bei ihnen eine absolute Ausnahme war, studieren zu dürfen, war er sehr berührt. In seinem Freundeskreis und unter seinen Mitschülern gab es viele, die unbedingt studieren wollten. Und für ihn war völlig klar, dass er nach einem Studium in einem großen Konzern eine Anstellung finden würde und dort auf der Karriereleiter stetig nach oben steigen könnte. Seine Lehrer erzählten ihm immer: »Wer emsig lernt und später das Erlernte gut umsetzen kann – der wird, wenn er erst mal genügend Berufserfahrung hat, sicher Abteilungsleiter.« Es war zu seiner Zeit normal geworden, dass Frauen nicht nur einen Beruf erlernen, sondern auch studierten. Trotzdem gab es in einigen Elternhäusern von Stefans Klassenkameradinnen zu diesem Thema noch heftige Auseinandersetzungen. Nach wie vor waren manche Eltern der Meinung, ein Studium sei für Mädchen nicht so wichtig. Sie müssten sich ja später ohnehin um Familie und Kinder kümmern, da mache ein Studium doch wenig Sinn. Statt ihre Zeit beim Studium zu verplemperten, sei es besser, möglichst bald Geld zu verdienen.

Als Stefan nach dem Studium zum Ingenieur für Maschinenbau seinen ersten Job antreten wollte, folgte rasch die Ernüchterung: Im Gegensatz zu seinen Erwartungen war es gar nicht so einfach, eine angemessene Stelle zu finden – vor allem nicht bei den großen Konzernen. Er kam schließlich bei einer mittelständischen Maschinenbaufirma unter, die in erster Linie Anlagen für Druckereien herstellte. In dieser Branche entwickelte sich der Markt gut, weil der Bedarf an Druckerzeugnissen stark anstieg.

Für Stefan schien völlig klar, dass es nur eine Frage der Zeit sein würde, bis er zum ersten Mal befördert würde: Abteilungsleiter mit Mitte 30, spätestens mit 50 Bereichsleiter, so stellte er sich das vor. Weil es sich im Berufsleben seiner Eltern ausgezahlt hatte, lange in einem Betrieb zu bleiben, dachte er, das müsse auch für ihn gelten. Ein paar Jahre später musste er aber feststellen, dass neue Kolleginnen und Kollegen, die vorher in anderen Betrieben gearbeitet hatten, deutlich besser bezahlt wurden als er. Als Beförderungen anstanden, machte er immer wieder die Erfahrung, dass »Betriebsfremde« bevorzugt wurden. Vermutlich wollte die Betriebsleitung innerbetriebliche Konkurrenzsituationen umgehen, um den »Betriebsfrieden« zu wahren.

Stellenprobleme gab es zu dieser Zeit sowohl in vielen Wirtschaftsbereichen als auch im öffentlichen Dienst. Viele Studienabgänger für den Lehramtsbereich kamen allenfalls auf Wartelisten. Und weil diese immer länger wurden, zogen es viele LehramtsanwärterInnen vor, sich als Quereinsteiger in anderen Berufsfeldern zu bewerben.

In den späten 90er Jahren stieg die Arbeitslosigkeit allgemein weiter an und erreichte im Jahr 2005 mit etwa 13 % ihren Höhepunkt. Besonders stark traf die Arbeitslosigkeit junge Erwachsene. Bei dieser Gruppe lag die Quote bei rund 15 %. Die Politik reagierte darauf mit mehreren Reformen der Sozialsysteme, was für nicht wenige der Generation X erstmals im Leben finanziellen Rückschritte und Sorge um die Zukunft bedeutete. Die Vorstellung, dass es nach der Wiedervereinigung stetig aufwärtsgehe, erwies sich als Illusion.

Erstmals entstand in nennenswertem Umfang ein sogenannter Niedriglohnsektor. In solchen Arbeitsverhältnissen gab es geringe Löhne, zeitliche Befristungen und eine eingeschränkte soziale Absicherung. Sie entwickelten sich zunächst vor allem im

Dienstleistungssektor, wurden aber bald auf andere Bereiche ausgedehnt. Es gibt sie bis heute.

Stefan ging es als hochqualifiziertem Ingenieur für Maschinenbau verhältnismäßig gut. So musste er zwar als Hochschulabsolvent einige Bewerbungen schreiben und ein paar Monate auf die passende Stelle warten, es bestand jedoch niemals das ernsthafte Risiko, gar keine Arbeitsstelle zu finden.

Für den Zahlungsverkehr war schon seit vielen Jahren das Girokonto bei einer Bank oder Sparkasse der Normalfall. Weitere Finanzprodukte wie Versicherungen und Altersvorsorgeprodukte gewannen an Bedeutung und wurden zunehmend nachgefragt. Ebenso verbreiteten sich Depots und Wertpapieranlagen. Um die Jahrtausendwende löste vor allem der »neue Markt« zeitweise eine regelrechte »Aktien-Euphorie« aus, der jedoch eine schnelle und drastische Ernüchterung mit dramatischen Einbrüchen folgte.

Insgesamt kannte der Lebensstandard für die Generation X bis in die 90er Jahre nur eine Richtung: Es ging bergauf.

Bildung, Arbeit, Karriere, Lebensstandard

Für Lisa war es bereits normal, dass gleichaltrige Mädchen genauso Berufsausbildungen absolvierten wie die Jungen. Selbst der Wunsch zu studieren, löste im Elternhaus keine nennenswerten Diskussionen mehr aus. Der »zweite Bildungsweg« wurde zu einer Selbstverständlichkeit und ermöglichte vielen »Spätzündern« ganz neue Ausbildungs- und Berufsmöglichkeiten. Ebenso waren in fast allen Berufen Fort- und Weiterbildungen unerlässlich geworden. Unter der Bezeichnung »lebenslanges Lernen« fand dieses Prinzip Eingang ins allgemeine gesellschaftliche Bewusstsein.

Viele Berufsbilder aus dem Handwerk sind in den letzten Jahrzehnten fast vollständig verschwunden, neue sind dagegen im Bereich der Medien und im Dienstleistungssektor entstanden. Beispiele hierfür sind im Medienbereich der Content Manager, der Digital Colorist oder der Film- und Videoeditor. Neu im der Freizeitbranche bzw. im Dienstleistungssektor sind der Nageldesigner und der Make-up Artist.

In einer Studie aus dem Jahr 2004 (Titel: »Irgendwas mit Medien«) wurde untersucht, welche Auswahlkriterien für Studierende bei ihrer Studienplatzwahl wichtig waren. Es stellte sich heraus, dass der Studiengang für sich genommen an Bedeutung verliert, Kriterien wie Lehrmethoden, Renommee der Hochschule oder die Praxisnähe aber an Bedeutung gewannen.

Sich lange an einen Arbeitgeber zu binden, wurde immer seltener. Auf Grund des Fachkräftemangels konnten speziell junge hochqualifizierte Absolventen immer höhere Forderungen an Arbeitgeber stellen. Damit waren nicht angemessenes Gehalt und gute Arbeitsplätze gemeint, sondern die Bedingung, ein ausgewogenes Verhältnis von Arbeits- und Privatleben herzustellen, also die »Work-Life-Balance« zu finden.

Bei Lisa verlief der Einstieg ins Berufsleben recht unkompliziert. Die hohe Arbeitslosigkeit ging zurück und bald wurde sogar Fachkräftemangel beklagt. Mit dieser Entwicklung verbunden waren allgemeine Lohnsteigerungen. Allerdings fielen diese, je nach Branche und Qualifikation, sehr unterschiedlich aus. Auf der einen Seite stiegen die Einkommen von hochqualifizierten Spezialisten deutlich, auf der anderen Seite wuchs der Niedriglohnsektor weiter.

Eine Karriereplanung im Sinn von »das will ich mal erreichen« hat Lisa nie aufgestellt. Für sie war immer klar, dass der Beruf zu ihr und ihrem Leben passen müsse und dass sich alles andere dann schon ergeben werde.

Das Einkaufs- und Konsumverhalten wandelte sich ebenfalls deutlich. Neben die traditionellen Einkaufsformen trat nun der Online-Handel. Inzwischen schöpfen Vertriebsketten wie Amazon einen großen Teil der Kaufkraft ab. Begünstigt wurden diese Vertriebsformen durch vereinfachte Kaufabwicklungen wie z. B. das PayPal-System. Im Zahlungsverkehr sind solche und ähnliche »Vereinfachungen« fast die Regel, traditionelle Einzahler und Überweiser eher die Ausnahme. Im Gegensatz hierzu wurde es bei den sonstigen Finanzprodukten immer komplizierter. Selbst für grundsätzlich einfache Produkte, wie beispielsweise eine Kfz-Versicherung, müssen Seiten lange Fragebögen gelesen und ausgefüllt werden. Das gilt ebenso für Produkte der Altersvorsorge oder Geldanlagen.

Der Lebensstandard ging vor allem nach der Jahrtausendwende nochmals kräftig nach oben. Durch teilweise hohe Lohnzuwächse und eine boomende Konjunktur wurde vieles alltäglich, was für vorherige Generationen noch als Luxus galt. So erlaubt der Geldbeutel inzwischen vielen, mehrere Flug-Urlaubsreisen pro Jahr zu machen. Dass sie darauf nun aus ökologischen Gründen verzichten sollen, sehen längst nicht alle ein.

Bildung, Arbeit, Karriere, Lebensstandard

Bildung

Für die Generation Z blieben die unterschiedlichen Schulsysteme der einzelnen Bundesländer im Wesentlichen zwar erhalten, aber es gab im Bildungsbereich trotzdem vielfältige Änderungen und Reformen. Selbst in den Bundesländern, die grundsätzlich an der Dreigliedrigkeit festhalten wollten, setzte sich die Erkenntnis durch, dass längeres gemeinsames Lernen und größere Durchlässigkeit notwendig sind. Außerdem musste die Bildungspolitik dem Wunsch der Eltern nach verlässlicher Betreuung nachkommen. Im Ergebnis entstanden mehr Ganztagsschulen mit Ganztagsbetreuung oder zumindest Schulen mit verlässlichen Schulzeiten und Möglichkeiten der Verpflegung (Mensen) und längere Orientierungszeiten für den Übergang in weiterführende Schulen. Im Schuljahr 2004/05 wurde in Baden-Württemberg das achtjährige Gymnasium (»G8«) eingeführt, somit wurde die Schulzeit bis zum Abitur auf zwölf Jahre verkürzt.

Vor allem aber änderte sich viel in den Lernformen. Aus der Erkenntnis, dass selbstständiges und zum Teil selbstorganisiertes Lernen wichtig ist, wurde nun schon in der Grundschule auf entsprechende Lehr- und Lernmethoden Wert gelegt. Für Lea hieß dies, dass sie schon in der Grundschule lernte, projektorientiert zu arbeiten und zu lernen und dass sie sich darin üben konnte, ihre Ergebnisse vor der Klasse zu präsentieren. Sie lernte dadurch, sich verständlich auszudrücken und sie verlor die Scheu, vor anderen zu sprechen. Ein Teil der vorbereitenden Aufgaben musste zu Hause erledigt werden. Da war oft die Hilfe der Eltern gefragt. Und natürlich war eine entsprechende technische Ausstattung

(Internetanschluss, Tablet usw.) erforderlich. Für Lea war beides kein Problem, andere Kinder waren schlechter ausgestattet, und die Eltern konnten ihnen nicht helfen.

Für ihre Zeit nach der Schule standen ihr eigentlich alle Wege offen: Das Bildungsangebot war groß, Ausbildungs- und Studienmöglichkeiten standen fast unbegrenzt zur Verfügung, und der Arbeitsmarkt bot viele Möglichkeiten.

Für viele Angehörige ihrer Generation bestand das größte Problem darin, sich in dem Dschungel von Möglichkeiten zurechtzufinden und das zu finden, was ihnen am besten liegt.

Arbeit/Karriere

Steile Karriere scheinen viele junge Erwachsene der Generation Z nicht unbedingt anzustreben. Vielmehr geht es ihnen darum, Sinn zu finden, in dem, was sie tun. Arbeit und Freizeit möchten sie klar trennen. Sie wollen selbst nicht unbedingt Führung übernehmen, höchstens für konkret abgegrenzte Verantwortungsbereiche, die sie gerne mit anderen KollegInnen im Team erledigen und gemeinsam verantworten wollen, aber eben nur über einen begrenzten Zeitraum.

Für Betriebe kann dies bedeuten, dass es schwieriger wird, längerfristig verlässliches Führungspersonal zu finden. Mit dem Begriff der »Generation Schneeflocke« wird umschrieben, wie sich das bei jungen Erwachsenen zunehmende Schwanken zwischen beruflicher Karriere einerseits und dem Wunsch nach Selbstverwirklichung andererseits in der Arbeitswelt auswirkt. (Generation Schneeflocke, a.a.O.)

Eine mögliche Ursache für diese Einstellung könnte darin liegen, dass durch das allgemein hohe Wohlstandsniveau der Anreiz, viel Geld zu verdienen, für diese Generation an Bedeutung verloren hat. Sehr wichtig ist es der Generation Z, im Betrieb auch Entwicklungsmöglichkeiten zu finden. Es gibt zwar auch außerhalb des Berufs vielfältige Möglichkeiten, sich selbst zu verwirklichen, aber klare Strukturen im Arbeitsleben können dieser Generation helfen, sich selbst besser zu organisieren. Sie braucht aber Sicherheit, denn sie bildet die Voraussetzung, um mit Zuversicht in die Zukunft schauen zu können.

Wie die beruflichen Chancen der Generation Z realistisch zu bewerten sind, ist noch nicht klar. Sehr wahrscheinlich wird die

Generation Z später einmal in Berufen arbeiten, die es heute noch gar nicht gibt. Folglich ist es nicht möglich, sich im Detail auf solche zukünftigen Berufe vorzubereiten. Daraus folgt, dass lebenslanges Lernen und die Bereitschaft, sich ständig auf neue Gegebenheiten im Beruf einzulassen, für diese Generation noch wichtiger ist als für die vorausgegangenen. Schule, Studium und Ausbildung müssen sich darauf einstellen, indem sie vor allem selbstständiges Denken und Handeln, Kritikfähigkeit und Kreativität fördern.

Das hat auch Mark Sparvell, Education Leader bei Microsoft, erkannt: »Die Aufgabe der Schule, von Bildung im Allgemeinen ist es, die Gesellschaft zu kreieren und immer wieder neu zu schaffen, in der wir gerne leben möchten.« (Mark Sparvell).

Kultur, Freizeit, Medien, Kommunikation

Kultur

Von der umfassenden nationalsozialistischen Gleichschaltung des politischen und gesellschaftlichen Lebens blieb auch die Kultur nicht ausgespart. Mit dem Begriff der »entarteten Kunst« wurde alles verhindert, verboten oder vernichtet, was nicht dem Geist der NS-Ideologie entsprach. Die Bücherverbrennung vom Mai 1933, bei der die Bücher von 15 Autoren öffentlich verbrannt wurden, war sichtbarer Ausdruck dieses kulturellen Kahlschlags. In der bildenden Kunst gehörten unter anderem Expressionismus, Dadaismus, Neue Sachlichkeit, Surrealismus und Kubismus zu den verbotenen Kunstrichtungen, Werke von jüdischen Künstlern sowieso. Vieles wurde vernichtet, aus dem Verkehr gezogen oder heimlich zu Geld gemacht.

Wer weiter als Künstler tätig bleiben wollte, stand vor der Wahl: Mitmachen, sich wenigstens »arrangieren«, weitermachen, bis es zu Berufsverboten und Strafen kam, in die innere Emigration gehen und nichts mehr veröffentlichen oder – wie es viele politisch Verdächtige machten – ins Exil flüchten. Der substanzielle Verlust auf allen Gebieten der Kunst war verheerend.

Das alles geschah zwar nicht heimlich, wurde aber von der breiten Öffentlichkeit kaum wahrgenommen. Mit einer wirksamen

Mischung aus Propaganda und kultureller Unterhaltung gelang es den Nazis, große Teile der Bevölkerung zu begeistern oder wenigstens ruhig zu stellen: Pompöse inszenierte Parteitage, über Rundfunk verbreitete Hitlerreden und die Olympische Spiele von 1936, die durch Wochenschauen und Filme von Leni Riefenstahl wirkungsvoll ins Bild gesetzt wurden. Filmproduktionen unverdächtiger oder angepasster Regisseure und Schauspieler wurden intensiv gefördert und ihre Aufführungsmöglichkeiten in »Lichtspielhäusern« dadurch begünstigt, dass deren Besitzer zum »Intendanten eines Volkstheaters« befördert wurden. In Zahlen wirkte sich diese Förderung so aus: Es gab in Deutschland im Jahr 1939 mehr als 6500 Kinos mit etwa 2 Millionen Besuchern täglich. Für das Jahr 1944 werden über eine Milliarde verkaufter Kinokarten angegeben. Ein Beleg dafür, dass der Film damals – trotz Krieg und Not – schon eine große gesellschaftliche, politische und kulturelle Bedeutung hatte.

Im Rahmen dieser Erfolgswelle entstanden zahlreiche Karrieren noch heute bekannter FilmdarstellerInnen wie Johannes Heesters, Zarah Leander, Heinz Rühmann, Emil Jannings und vielen anderen.

Die meisten von ihnen blieben in der Nachkriegszeit die Lieblinge des Publikums. Fragen nach Verwicklungen und Verstrickungen in das NS-System interessierten kaum – oft blieben sie bis zu deren Tod im Dunkeln.

Wenn also das Jahr 1945 als »Stunde null« bezeichnet wurde, galt dies für den Kulturbetrieb nur eingeschränkt: Zwar konnte nach dem Kriegsende viel Neues begonnen und aufgebaut werden, aber der Neubeginn hatte zahlreiche »Altlasten« zu verkraften. Das waren nicht nur ungeklärte Nazivergangenheiten, sondern auch die Schwierigkeiten, wie mit alten Wirtschafts- und Organisationsstrukturen, undurchsichtigen Beziehungsverhältnissen und dem riesigen Verlust an künstlerischem Potenzial umzugehen war.

Der »Normalbürger« erlebte den Neubeginn zunächst als Fortführung von bereits Bekanntem, vermischt mit den nun zunehmenden amerikanischen Einflüssen auf Mode, Musik und Film. Das galt vor allem für die Jüngeren, die gierig aufsogen, was ihnen dieser neue »Lifestyle« zu bieten hatte.

Dass jetzt verbotene Bücher wieder zu haben waren, diffamierte Künstler wieder arbeiten und ausstellen durften, dass sich Schriftsteller wie Wolfgang Borchert schon früh mit dem Krieg und seinen Folgen auseinandersetzten – und zum Teil daran zu Grunde gingen – drang nur allmählich ins allgemeine Bewusstsein. »Wir sind die Generation ohne Bindungen und ohne Tiefe. Unsere Tiefe ist Abgrund,« schrieb er einmal.

Vor allem zwischen den Kulturschaffenden fand nach der Katastrophe von Krieg und Rassenwahn eine heftige Auseinandersetzung darüber statt, wie das alles hatte kommen können, inwieweit auch Kunst und Kultur versagt hätten und wie es mit Kunst und Literatur danach überhaupt weitergehen könne. Theodor W. Adorno (Philosoph und Soziologe) sagte zum Beispiel: »Nach Auschwitz ein Gedicht zu schreiben, ist barbarisch«.

Damit ist grob umrissen, in welch gewaltigem Spannungsfeld sich das kulturelle Leben der Nachkriegszeit bewegte. Auf der einen Seite gab es ein großes Bedürfnis nach kulturellen Angeboten in den verschiedensten Formen, auf der anderen Seite empfanden sich viele KünstlerInnen ohnmächtig vor die Frage gestellt, worin in der »allgegenwärtigen Bodenlosigkeit« wieder ein wenig Halt gefunden werden könne.

Eine breitere öffentliche Auseinandersetzung zu diesen Fragen ließ bis in die 60er Jahre auf sich warten.

Unter den gegebenen Umständen waren für den Neubeginn Kontrollen und Zensur unumgänglich: Zunächst hatten die Alliierten Besatzungsmächte das begründete und politisch nachvollziehbare Interesse, jegliche Verbreitung von Nazi-Symbolen, NS-Propaganda und Nazi-Schriften zu verhindern. So wurden aus Bibliotheken Bücher belasteter Autoren entfernt, an erster Stelle Hitlers »Mein Kampf«. Im Bereich des Filmwesens war eine solche »Entnazifizierung« nicht einfach zu verwirklichen: Eindeutige »Nazi-Filme« konnten zwar verboten werden, aber was sollte mit international bekannten und prominent besetzten Filmen wie »Casablanca« (1942 mit Humphrey Bogart und Ingrid Bergman) passieren? Man versuchte, das Dilemma mit deutlichen Schnitten und Synchronisations-Änderungen zu lösen.

Die Presse stand zunächst unter alliierter Kontrolle, wurde aber zunehmend freier. Alle Kontroll- und Zensurmaßnahmen wurden von den jeweiligen Militärregierungen durchgeführt und betrafen grundsätzlich alle Medien- und Kulturbereiche.

Für die Filmzulassungen im Westen waren zwei Bedingungen definiert worden: Die Filme durften die militärische Sicherheit (Security) nicht gefährden und sie durften den Zielen der Umerziehung (Re-Education) nicht zuwiderlaufen – eine Prüfung unter Jugendschutzgesichtspunkten fand zunächst nicht statt. Um eine solche zu erreichen, richteten die Bundesländer eine Kommission ein, die hierzu Vorschläge entwickeln sollte. Schließlich einigten sich Politik und Filmwirtschaft auf die Einrichtung einer Selbstkontrolleinrichtung. Im Sommer 1949 trat das hierfür zuständige Gremium – mit Vertretern der Länder, der Filmwirtschaft und der Kirchen – als Freiwillige Filmselbstkontrolle (FSK) erstmals zusammen. Grundlage für die Arbeit wurde das, 1951 verabschiedete »Gesetz zum Schutz der Jugend in der Öffentlichkeit« – novelliert 1985.

Darüber hinaus gab es strafrechtlich begründete Eingriffsmöglichkeiten in den Kulturbetrieb: Beschlagnahmungen, Verbot, Indizierung, Altersbeschränkungen und für Printmedien Schwärzungen und Heraustrennung einzelner Seiten.

In einer eher prüden Gesellschaft, wie es die Bundesrepublik zumindest in ihren Anfangsjahren war, ist es nicht verwunderlich, dass die ersten Indizierungen und Verbote den Bereich Erotik und Sexualität betrafen (Bücher von Marquis de Sade und Dominique Aury). Bei den Filmen wurde »Die Sünderin« (1951) mit Hildegard Knef zum Skandal, und 1959 wurde Billy Wilders »Manche mögen's heiß« indiziert. Solche Maßnahmen fanden in der Öffentlichkeit ein durchaus geteiltes Echo: Während viele die künstlerische Freiheit bedroht sahen, begrüßten andere den Kampf gegen den »drohenden Sittenverfall«. In den meisten größeren Orten gab es selbsternannte »Sittenwächter«, die sich akribisch-eifrig auf die Suche nach solchen Angriffen machten und jedes Filmplakat, jedes Illustrierten-Titelbild und jedes Werbefoto zentimetergenau auf Zulässigkeit bzw. Gefährdung ausmaßen. Häufig genug weckten solche Aktionen erst das Interesse an den »Sittenverstößen«.

Eine gesellschaftlich breitere Diskussion darüber, was erlaubt sein sollte und was nicht, lösten später aber erst die Rufe nach allgemeiner gesellschaftlicher Liberalisierung und sexueller Selbstbestimmung der späten 60er Jahre aus.

Kino

Trotz der Kriegszerstörungen konnte das Kino nach dem Krieg auf eine noch vorhandene Infrastruktur zurückgreifen. Und obwohl die Menschen auf vielfältige Weise vom Krieg gezeichnet und oft in erheblicher materieller Not waren, stieg das Interesse an einem Kinobesuch schnell – der Wunsch nach Zerstreuung war wohl groß. Das lässt sich mit Zahlen belegen: Schon im Jahr 1950 hatten in der BRD 4000 Kinos geöffnet und verzeichneten eine Besucherzahl von 487 Millionen!

Am erfolgreichsten waren zunächst Heimatfilme wie »Grün ist die Heide« mit Sonja Ziemann und Rudolf Prack oder sogenannte Operettenfilme. Sie erreichten Traumquoten: »Grün ist die Heide« 19 Millionen, »Schwarzwaldmädel« 16 Millionen und »Sissi« 10 Millionen. Filme, die sich mit aktuellen Problemen (Problemfilme) oder der Vergangenheit beschäftigten (»Trümmerfilme«), waren seltener und wurden nicht so gut besucht. Und ab 1957 (Wehrpflicht) kamen eher Kriegs- als Antikriegsfilme in die Kinos. Als Antikriegsfilm am bekanntesten wurde Bernhard Wickis Film »Die Brücke« (1959).

Erfolgreiche ausländische Produktionen waren unter anderem der britische Film »Der Dritte Mann« (deutsche Fassung von 1950) oder »Verdammt in alle Ewigkeit« (USA, 1953). Insgesamt aber blieb der deutsche Film bis Ende der fünfziger Jahre dominant.

Bücher

Im Gegensatz zum Film gehörten Bücher nicht unbedingt zur Massenkultur des Nationalsozialismus. Seit der Bücherverbrennung vom 10. Mai 1933 waren viele Schriftsteller verfemt oder ganz verboten, was neben dem geistigen und kulturellen Verlust dazu führte, dass »Literatur« an Ansehen verlor. Der NS-Führung wäre es ohnehin am liebsten gewesen, die Menschen hätten das Lesen auf »Mein Kampf«, das Parteikampfblatt »Der Stürmer« und die gleichgeschaltete Presse beschränkt.

Das Interesse an der literarischen Aufarbeitung der Vergangenheit (z. B. Wolfgang Borchert) blieb eher gering und fand – wenn überhaupt – vor allen Dingen später unter Intellektuellen und (zum Teil) an den Schulen statt.

Man kann es den Menschen, die auf verschiedenste Weise unter Krieg, Unterdrückung, Not und Schicksalsschlägen gelitten hatten, nicht verdenken, wenn sie sich beim Lesen nun eher leichteren Themen zuwandten: Der erfolgreichste Roman der fünfziger Jahre war ein Studenten- und Liebesroman von Hugo Hartung mit dem Titel »Ich denke oft an Piroschka«. Schon Ende der 50er fanden Bücher von Johannes Mario Simmel mit Titeln wie »Der Stoff, aus dem die Träume sind« oder »Es muss nicht immer Kaviar sein« großes Leserinteresse. Obwohl diese eher zur »Unterhaltungsliteratur« zuzuordnen sind, berühren sie doch gesellschaftlich-politische Fragen. In den etwa zur gleichen Zeit erscheinenden Büchern von Heinrich Böll (»Haus ohne Hüter« und »Das Brot der frühen Jahre«) und vor allem von Günther Grass (»Die Blechtrommel«) wird diese Auseinandersetzung dann literarischer und in ihrer Wirkung brisanter.

Begünstigt wurde die Verbreitung von Literatur durch zwei wichtige Entwicklungen im Verlagswesen: Die erste bestand darin, dass seit Anfang der 50er Jahre Bücher auch im Taschenbuchformat und damit preisgünstiger vertrieben wurden (Goldmann seit 1952 und 1960 die Gründung des Deutschen Taschenbuch Verlags).

Die zweite war die Verlegung und der Vertrieb von Büchern über Lesegesellschaften: Die schon seit 1924 bestehende und gewerkschaftlich orientierte Verlagsgenossenschaft »Büchergilde«, die von Anfang an bemüht war, durch günstige Buchangebote ärmeren Leuten das Lesen zu ermöglichen, verlegte ab Mitte der 50er Jahre wieder Bücher.

Daneben der Bertelsmann Lesering, der 1950 mit dem Ziel gegründet wurde, Menschen durch eine Mitgliedschaft zum regelmäßigen Kauf und damit zum Lesen von Büchern zu bringen. Das Mitglied konnte die (meist in verbilligten Sonderausgaben angebotenen) Bücher aus einem Katalog aussuchen oder die jeweiligen Vorschlagsempfehlungen akzeptieren. Das Konzept war über Jahrzehnte äußerst erfolgreich: Ein Jahr nach der Gründung gab es bereits 100 000 Mitglieder, 1954 schon eine Million und in den 70er Jahren bis zu 6 Millionen – nach der Wiedervereinigung sogar bis zu sieben Millionen. Danach gingen die Zahlen aber drastisch zurück, der deutschsprachige Vertrieb wurde 2014 eingestellt.

Zeitungen, Zeitschriften

Recht früh nach dem Ende der NS-Herrschaft erlaubten die West-Alliierten – zunächst unter ihrer Kontrolle – die Veröffentlichung und den Vertrieb von Presseorganen. Das waren anfänglich vorwiegend Tageszeitungen – wiederbelebte frühere und Neugründungen. Der Boulevard-Journalismus fand schnell größere Verbreitung (Gründung Bild-Zeitung 1952), und Illustrierte kamen dazu (Münchner, Frankfurter und Stuttgarter Illustrierte, Quick, Revue, Stern, Neue Illustrierte u. a.). Mit der Verbreitung des Fernsehens erschienen zahlreiche Fernsehzeitschriften auf dem Markt (z. B. Hör zu). Darüber hinaus erhöhte sich die Zahl der Wochenzeitungen und Magazine (Spiegel), Modejournale, Heftchenromane (Liebes- und Kriegsgeschichten), Sport- und Fachzeitschriften für Auto, Foto, Eisenbahn und Comics (Mickey Mouse u. a.) sehr schnell.

Zusammen mit der Weiterentwicklung bzw. Neuverbreitung von Radio- und Fernsehprogrammen beeinflusste all dies das Medienverhalten.

Medien und Kommunikation

Schon für die Vorkriegsgeneration war die Tageszeitung so etwas wie ein Leitmedium: Sie bot regionale, nationale und internationale Informationen und trug damit wesentlich zur Entwicklung eines Weltbilds der Bevölkerung bei. Die Nazis hatten die freie Presse weitestgehend eliminiert und zum reinen Propagandainstrument degradiert, aber nach dem Krieg entstand recht schnell wieder eine freie Presse. Neu war in der Nachkriegszeit, dass der Rundfunk – vor allem für die überregionale Berichterstattung – in Konkurrenz zur Tageszeitung trat und dass diese Konkurrenz mit den Bildnachrichten des Fernsehens in den 50ern noch verstärkt wurde. Trotzdem behielt und behält die Tageszeitung bis heute ihre Bedeutung, weil sie gründlicher sein kann, Themen einordnet und oft ausgeprägten regionalen Bezug hat.

Ähnlich bedeutsam wie die Tageszeitung wurde das Radio, vor allem zum Feierabend. Bereits 1950 hatte der über Gebühren finanzierte öffentlich-rechtlich organisierte Rundfunk mehr als sieben Millionen Teilnehmer (»Gebührenzahler«), was bedeutet, dass seine Reichweite weit über diese Zahl hinausging. Über diese Sender wurden damals neben den redaktionellen politischen und Unterhaltungsbeiträgen auch Verlautbarungen der Militärverwaltungen verbreitet. Mit der zunehmenden Selbstständigkeit der Rundfunkanstalten entfiel diese Aufgabe, und die Programmgestaltung wurde zunehmend freier und unabhängiger. Von großer Bedeutung war, dass man mit dem Radio – je nach Frequenzbereich – fast weltweit Sender empfangen konnte und damit an die internationale Kommunikation angeschlossen war.

Die Rundfunkanstalten hatten für viele, obwohl sie längst öffentlich-rechtlich und nicht mehr staatlich waren, so etwas wie einen »Amtscharakter«. Indem sie Nachrichten regelmäßig und mit sehr seriös wirkenden Sprechern (fast ausschließlich Männer) ausstrahlten, untermauerten sie diesen Eindruck. Sie genossen hohe Glaubwürdigkeit. Ein weiterer Grund für diesen Glaubwürdigkeitsvorschuss ist mutmaßlich darin zu sehen, dass die Bereiche Information und Unterhaltung sowohl personell wie strukturell klar voneinander getrennt waren. Rundfunkanstalten verstanden sich als eine Art öffentliche Leitinstanz: An Trauertagen oder beim Tod bekannter Personen wurde – in allen Programmen! – Trauermusik ausgestrahlt, und die Sender bemühten sich, mit der Programmgestaltung den Belangen christlicher Feiertage gerecht zu werden.

Im Unterhaltungsbereich wurde neben der leichten auch der sogenannten E-Musik breiter Raum gegeben. Mit der Ausweitung von Programmen richteten sich diese immer mehr auf spezifische Zielgruppen. Dennoch blieb ihr Kern (Nachrichten und Wetter) allgemeinverbindlich.

Daneben bemühte sich der Rundfunk um seinen Bildungsauftrag: Er produzierte unter anderem ein differenziertes Schulfunkprogramm, spezielle Informationsprogramme und später eine ganze Palette von Funkkollegs, die sogar mit einem Zertifikat abgeschlossen werden konnten.

Insgesamt aber tendierte der Rundfunk, den Erwartungen vieler entsprechend, in Richtung Unterhaltungsmedium. In den 50er Jahren bestanden die »Highlights« dieser Unterhaltung in der Übertragung von Bunten Abenden und Schlagermusik, Konzerten und Auftritten von Komikern. Hohen Stellenwert hatten die samstäglichen Sportübertragungen (Fußball Oberliga). Und natürlich konnten Länderspiele am Lautsprecher verfolgt werden. Obwohl das Endspiel von Bern am 4. Juli 1954 live im Fernsehen übertragen wurde, erlebten es doch die meisten am Radio. Dementsprechend waren Rundfunkreporter wie Herbert Zimmermann damals so bekannt wie heute die Spitzenfernsehkommentatoren.

Große Aufmerksamkeit mit hohen Hörquoten erreichten Hörspiele – sowohl Kriminalstücke wie literarische Produktionen. Kultcharakter erhielt zum Beispiel die Francis Durbridge Reihe des damaligen SDR (Süddeutscher Rundfunk). Für Kinder gab es entsprechende Angebote, die aber zunehmend durch die Verbreitung von Hörkassetten verdrängt wurden.

Die regelmäßige Programmausstrahlung des Fernsehens begann im Dezember 1952. Gesendet wurde jeweils von 20 bis 22 Uhr. Weil die Ausstattung mit Fernsehgeräten aber noch sehr gering war, erreichten die Sendungen zunächst nur einen kleinen Teil der Bevölkerung. (1953 gab es gerade mal 80000 Fernsehteilnehmer). Selbst in der Politik stieß das neue Medium teilweise sogar auf Ablehnung. Der damalige Bundestagspräsident Ehlers äußerte sich 1953 an die Adresse der Fernsehmacher so: »Sah eben TV-Fernsehprogramm. Bedaure, daß Technik uns keine Mittel gibt, darauf zu schießen.« (Spiegel 7/1953, S. 32). Der »schlafende Riese« Fernsehen entwickelte sich aber schnell zum Unterhaltungsmedium und gewann – in Verbindung mit höherem Einkommen und besserer Geräteausstattung – schnell größere Verbreitung (1958 bestanden bereits 2 Millionen TV-Anschlüsse). Mit diesem zunehmenden Eindringen in die Wohnzimmer veränderte es recht schnell sowohl das Familien- und Freizeitleben, wie auch das Medienverhalten deutlich.

Freizeit

Schon seit der Mitte des 19. Jahrhunderts wird die Zeit außerhalb der Berufstätigkeit als Freizeit bezeichnet. Sie war früher deutlich geringer bemessen als heute. Das hatte vor allem zwei Gründe: Die Arbeitszeiten waren länger und die häuslichen Aufgaben nahmen mehr Zeit in Anspruch.

Bis 1957 galt die 48-Stunden-Woche, danach wurde 45 Stunden gearbeitet. Die Woche hatte sechs Arbeitstage, und erst seit 1966 wurde jede zweite Woche eine »Fünf-Tage-Woche«.

Sowohl die berufliche als auch die häuslichen Arbeiten waren körperlich meist anstrengend. Und gerade die häuslichen Pflichten (Waschen, Kochen, Wohnung säubern, Holz machen, Gartenarbeiten, kleinere Reparaturen usw.) nahmen viel Zeit in Anspruch. Es blieb also viel weniger Zeit für das, was wir heute Freizeitbeschäftigung nennen.

Dazu waren die Unterschiede zwischen Stadt und Land groß: Wer landwirtschaftlich tätig war, hatte, solange es hell war, immer zu tun, und wenn es dunkel wurde, war bald Zeit zum Schlafengehen. Eventuell gab es – für die Männer – einen Abend im Musik- oder Gesangverein mit anschließendem Gasthausbesuch. Die Frauen trafen sich eher in Landfrauenvereinen und – im Laufe der Zeit – in gemischten Chören. Die sonntägliche Freizeit gehörte dem Kirchgang, mit anschließendem Gasthausbesuch für die Männer und gelegentlichen dörflichen Festen.

Für die städtische Bevölkerung hatte sich schon in den dreißiger Jahren ein ausgeprägtes und recht vielfältiges Freizeitangebot in Kultur und Sport entwickelt, und es wurde mit Gasthaus- und Clubbesuchen, Tanzveranstaltungen, Cabaret, Kino, Theater und Kunstausstellungen durchaus angenommen.

Für die Nationalsozialisten entsprachen viele solche Angebote nicht dem »deutschen Geist«. Schritt für Schritt wurde deswegen in die künstlerische Freiheit eingegriffen, zum Schluss wurden Veranstaltungen für eigene Zwecke missbraucht oder komplett verboten.

Wer bis etwa 1930 geboren wurde, konnte sich dem fast nicht entziehen: Schon als »Pimpfe« wurden Kinder in die Parteijugend einbezogen und zu »heldenhaften Jugendlichen« erzogen. Dem folgten Hitlerjugend und BDM (Bund Deutscher Mädchen). Selbst auf dem Land wurde Druck auf Jugendliche und deren Eltern ausgeübt, wenn sie sich dem zu entziehen versuchten.

Den älteren Jugendlichen wurde ein auf den ersten Blick durchaus interessantes »Freizeitangebot« mit Wandern, Zeltlagern, Sport, Motorradfahren, Fahnenweihen und Ähnlichem gemacht. Es wurde von vielen dankbar angenommen, hatten sie doch das Gefühl, endlich beachtet, ja sogar wichtig genommen zu werden.

Für viele war es der Anfang ihres Weges zum Soldaten, und am Ende des Krieges wurden sogar die um 1931 geborenen noch als »Volkssturm« missbraucht.

Das Kriegsende markiert also für das Freizeitverhalten einen Wendepunkt: Zumindest in den westlichen Besatzungszonen war es das Ende parteipolitisch motivierter staatlicher Eingriffe in das Freizeitgeschehen. Damit war der Weg frei, sich die Freizeit individuell zu gestalten und sich auf Möglichkeiten einzulassen, die sich aus den veränderten Verhältnissen allmählich ergaben.

In der Stadt vollzogen sich solche Veränderungen schneller, umfassender und vielfältiger als auf dem Land.

Die Freizeitgeschichten von Karl und Walter, beide 1945 geboren, einer auf dem Land, der andere in der Stadt, zeigen solche Unterschiede, aber auch Gemeinsamkeiten, sehr deutlich.

Karl wuchs auf dem Land in einem kleinen Dorf auf, seine Eltern betrieben eine Landwirtschaft mit eigenem Bauernhof, Walter in einer mittelgroßen Stadt. Er war ein Arbeiterkind und lebte mit seinen Eltern in einer etwa 60 qm großen Mietwohnung.

Bei beiden Elternpaaren war Freizeit knapp. Für die städtischen Eltern, weil die Arbeitszeit lang und die häuslichen Aufgaben umfangreich waren, für die ländlichen Eltern, weil der landwirtschaftliche Betrieb nur funktionierte, wenn alle von morgens bis abends mitarbeiteten. Ab einem bestimmten Alter mussten alle Kinder nach Kräften helfen. Solange Karl schulpflichtig war, kam es nicht selten vor, dass er wegen wichtiger Arbeiten (z. B. Ernte) vom Schulbesuch abgehalten wurde.

Soweit die Freizeit gemeinsam mit den Eltern verbracht wurde, bestand sie für Karl im sonntäglichen Kirchgang, gelegentlichen Verwandtenbesuchen und der Teilnahme an einigen wenigen Dorffesten. Der Vater ging abends einmal wöchentlich zum Männerchor, Walters Vater traf sich immer freitags mit seinen »Skatbrüdern« zum Karten spielen. Beide Mütter waren in der Regel abends zu Hause.

Bei Walter blieb der Kirchgang auf wichtige Feste, wie zum Beispiel Weihnachten, beschränkt. Stattdessen besuchte er mit dem Vater manchmal das sonntägliche »Platzkonzert«. Nachmittags stand oft ein gemeinsamer Spaziergang in der Stadt an, zu dem sich alle sonntäglich anzogen. Gelegentlich schloss sich daran sogar ein Besuch in einem Café an. Im Sommer wurden öfters kleinere Wanderungen oder Ausflüge in die nähere Umgebung unternommen. Die Ausflüge fanden meistens mit dem Fahrrad statt. Solange es ging, wurde Walter auf dem Kindersitz am Fahrrad seines Vaters mitgenommen, später fuhr er dann selbst. An winterlichen Abenden wurde manchmal gemeinsam gespielt: »Fang den Hut«, »Mensch ärgere dich nicht« und Kartenspiele.

Am 4. Juli 1954 – einem Sonntag – versammelten sich beide Familien, wie viele andere, vor ihren Radiogeräten: Aus Bern wurde das Endspiel der Fußballweltmeisterschaft zwischen

Ungarn und Deutschland übertragen. Schon die Tatsache, dass die deutsche Mannschaft das Finale erreicht hatte, war eine große Überraschung. Allerdings wurden ihr, da sie in der Vorrunde mit 3:8 gegen Ungarn verloren hatte, kaum Siegchancen eingeräumt. Doch es kam anders: Deutschland gewann mit 3:2. Sportlich betrachtet war das fast eine Sensation, aber die Wirkung dieses Sieges reichte weit über den Sport hinaus. Gedemütigt durch den verlorenen Krieg, die Kapitulation, die Besatzung durch die Alliierten und die internationale Ächtung, empfanden viele diesen sportlichen Erfolg als nationalen Triumph. »Wir sind wieder wer« – das spürten von diesem Tag an vor allem die Jüngeren – so wie auch Karl und Walter.

Die zunehmende Verbreitung des Fernsehens ab Mitte der 50er Jahre veränderte das abendliche Familienleben bei beiden. Es stiftet einerseits eine neue Gemeinsamkeit, weil man viele Sendungen gemeinsam anschaute, ja zum Teil sogar Nachbarn und Freunde dazu einlud, andererseits entwickelte es aber eine Dominanz, die andere Tätigkeiten weitgehend unmöglich machte: Wenn einer im Raum fernsehen wollte, waren dem auch die anderen ausgesetzt und anderen Tätigkeiten – wie zum Beispiel lesen – war kaum mehr möglich.

Ein Stück weit strukturierte es den Alltag neu. Soweit möglich versammelte man sich um 20 Uhr zu den Nachrichten, der Sendeschluss markierte lange auch den Abschluss des Abends. Und das Fernsehen schuf neue Prominenz – von den Nachrichtensprechern bis zu den bald allgemein bekannten Moderatoren von Unterhaltungssendungen wie Peter Frankenfeld, Hans-Joachim Kulenkampff, Rudi Carrell u. a. Natürlich sprach man über diese in den Familien und im Freundeskreis – teilweise fast so wie über gute Bekannte.

Ein eigenständiges Freizeitverhalten der beiden entwickelte sich etwa ab dem Beginn der Schulpflicht. Bis dahin waren sie entweder in elterlicher Obhut oder im Kindergarten.

Mit dem Eintritt in die Schule entstanden Kontakte zu Kindern, die sie bis dahin nicht gekannt hatten. Sie trafen sich zu Hause zum Spielen, zum Fahrrad fahren, zum Fußball spielen usw. – in der Regel nach Geschlechtern getrennt.

Die Spiele unterschieden sich zwischen Stadt und Land nur wenig. Die Stadtkinder konnten ihr Erfahrungsfeld allerdings zunehmend erweitern, indem sie andere Straßen, andere Viertel und das Stadtzentrum erkundeten und dabei immer wieder Neues entdeckten.

Als Karl und Walter auf der weiterführenden Schule in die gleiche Klasse kamen, fanden sie schnell engeren Kontakt zueinander. Sie waren sich als Fußballspieler schon einmal begegnet und spielten jetzt gemeinsam in der Schulmannschaft. Sie trafen sich manchmal außerhalb der Schule. Allerdings musste dann einer von ihnen die fünf Kilometer zwischen ihren Wohnorten mit dem Fahrrad zurücklegen. Walter nahm Karl dann zu seinem Treffpunkt mit seinen Freunden mit oder sie spielten zu Hause mit seiner elektrischen Eisenbahn oder mit seinen sonstigen Spielsachen. Wenn Walter zu Karl kam, halfen sie manchmal etwas auf dem Hof oder streunten in der näheren Umgebung herum. Einmal konnte Walter sehen, wie ein Schwein geschlachtet wurde.

Im Sommer trafen sie sich öfter im Freibad der Stadt, wo sie mit Gleichaltrigen Ball spielten, Wetttauchen veranstalteten oder sich einfach auf den warmen Bodenplatten sonnten – natürlich durchweg ohne Sonnencreme.

Im Herbst waren viele Kinder auf den umliegenden Feldern unterwegs, um sich Rüben zu »besorgen«, aus denen die »Rübengeister« geschnitzt wurden: Sie wurden ausgehöhlt, mit Mund-, Augen- und Nasenlöchern versehen, mit einer Kerze von innen beleuchtet und dann nachts an den verschiedensten Orten als Schreckgeister aufgestellt.

Im Winter gingen Walter, sein Vater und einige Freunde gelegentlich zum Skiwandern. An Silvester verabredeten sich meist mehrere Familien zum gemeinsamen Schlittenwandern zu einem etwas abgelegenen Gasthof. Karl dagegen lief, wenn der kleine Weiher im Dorf zugefroren war, dort Schlittschuh und spielte, sofern genügend andere Kinder da waren, Eishockey mit ihnen.

In dieser Jahreszeit verbrachten sie mehr Zeit im Haus – mit Lesen und Basteln: Ihre erste Lektüre waren die in der Tageszeitung veröffentlichen kleinen Comicstreifen und die »Lurchi-Hefte« aus dem Schuhgeschäft. Im Grundschulalter waren es dann »Fix und Foxi«, »Mickey Mouse« und illustrierte Kinderbücher, ebenso die »Akim-« und »Sigurd-Heftchen« oder andere Comics.

Später kamen dann Bücher wie »Die Schatzinsel«, Karl-May-Bücher oder ähnliche Abenteuerbücher dazu. Karl bekam zu Weihnachten immer die jährlich erscheinenden Dokumentationsbücher »Durch die weite Welt« geschenkt, aus denen er viel über andere Länder, Tiere und Technik erfuhr.

Mit etwa 13 Jahren wurden für Walter die »Landser-Hefte« und die »U-Bootgeschichten« aus dem Zweiten Weltkrieg interessant. In diesem Alter entwickelte sich allmählich sein Interesse an der Alltagslektüre der Erwachsenen: Illustrierte wie »Stern« »Quick« und »Revue« boten Einblicke in ganz neue Welten, selbst die »Bravo« der Schwester hatte hier – auch wenn man sich für ihre Stars weniger interessierte – etwas zu bieten.

Allmählich fanden sie die in beiden Haushalten abonnierte lokale Tagezeitung attraktiv, vor allem wegen des Sports und anderer örtlicher Ereignisse. Walters Vater brachte täglich die BILD mit nach Hause, auf die war er immer gespannt.

Die Schule versuchte, das Lesen über klassische Literatur zu fördern, was bei Karl nur wenig gelang, bei Walter wenigstens so weit, dass er Bücher von Erich Maria Remarque (»Im Westen nichts Neues«) und – etwas später – von Heinrich Böll las.

In der Winterzeit verbrachte Karl viel Zeit mit seinem »Märklin-Kasten«, aus dem sich kleinere elektrische Spielgeräte wie Krane bauen und anschließend betreiben ließen. Walter dagegen widmete sich dem Papier-Modellbau. Dazu wurden auf Papierbogen abgedruckte, in Einzelsegmente zerlegte und mit Faltlinien versehe Teile eines Schiffes oder eines Flugzeugs ausgeschnitten, an den Falzlinien gefaltet und an den Klebekanten zusammengeklebt. Daraus entstanden dann beispielsweise die maßstäblichen Nachbildungen des Schlachtschiffes »Bismarck« oder des Ozeanliners »Berlin« – immerhin etwa 60 cm lang.

Als er 14 war, bekam Walter mit der »Agfa-Box« seine erste Kamera geschenkt. Er begann – soweit es seine Finanzen zuließen – fleißig zu fotografieren: Aus den 6x6 bzw. 6x9-Rollfilmen entstanden bei Schulausflügen, Wanderungen oder im Urlaub schon ganz ansehnliche Schwarz-Weiß-Bilder, die er fein sortiert und beschriftet in Fotoalben klebte.

Zur Entwicklung der Filme und zur Herstellung der Abzüge mussten die vor Lichteinfall zu schützenden Filmrollen ins

Fotogeschäft gebracht werden, von wo sie nach etwa einer Woche – nachdem sie im Laden angeschaut und auf ihre Qualität geprüft worden waren – abgeholt werden konnten.

Über einen Onkel lernte er später, wie man die Filme selbst entwickelt und mit speziellem Fotopapier eigene Abzüge herstellen kann.

Höhepunkte im familiären Jahresablauf waren bei beiden die persönlichen und die christlichen Feste: Geburtstage, Hochzeitstage, Kommunion oder Konfirmation, Ostern, Weihnachten und Pfingsten. Und diese wurden ausgiebig gefeiert – häufig mit üppigem Essen, viel Alkohol, ausdauernd und in feuchtfröhlicher Geselligkeit. Und natürlich wurde gesungen – alte Trink- und Heimatlieder, Schlager wie »Auf der Reeperbahn nachts um halb eins« oder durchaus auch etwas anrüchige Soldatenlieder.

Abends auszugehen war für Karl, wie auch für seine Eltern, kein Thema. Man ging regelmäßig zu den Vereinsabenden oder besuchte mal ein Dorffest, viel mehr eigentlich nicht. Walters Eltern dagegen gingen schon mal ins Kino, nahmen an Jahrgangstreffen teil, kauften sogar Karten für Musikveranstaltungen oder »Bunte Abende«. Als er 14 war, durfte Walter erstmals zu einem solchen Abend mitkommen: Cornelia Froboess trat mit ihrem Vater auf und sang »Pack die Badehose ein«. Richtig berühmt wurde sie später im Schlagerduo mit Peter Kraus (»Wenn die Conny mit dem Peter ...«).

Reisen war sowohl für Karl wie für Walter bis zum Alter von zwölf auf kleinere Ausflüge, Verwandtenbesuche und Tagesradtouren beschränkt. Etwas später kamen dann Ferienlager oder Schulausflüge zu besonderen Sehenswürdigkeiten in der näheren Umgebung dazu. Bei Karl erweiterten sich die Reiseerfahrungen, als sein Vater ein Auto kaufte und er mit der Familie etwas größere sonntägliche Ausfahrten erleben durfte. Walters Eltern hatten zu dieser Zeit noch kein Auto, sie erhielten über die Firma von Walters Vater die Möglichkeit zu einem zweiwöchigen Ferienaufenthalt in den österreichischen Alpen. Die Fahrt fand mit dem Bus statt, und Walter kam zum ersten Mal ins Ausland und machte erstmals Erfahrungen mit einer anderen Währung (österreichische Schillinge).

Weil viele kein eigenes Auto hatten, war der Bus als Reisemittel sehr beliebt: Ganze Belegschaften machten mit mehreren Bussen einen Betriebsausflug, an Sonntagen ließen sich viele zu den »Fahrten ins Blaue« einladen und zunehmend wurden von den Busunternehmen mehrtägige Reisen angeboten.

Mit 15 unternahmen beide zusammen in den Sommerferien eine einwöchige Radtour an den etwa 150 km entfernten Bodensee. Sie übernachteten in Jugendherbergen und versorgten sich tagsüber selbst.

Im gleichen Jahr (1960) eröffneten sich erstmals Besuchsmöglichkeiten für Westdeutsche in die DDR. Im Rahmen von Partnerschaften zu evangelischen Pfarrern in der DDR hatte Walters Klasse schon lange Kontakt zu einer Pfarrersfamilie in Sachsen. Dieser beschränkte sich bis dahin auf Briefkontakte zum Pfarrer und einigen Jugendlichen und auf Weihnachtspakete. 1960 wurde der Pfarrersfamilie erlaubt, zwei Vertreter aus Walters Klasse zu sich einzuladen. Neben dem Klassensprecher durfte Walter an dieser Reise teilnehmen.

In vollkommen überfüllten Zügen machten sie sich auf den Weg Richtung Sachsen. Etwas mulmig war ihnen dabei schon: Zu viel Beängstigendes hatten sie über die DDR gehört und dass dort »unsere Brüder und Schwestern« unterdrückt und in materieller Not lebten, dass es strenge Kontrollen gäbe und dass man sich nicht frei bewegen und nichts Kritisches sagen dürfe und dass alles sehr rückständig sei ...

Was sie erlebten, war eine Mischung aus Erwartetem und vollkommen Überraschendem. Vieles war tatsächlich rückständig, teils auch verschmutzt (Ruß und Gestank) und oft sehr umständlich – aber ihre Aufnahme, die Begegnungen mit Gleichaltrigen und Erwachsenen überaus freundlich und überwältigend herzlich. Die Eindrücke wirkten lange nach, und Walter beobachtete nach dieser Reise die Entwicklung der Beziehungen zwischen der Bundesrepublik und der DDR sehr aufmerksam. Die zuvor schon begonnene Brieffreundschaft mit der Schülerin aus der DDR wurde noch intensiver und hielt noch mehrere Jahrzehnte an. Nach dem Mauerfall von 1989 waren schließlich sogar Gegenbesuche möglich.

Als Karl und Walter sechzehn waren, konnten sie sich beide ihren Traum vom eigenen Moped erfüllen. Auf Walters Hof hatten sie schon lange mit der alten Quickly seines Vaters geübt, aber jetzt kauften sie sich vom Ersparten und von einem Zuschuss der

Eltern jeweils eine gebrauchte Kreidler. Von nun an konnten sie einfach so in der Gegend rumfahren, den Mädchen imponieren, wenn sie vor der Eisdiele vorfuhren und auch entferntere Ausflugsziele ansteuern. Sie fühlten sich jetzt frei und unabhängig von den Eltern.

Walter brachte das zehnte Schuljahr zwei besondere Erlebnisse: Zunächst reiste er mit seiner Klasse für zwei Wochen ins Schullandheim nach Südtirol. Sowohl die ausgiebigen Wanderungen in ungewohnten Landschaften als auch der Besuch von Bozen mit seiner völlig anderen, fast schon südländischen Atmosphäre, beeindruckten ihn sehr.

Das zweite, vielleicht noch aufregendere Ereignis, war die Tanzstunde: Erstmals gab es eine gemeinsame Veranstaltung mit den gleichaltrigen Mädchen aus dem Nachbargymnasium. Für ihn, der bisher nur wenig Kontakt zum anderen Geschlecht hatte, stellte die Tanzstunde eine echte Herausforderung dar. Doch er legte seine Scheu schnell ab und fand Spaß am Tanzen und am Umgang mit den Mädchen. Den Höhepunkt bildete dann der Abschlussball: Eine Tanzpartnerin zu finden, sich festlich zu kleiden, sich vor Eltern und Lehrern im Tanz zu präsentieren, bestimmte Rituale einzuhalten – all das war nicht leicht. Erstmals saß er mit gleichaltrigen in einem großen Saal am festlich gedeckten Tisch und bestellte eine Flasche(!) Wein! Und natürlich durfte er seine Tanzpartnerin spät abends nach Hause begleiten ... Das alles war sehr aufregend, machte ihn auch ein wenig stolz.

Mit diesem Ereignis veränderte sich nach und nach seine Freizeitgestaltung. Der Samstagabend, der früher oft dem Treffen mit den Fußballkameraden vorbehalten war, wurde nun öfters in Tanzcafés verbracht und erste Freund- und Liebschaften entstanden. Und natürlich gehörte der Kinobesuch immer öfter zum Freizeitprogramm.

Die bisherige Vorliebe für Volks- und Schlagermusik wurde ihm zunehmend fremder. Er hörte zu Hause jetzt gerne AFN (American Forces Network – der Sender der amerikanischen GIs) und damit »amerikanische Musik.«. Mit dem eigenen Kofferradio konnte er seinen Musikgeschmack jetzt auch nach außen tragen und damit allen zeigen, wo er stand. Zu Hause gab es da gelegentlich Konflikte, weil der Schallplattenspieler, mit dem er seine eigenen Platten abspielen konnte, im Musikschrank der Eltern eingebaut war.

Als Karl und Walter langsam ins Erwachsenenalter kamen, änderte sich ihr Freizeitverhalten erneut. Sie verbrachten ihre Freizeit vorwiegend mit Gleichaltrigen und besuchten häufiger Gaststätten. Durch Musikautomaten, Flipper und Spielautomaten waren einige davon für Heranwachsende attraktiv und zu beliebten Treff- und Aufenthaltspunkten geworden. Cola, Fanta, Sinalco und ähnliche Limonadengetränke waren beliebt, daneben Bier, Radler und Schorle – bei Partys und in Tanzbars wurden Cocktails, Whiskey, Gin, Mixgetränke und Bowlen getrunken. Mit den Promillegrenzen nahm man es, so wie auch die Erwachsenen, nicht so genau.

Gelegentlich fanden sie auch Spaß an Minigolf, Federball oder Tischtennis. Und seitdem sie beide ein (gebrauchtes) Auto hatten, gab es zwar viel herumzuschrauben, aber wenn die Fahrzeuge funktionierten, genossen sie es, einfach durch die Gegend zu »cruisen« oder in andere Orte zu fahren. Ein Zelturlaub am Bodensee war jetzt ebenso möglich wie ein Italienurlaub mit ihren Freundinnen.

Kultur, Freizeit, Medien, Kommunikation

Kultur

Kulturelle Angebote machten bei den Babyboomern den Alltag immer bunter. Konzerte von örtlichen Vereinen, Kunstausstellungen oder Buchlesungen gab es manchmal sogar auf dem Land, wobei bezüglich des kulturellen Angebots insgesamt die Städter unbestritten im Vorteil waren.

Die Volkshochschule machte ein immer größeres Angebot und brachte berufsbezogene und kulturelle Veranstaltungen in die Städte und aufs Land.

Jazz- oder Rockkonzerte waren die absoluten Highlights, waren aber nur in größeren Städten zu erleben. Über Radio, Schallplatten und Musikkassetten fand ihre Musik weite Verbreitung, und die Eltern und Großeltern konnten nur den Kopf schütteln, in welcher Lautstärke diese »verrückte« Musik gehört wurde.

Freizeit

Als kleine Kinder durften Resi und ihre Freunde noch viel auf der Straße spielen. Mit Murmeln, Seilhüpfen, Gummi-Twist und Rollschuhen gab es immer was zu lachen. Die Eltern waren immer beschäftigt, und so blieben die Kinder unter sich und verbrachten zu jeder Jahreszeit ganze Nachmittage draußen.

In den 50er Jahren wurde die Sehnsucht nach Urlaub immer größer. Erst der Schwarzwald, danach das schwäbische Meer, dann in die Berge nach Österreich, und schließlich wuchs die Lust nach dem fernen Italien. Für immer mehr Menschen wurde es zum ersten echten Urlaubserlebnis. Resi erinnert sich an lange Staus an den Grenzübergängen, bei denen die Eltern versuchten, den Kindern mit Spielen die Zeit zu vertreiben und sie bei Laune zu halten. Dabei war der Kassettenrekorder im Auto hilfreich. Jedoch produzierte der gelegentlich »Bandsalat«, das heißt, das Band verwickelte sich und das Hörerlebnis war vorerst beendet. Sie lernten aber schnell, ein solches Problem zu beheben: Mit Hilfe eines Bleistifts konnten die Spulen zurückgedreht und das Musikvergnügen fortgesetzt werden. Am Urlaubsort begnügte man sich mit einem Zelt oder einem einfachen Fremdenzimmer. Wichtiger als eine komfortable Unterbringung waren das Meer, die Sonne, die Pizza, die Pasta, das Eis und der italienische Wein. Wie nachhaltig der Urlaub wirkte, zeigte sich daran, dass er den Speiseplan zu Hause erweiterte: Zumindest Spaghetti, Rigatoni und Makkaroni fanden danach ihren Platz auf dem wöchentlichen Speisezettel.

Sowohl für Resi selbst, wie für ihre Freundinnen und Freunde spielten Hobbys in der Freizeit eine wichtige Rolle. Die einen lernten im Musikverein ein Instrument zu spielen, andere spielten Fußball im örtlichen Sportverein, und manche trafen sich einfach mit ihren Fahrrädern, um durch die Gegend zu fahren. Resis Brieffreundin Erika aus Köln schrieb ihr, sie selbst gehe jetzt zum Karate, und ihre kleine Schwester dürfe die Ballettschule besuchen. Und sie erzählte ihr, dass es bei ihnen schon einen Jugendclub gäbe, dort ginge sie mehrmals die Woche hin.

Bei einem Schüleraustausch, der sie in die Partnerstadt nach England führte, lernte Resi eine für sie ganz neue Welt kennen. Sie war beeindruckt von dem fremden Land und konnte ihre Sprachkenntnisse vertiefen. Ein bisschen hatte sie Heimweh, doch die vielen Ausflüge, neuen Bekanntschaften und schönen Erlebnisse ließen das Heimweh meist schnell wieder verfliegen.

Medien

Am 25. 12. 1952 startete der Nordwestdeutsche Rundfunk offiziell das deutsche Fernsehen. Schon am nächsten Tag wurde das erste Fußballspiel live übertragen. Die Melodie der ältesten deutschen TV-Nachrichtensendung blieb bis heute gleich, sie wurde lediglich etwas anders arrangiert. Zur Tagesschau versammelten sich alle im Wohnzimmer vor dem Fernsehgerät.

Großer Beliebtheit erfreuten sich Unterhaltungsshows. Oft traf sich die ganze Familie am Samstagabend vor dem Fernseher. Bei Quizshows wurde eifrig mitgeraten, und am nächsten Tag wurde in der Schule und im Betrieb über die Sendung gesprochen. Da es nur zwei Sender gab (ARD und ab 1963 ZDF), hatte man meist das gleiche gesehen!

Peter Frankenfeld, Wim Thoelke, Hans-Joachim Kulenkampff waren in den Wohnzimmern zu Hause. »Musik ist Trumpf«, »Der große Preis«, »Klimbim«, »Einer wird gewinnen«, »Wünsch dir was« und »Dalli Dalli« (»Das war spitze«) gehörten zu den Lieblingssendungen.

Filme wie »Sissi« sorgten für nasse Taschentücher und volle Kinokassen. Bernhard Grzimek erklärte mit der Sendung »Ein Platz für Tiere« die Gefährdung der Wildtiere.

Erst recht bei Kindern und Jugendlichen gab es so etwas wie eine Sendungshitliste: »Bonanza«, »Flipper«, »Jeanie – der Flaschengeist«, »Lassie«, »Daktari« und »Tarzan« standen da weit oben und waren am nächsten Tag Gesprächsthema in der Schule.

Mit Erfolg wurden für die Kleineren Sendungen mit Lerncharakter ausgestrahlt: Die »Sendung mit der Maus«, »Löwenzahn« und die »Sesamstraße« wurden die bekanntesten davon. Zu den anspruchsvolleren Kindersendungen gehörte »Biene Maja«, die »Augsburger Puppenkiste«, »Jim Knopf«, das »Sandmännchen«, »Pippi Langstrumpf«, »Pinocchio«, »Fünf Freunde«, »Michel aus Lönneberga«, »Flipper« und »Meister Eder und sein Pumuckl«.

Der Stellenwert von Werbung im Fernsehen nahm zu, und manche Werbespots erreichten große Aufmerksamkeit, manche prägten sich stark ein: Das »HB-Männchen« kennen die Älteren noch heute, ebenso »Clementine« (Waschmittel Ariel) und den

»Weißen Riesen« (Waschmittel). Weit verbreite Werbespots dieser Zeit kamen von »Kaffee Haag«, »Bärenmarke«, »Kaba«, »Aurora«, »Haribo«, »Bluna«, »Sinalco«, »Rotbäckchen« und »Nivea«.

Die Musikrichtungen waren vielfältig. Bis heute unvergessene Stars mit ihren großartigsten Hits waren »Stairway to Heaven« von Led Zeppelin (1971), »Imagine« von John Lennon (1971), »Money« von Pink Floyd (1973), »Autobahn« von Kraftwerk (1974), »Dancing Queen« von ABBA (1976), »We are the Champions« von Queen (1977) und »Highway to hell« von AC/DC (1979).

Wie Resi sich zurückerinnert, waren weder Eltern noch Großeltern von der modernen Musik begeistert. Ihre Musik wurde als Lärm empfunden und als »Katzenmusik« bezeichnet. Diesbezügliche Reibereien waren deswegen unvermeidlich.

Tageszeitungen, vor allem regionale, gehörten in den 1960er Jahren zu den meisten Haushalten. Über Politik, Wirtschaft und Sport hinaus, konnte man sich durch sie über die regionalen Ereignisse, Familiennachrichten, Veranstaltungen und öffentliche Bekanntmachungen informieren. Ergänzt wurde sie oft durch verschiedene Zeitschriften wie »Stern«, »Quick« oder »Spiegel«. Das Zeitschriftenangebot konnte auch über »Lesezirkel« leihweise abonniert werden.

Am 26. August 1956 startet eine kleine Revolution in Deutschland: Für 50 Pfennig kommt die erste »Bravo« mit einer Auflage von 30000 Exemplaren auf den Zeitschriften-Markt. Damals trug sie noch den Untertitel Zeitschrift für Film und Fernsehen. Mit Aufklärungsseiten, Ganzkörperpostern und Foto-Lovestorys hat dieses Magazin ganze Generationen geprägt. Jede Woche fieberten die Jugendlichen einer neuen Ausgabe entgegen. »Bravo« war total genial. Es gab immer ein, zwei Leute in der Klasse, die sich das Heft gekauft haben, und das wurde rumgereicht. Weil sich das nicht jeder kaufen konnte, erinnern sich zwei Hamburgerinnen. »Bravo« war also oft ein Gemeinschaftserlebnis: über die Foto-Lovestorys kichern, mit der Freundin über das erste Mal zu reden und endlich genau erfahren, was dieses ominöse Petting eigentlich ist. Damit man in der Schule mitreden konnte. (Eigene Zusammenfassung der Quelle: https://www.ndr.de/geschichte/Die-Bravo-praegt-Generationen-von-Teenagern-,bravo152.html)

Kommunikation

In Resis Kindheit war das Telefon eine besondere Neuheit. Zwar war es schon lange zuvor erfunden worden, jedoch dauerte es noch einige Zeit, bis es sich weit verbreiten konnte. Nach und nach kam es in fast alle Haushalte.

Solange man selbst keinen Anschluss hatte, benutzte man öffentliche Einrichtungen (öffentliche Telefonzellen oder die Poststelle) oder man fragte bei Nachbarn oder im Gasthaus, ob man telefonieren könne. Das meist graue Telefon war mit einem Kabel mit dem Netz verbunden und deswegen nur sehr begrenzt zu bewegen. Gewählt wurde über eine kreisförmige Wählscheibe mit zehn Ziffernlöchern. Man steckte den Finger nacheinander in die den Wählziffern entsprechenden Löcher und drehte dies Wählscheibe im Uhrzeigersinn bis zum Anschlag. Das konnte schon ein bisschen dauern. Dabei wurde die Nummer nicht per Ton übertragen, sondern per Impulsverfahren. Das funktionierte tatsächlich, es war doch eine Qual, wenn man es eilig hatte oder eine lange Nummer wählen musste. Eine Wahlwiederholung gab es nicht, es musste immer wieder aufs Neue gewählt werden. Damals wurden die Telefone nicht gekauft, sondern von der Post gemietet. Wer grüne oder orangefarbene Geräte wollte, musste draufzahlen. Die Abrechnung erfolgte nach dem Minutentakt, und Ferngespräche waren sehr teuer. Vor und während des Telefonats wurde man auf die hohen Kosten hingewiesen. Die Ermahnung, sich kurz zu fassen, wurde deswegen gern befolgt.

Ansonsten blieb noch der Brief. Er war im Grunde das meistgebrauchte Mittel, um anderen Menschen wichtige Mitteilungen zu übermitteln oder sich mit ihnen auszutauschen. Die Liebesbriefe, die Resi in jungen Jahren von ihrem Schatz bekommen hatte, hat sie bis heute aufbewahrt. In Resis Schulzeit gab es Brieffreundschaften mit Schülern aus anderen Bundesländern oder sogar aus anderen Staaten.

Die Postkarte war das üblichste Mittel, um Freunde und Verwandte zu informieren, wo man sich gerade befand. Von jedem größeren – oder kleineren – Ausflug oder aus dem Urlaub wurden bunte Ansichtskarten verschickt.

Im Krankenhaus sah Resi zum ersten Mal in ihrem Leben ein Faxgerät. Sie war erstaunt, dass man schriftliche Nachrichten auf elektronischem Weg so schnell vom Arzt an die Apotheke oder an einen anderen Arzt verschicken konnte.

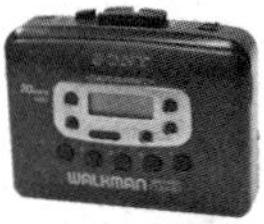

Kultur, Freizeit, Medien, Kommunikation

Stefan wuchs noch mit der Tageszeitung auf, die es im Elternhaus gab. Das Zeitunglesen gehörte zum Frühstück wie das Müsli und die Brötchen. Als Student konnte er nicht mehr die Zeitung der Eltern lesen, und weil das Geld während des Studiums immer knapp war bzw. für andere Dinge gebraucht wurde, gab es auf einmal keine Zeitung mehr. Langsam wurden die ersten Onlineausgaben von Zeitungen angeboten. Diese entsprachen zwar nicht immer ganz der Druckausgabe, waren aber für seine Zwecke ausreichend und – zumindest zu Beginn – kostenlos.

In den 90er Jahren erlebte das Kino seine Blütezeit. Aufgrund des im Großen und Ganzen immer noch anhaltenden Wirtschaftsaufschwungs wurde der Kinobesuch für sehr viele ein bezahlbares und daher regelmäßig wiederkehrendes Erlebnis. Die allmählich aufkommenden »Heimkinoanlagen« konnten ihm noch keine echte Konkurrenz bieten, dafür waren Bild- und Tonqualität noch zu schlecht. Im Kino war die »Star-Wars-Trilogie« ein Publikumsmagnet, allgemein hielten die Special Effekts Einzug in die Kinowelt. Die Technik für 3D-Kino steckte noch in den Kinderschuhen und war teuer. Vereinzelt gab es in Großstädten schon die Möglichkeit, sich in speziellen 3D-Kinos kurze Filme anzuschauen.

Im Fernsehen dominierten am Wochenende die großen Samstagabend-Shows. Sendungen wie »Wetten, dass ...« waren richtige Publikumsmagnete und fesselten ganze Familien vor dem Fernseher. Neben den Wetten wurden dem Zuschauer dabei als Gäste nationale und internationale Prominenz aus Musik, Film und Sport geboten. So traten dort aktuelle Bond-Darsteller wie Pierce Brosnan oder Musikstars wie Michael Jackson auf. Und Thomas Gottschalk war längst selbst zum Fernsehstar aufgestiegen.

Neben den öffentlich-rechtlichen Fernsehersendern wuchs die Generation X bereits mit dem Privatfernsehen auf. Die Zahl der Sender nahm ständig zu und die Palette an Sendeformaten ebenfalls. Diese waren zielgruppenorientiert und von der dazu passenden Produktwerbungen umrahmt. Das Angebot an Kinofilmen im Fernsehen wurde aktueller und wuchs – allerdings mit dem Preis häufiger und ebenfalls an den Zielgruppen orientierter Werbeunterbrechungen.

Diese immer feiner werdende Segmentierung, was gleichzeitig eine Fragmentierung von Gruppen bedeutete, war ein Prozess, der sich immer weiterverbreitete. In Stefans Jugend war sie – im Vergleich zu heute – noch recht überschaubar: Es gab zwei reine Musiksender, zwei reine Nachrichten- und Dokumentationssender und insgesamt zwei bis drei Hände voll an Sendern, die hauptsächlich der allgemeinen Unterhaltung dienten.

Als Stefan ein junger Erwachsener war, erhielt das Format Late Night Talk Einzug in die Fernsehwelt. Um auf dem Campus während des Studiums nicht als völliger Außenseiter zu gelten, musste Stefan stets darüber informiert sein, was Harald Schmidt am vorigen Abend zum Besten gegeben hatte. Später kam Stefan Raab mit seiner Sendung »TV-Total« (später »Schlag den Raab«) hinzu. Er erreichte ein millionenfaches, vorwiegend junges Publikum und gewann damit erheblichen Einfluss auf diese Gruppe.

Auf der technischen Seite durfte Stefan die Entwicklung von VHS-Videorekordern miterleben. Es gab bereits die Möglichkeit, Sendungen mit einer Zeitprogrammierung aufzunehmen, ohne überhaupt den Fernseher einschalten zu müssen. Später kam die DVD hinzu und löste den VHS-Videorekorder als Standard ab. In den 90er Jahren spielte der Videotext eine größere Rolle. Dieses Informationsangebot wurde von vielen genutzt, um sich aktuelle Nachrichten und Sendeinformationen zu besorgen.

Als Stefan etwa Mitte 20 war, hielt ein damals ganz neues Zugangssystem für TV-Sendungen in die deutsche Medienlandschaft Einzug. Aus den USA und England schwappte das Pay-TV auf den deutschen Markt über. Beim Sender »Premiere« konnten – gegen Gebühr – Sportveranstaltungen ohne Werbung empfangen werden, so zum Beispiel Liveübertragung der Fußball-Bundesliga. Ebenso konnten aktuelle Kinofilme schon kurz nach ihrer Kinopremiere im Fernsehen angeschaut werden. Diese Neuerung hat dem Kino sicher Besucher weggenommen und das Kinosterben beschleunigt. Das Heimkino wurde aber auch deswegen beliebter, weil die Bildschirme immer größer, die Bildqualität immer besser und mit neuen Soundanlagen auch das Hörerlebnis dem Kino immer näherkam.

Mit Hilfe neuer Tonträgerentwicklungen konnte sich die Musikbranche gut entwickeln. Für Stefan und seine gleichaltrigen Freunde waren anfangs noch Plattenläden ein Treffpunkt. Diese wurden zunehmend durch CD-Shops abgelöst. Für viele war es üblich, sich pro Jahr mehrere Alben oder Singles, die später Maxi-CD genannt wurden, zu kaufen.

Das kulturelle Angebot wurde insgesamt immer breiter. Konzerte gab es in allen denkbaren Musikrichtungen, Stars wie Michael Jackson oder Madonna füllten riesige Hallen. Für immer mehr Nischen im musikalischen Bereich gab es Angebote, neue Musikrichtungen wie R&B, Hip-Hop, Techno und House entstanden. In den 80er und 90er Jahren schwappte das Musical über den Atlantik nach Deutschland und wurde im Lauf der Jahre zum Publikumsmagneten. Um die Jahrtausendwende strebten über eine Million Menschen im Jahr in Musicals.

Freizeit

Die Freizeit war durch ein organisiertes Vereinsleben geprägt, Hobbys wurden immer mehr in Gemeinschaften ausgeübt. Es gab für unterschiedlichste Sportarten Untergruppen in Sportvereinen, teilweise wurden an kleinen Orten mehrere Sportvereine ins Leben gerufen. An erster Stelle stand hier in Deutschland natürlich der Fußball. Als Stefan im Kindesalter war, hatte er bereits Fußball gespielt. Während seiner Zeit bei den Aktiven wechselte er einmal den Verein, um etwas höherklassiger spielen zu können. Inzwischen ist er in der »AH« (»Alte Herren« – Spitzname für die Mannschaften der ehemaligen aktiven Spieler) angekommen und wieder in seinem ursprünglichen Heimatverein eingetragen. Dort hat er einmal in der Woche Training und meistens alle zwei Wochen ein Spiel. Zusammengehörigkeit ist Stefan und seinen Mannschaftskameraden wichtig. Vereinswechsel waren zu seiner Zeit eher selten und meistens waren es die besonders talentierten Spieler, zu denen auch Stefan gehörte, die solche Wechsel vollzogen.

Tennis war zu dieser Zeit wenig verbreitet. Vereine gab es vorwiegend in den Städten, und die Mitglieder gehörten eher zu den vermögenderen Kreisen. Abgesehen vom Standesdünkel mancher

Spieler lag dies daran, dass die Einrichtung und Pflege von Tennisanlagen, im Gegensatz zum Fußball, von den Vereinsmitgliedern getragen werden mussten. Entsprechend hoch waren die Mitgliedsbeiträge, und es kam hinzu, dass die Tennisausrüstung und die notwendigen Trainerstunden sehr teuer waren. Noch ausgeprägter war eine ähnliche Entwicklung etwas später im Golfsport zu beobachten.

Durch die technische Entwicklung verbrachten Jugendliche und junge Erwachsene immer mehr Freizeit an Computern und an den ersten Spielekonsolen. Der Computer wurde nicht mehr nur als »Büroassistent« genutzt, immer mehr Spiele hielten Einzug. Anfangs waren diese einfach gestrickt, das Datenvolumen war häufig auf eine oder ein paar wenige 3,5 Zoll Disketten beschränkt, die einen Speicher von 1,4 MB hatten.

Kommunikation

In Stefans Kindheit war Telefonieren eine relativ teure Angelegenheit, jedoch neben dem persönlichen Gespräch das Kommunikationsmittel Nummer eins. Ortsgespräche kosteten 1990 noch 2,9 Pfennig pro Minute, Ferngespräche ab 100 km Entfernung zur Hauptzeit sogar 92 Pfennig pro Minute. Den Satz: »Fass Dich kurz, das ist kein Ortsgespräch!« kennt Stefan aus seiner Kindheit noch all zu gut. Als Stefan ein junger Erwachsener war, gab es die ersten Flatrate-Tarife zum Telefonieren. Stefan empfand dies als echte Befreiung, endlich konnte er mit Freunden telefonieren, solange er wollte und unabhängig davon, wie weit entfernt die angerufene Person war.

Schon als Stefan zur Schule ging, kamen die ersten »richtigen« Mobiltelefone auf. Diese waren, im Gegensatz zu heute, sehr groß und unhandlich. Anschaffung und das Telefonieren selbst waren unglaublich teuer. Deshalb blieben die ersten Mobiltelefone Wirtschaftsbossen, Politikern und einer kleinen Elite von Gutverdienern vorbehalten. Stefan fand die Technik trotzdem unglaublich spannend. Obwohl es für ihn völlig unerreichbar schien, irgendwann mal so viel Geld zu haben, um sich ein Mobiltelefon leisten zu können, träumte er doch davon. Und er sollte recht behalten. Als er im Studium war, wurden die Geräte kleiner, handlicher und gleichzeitig erschwinglicher. Zwar war das Telefonieren immer noch deutlich teurer als über einen Festnetzanschluss, doch die

Tarife näherten sich allmählich an. Während Stefans Studium war das Nokia 5110 das Maß der Dinge unter den Studenten.

Die E-Mail wurde zu einem wichtigen und weitverbreiteten Kommunikationsmittel. Nachrichten konnten damit einfacher, schneller und zahlreicher verschickt werden, und das sogar noch erheblich kostengünstiger oder sogar kostenlos. In der Anfangszeit wurden die Mails als eine Art »Briefersatz« verstanden und blieben deswegen in Form und Aufbau diesen sehr ähnlich.

Mit der weiteren Verbreitung des Internets verlagerte sich ein großer Teil der Kommunikation dorthin. In den 90er Jahre entstanden Chat-Cafés. Dort konnten sich Leute aus der ganzen Welt »treffen«, um sich über die unterschiedlichsten Dinge auszutauschen. Es gab virtuelle Räume, die teilweise nach Themengebieten oder unterschiedlichen Regionen »geordnet« waren, um bewusst Gleichgesinnte zusammenzuführen. In der gleichen Zeit kamen die ersten Messenger-Dienste auf und die ersten Vorläufer der heutigen sozialen Medien entstanden. Vor allem die Kommunikation junger Menschen verlagerte sich zunehmend in diesen Bereich.

Kultur, Freizeit, Medien, Kommunikation

In Lisas Kindheit stieg die Zahl von Sendern weiter und ihre Programme wurden immer noch zielgruppenorientierter. Neben allerlei Spartensendern konnten zusätzlich viele ausländische Sender empfangen werden. Die VHS-Kassette kannte Lisa zwar, aber sie benutzte zum Abspielen und Speichern vorwiegend DVDs. Der Zugriff auf Filme lief in der Regel in folgender Reihenfolge ab: Neue Filme kamen zuerst ins Kino, anschließend erschienen sie auf DVD und/oder wurden im Pay-TV ausgestrahlt, erst dann waren sie im frei empfangbaren TV zu sehen.

Talkshows zur Mittagszeit und Daily-Soaps waren bei Lisa und ihren KlassenkameradInnen in jungen Jahren sehr beliebt. Ihre Themen wurden am folgenden Tag in der Schule zum Gesprächsstoff Nummer eins. Stars dieser Talkshows waren Andreas Türk oder Britt, bei den Serien kamen nach der »Lindenstraße« und dem »Marienhof« noch »GZSZ« und »Unter Uns« dazu. Das Angebot wurde stets größer, und es bildeten sich immer mehr Fangruppen für die jeweiligen Serien oder Shows.

Gemeinsame Familienabende vor dem Fernseher bei den großen Samstagabendshows – das kennt Lisa nur aus der Kindheit. Das Programm fand sie damals schon nicht besonders spannend. Aber es gab die aktuellen Stars aus Hollywood und aus der Musikszene zu sehen und vor allem – sie durfte viel länger aufbleiben als unter der Woche. Allein das war schon ein Grund mitzuschauen.

Neben dem stetig wachsenden Angebot im TV entwickelten sich im Internet neue Informations- und Unterhaltungsmöglichkeiten. Auf der einen Seite gab es Mediatheken, von denen die Sendungen rund um die Uhr und somit auch zeitversetzt abgerufen werden konnten. Auf der anderen Seite gewannen die Sozialen Netzwerke an Bedeutung. Es gab erste Stars mit großer Reichweite auf Formaten wie YouTube, kurze Videosequenzen wurden auf anderen Formaten immer beliebter. Dies setzte den Trend zur Fragmentierung und Diversifizierung fort. Es wurden Algorithmen entwickelt, mit deren Hilfe dem Zuschauer genau die Angebote nähergebracht werden können, die zu seinen Vorlieben am besten passen.

Etwas später, als Lisa etwa 20 Jahre alt war, kam Streaming als neue Form der Mediennutzung dazu: Musik und Filme können damit abgerufen werden, wann immer man das möchte. Anbieter wie Spotify, Netflix oder Amazon Prime sind inzwischen standardmäßig in den meisten Haushalten der Generationen X und Y vertreten. Serien werden in kurzer Zeit und an einem Stück konsumiert, es wird mit der nächsten Folge nicht mehr bis zum nächsten Tag gewartet. Dies macht die Halbwertszeit von Stars und Sternchen immer kürzer. Wer heute angesagt ist, muss das morgen bei weitem nicht mehr sein. Neue Berufsbilder, wie zum Beispiel das des Influencers, entwickeln sich.

Freizeit

Im Kindesalter probierte Lisa unterschiedlichste Dinge aus, vom Kunstturnen bis zur Jugendmusikschule war da alles Mögliche dabei. Die Beschränkung auf nur ein Hobby ist auch bei ihren Freundinnen nicht üblich. Selbst Hobbys, die früher als exotisch galten, wie z.B. Apnoe-Tauchen, Freeclimbing oder Fallschirmspringen, wurden immer mehr zur Normalität.

Im Vergleich zu Stefans Generation hat die Bedeutung von Freizeit deutlich zugenommen. Sie hat sich immer mehr zu digitalbezogenen Tätigkeiten verlagert: An die Stelle der klassischen Tageszeitung sind für Lisa andere Informationsquellen, wie Social-Media-Kanäle, getreten. Soweit sie sich über Videos außerhalb von Social-Media informiert, ist Video on Demand (Streaming) der Stand der Dinge.

Kommunikation

Seit der Erfindung des iPhones hat sich die Kommunikation insgesamt stark verändert. Was bis dahin in persönlichen Gesprächen oder am Telefon geschah, findet jetzt online statt. Die E-Mail gilt für die Generation Y als altmodisch und wird nur im beruflichen Kontext genutzt. Kurze »Textschnipsel«, Bilder und Sprachnachrichten werden in Echtzeit verschickt, Grammatik, Rechtschreibung und Förmlichkeiten haben an Bedeutung verloren. Die Kommunikation findet häufig nicht mehr nur über einen Kanal oder einen Anbieter statt, vielmehr wird auf mehreren Kanälen gleichzeitig kommuniziert. Vieles, was vor wenigen Jahren noch völlig private Angelegenheiten waren, wird inzwischen mit Selbstverständlichkeit öffentlich gepostet. Durch Plattformen wie Twitter oder Instagram werden Nachrichten mit Hashtags versehen und damit für alle Interessierten zugänglich.

Mit dem Trend, mehr zu schreiben und weniger zu sprechen, gingen viele nonverbale Kommunikationselemente verloren. Gestik, Mimik, Stimmlage usw. sind so nicht übermittelbar und entziehen sich damit der Interpretation. Die immer vielfältiger entwickelten und eingesetzten Emojis sind ein Versuch, diese Defizite auszugleichen.

Kultur, Freizeit, Medien, Kommunikation

Medienverbreitung und -nutzung haben seit der Nachkriegszeit von Generation zu Generation zugenommen. Die Generation Z wächst in einen schon recht hoch entwickelten Medienstandard hinein. Sie ist quasi »mit dem Handy geboren«. Der Papa begleitete die Schwangerschaft mit vielen Aufnahmen. Er machte selbstverständlich während und nach der Geburt die ersten Filmchen vom Nachwuchs, und diese werden in alle Welt verschickt.

Doch erleben gerade die Z-ler einen gewaltigen Mediensprung. Mit der zunehmenden Digitalisierung und der Verbreitung entsprechend ausgestatteten Geräten (Smartphone u.a.) eröffnen sich vor allem für junge Menschen immer neue Möglichkeiten. WhatsApp, Netflix, YouTube, Instagram und vieles andere sind für Lea deswegen ganz alltägliche Kommunikations- und Beteiligungsformen. Über das Alltägliche hinaus eröffnen sie ihr neue Möglichkeiten, internationale Kontakte zu pflegen. So zum Beispiel mit den zahlreichen Reisebekanntschaften, die sie während einer großen Asienreise gemacht hat. Dass diese Unterhaltungen vorwiegend in Englisch stattfinden, ist für sie selbstverständlich.

Information aus dem Internet zu holen und dort zu recherchieren, hat die Generation Z schon in der Grundschule gelernt. Die dazu erforderlichen Dateneingaben beherrschen sie gut, und die Ergebnisse erscheinen blitzschnell auf dem Bildschirm. Als Lea einen handgeschriebenen Lebenslauf ihrer Oma liest, muss sie lachen. Sie kennt nur »Online-Bewerbungen« und »Speed-Dating«. Letztere sind verständlicherweise genau an die junge Zielgruppe angepasst. Bewerbungsunterlagen können beispielsweise per WhatsApp gesendet werden, der Lebenslauf kann einfach aus sozialen Netzwerken wie Xing oder LinkedIn hochgeladen und übertragen werden.

Ansonsten geht sie wöchentlich zweimal zum Volleyballtraining und spielt am Wochenende bei den Mannschaftsspielen mit. Kinobesuche, gelegentliche Ausstellungs- und Museumsbesuche und sogar kürzere Städtereisen gehören zu ihrem Freizeitprogramm.

Das Fernsehen spielt für sie nur eine untergeordnete Rolle. Sie schaut zwar gelegentlich Nachrichten und einige Sportübertragungen an, ihr Musik- und Filmprogramm stellt sie sich selbst auf »ihren Kanälen« zusammen.

Gerne hat sie sich in der Vergangenheit mit ihren Freundinnen in Kneipen und Clubs getroffen, die Coronakrise hat dies in den vergangenen Jahren, wie Vieles andere, stark verändert oder unmöglich gemacht.

Die digitalen Medien (Chats, Videoschaltungen usw.) helfen ihr zwar, ihre Kontakte aufrechtzuerhalten, aber sie haben doch eine andere Qualität erhalten: Während sie früher eine Möglichkeit des Austauschs darstellten, sind sie zum Ersatz für direkte Begegnungen geworden. Unter diesem Defizit leidet sie.

Eines ist für Lea klar: »Wenn ich mal arbeite, werde ich gut auf meine Freizeit achten, ich will mich nicht für die Arbeit aufopfern, dazu sind mir mein Leben und meine Gesundheit zu schade.« Das weiß Lea schon heute genau. Auf ihrer Reise hat sie viele Menschen kennengelernt, die durch zu viel Arbeit und zu viel Stress krank geworden waren und monatelang mit Burnout-Symptomen zu kämpfen hatten und erst nach langem Kranksein auf die Idee kamen, mal eine Auszeit zu nehmen, um über das eigene Leben nachzudenken.

Was Lea gar nicht verstehen kann, ist das rücksichtslose Freizeitverhalten vieler Menschen. »Wie kann man nur in seiner Freizeit die Umwelt mit Kurzstreckenflügen und überflüssigem Konsum so sinnlos schädigen?«, fragt sich Lea oft, wenn ihr andere begeistert von solchen Trips erzählen.

Mode, Konsum, Essen und Trinken, Technik im Alltag, Mobilität

Kleidung/Mode

Die Kleidung der Menschen in der Kriegs- und Nachkriegszeit war weitgehend vom Mangel bestimmt: Wo die meisten Menschen ohnehin nur das Nötigste an Kleidung besaßen, schöpfte das NS-Regime durch das ab 1933 begonnene »Winterhilfswerk«, durch das jeder Volksgenosse moralisch in die Pflicht genommen wurde, Kleidung zu spenden, noch einen erheblichen Teil des Vorhandenen ab. Neue Kleidung zu kaufen, wurde zunehmend schwieriger, weil die Textilproduktion immer stärker militärischen Zwecken zu dienen hatte und Rohstoffe (z. B. Baumwolle) immer knapper wurden.

Für die Mehrheit blieb deswegen nur, mit dem Mangel zu leben: Was vorhanden war, wurde vielfältig genutzt. Das hieß, es wurde repariert und ausgebessert, teilweise sogar zu anderen Kleidungsstücken umgearbeitet: Socken wurden immer wieder gestopft, an Hemden Kragen und Manschetten erneuert, Hosenaufschläge umgenäht und Röcke neu gesäumt. Und natürlich wurde Vieles mehrfach getragen, zum Beispiel von nachfolgenden Geschwistern. Überhaupt wurden viele Kleidungsstücke selbst hergestellt – aus alten Stoffen, Stoffresten oder aufgezogener Wolle.

Trotzdem spielte Mode eine – zunehmende – Rolle. Nach entbehrungsreichen Jahren wuchs der Wunsch, das Leben zu genießen, und dazu gehörte das Bedürfnis, dem »alten Muff« zu entkommen und sich schick und modern zu kleiden. Zuerst dadurch, dass alte Stücke dem neuen Stil entsprechend umgeändert wurden. Mit Hilfe modischer Accessoires, wie zum Beispiel Hüten oder Mützen, konnte das Erscheinungsbild zusätzlich aufgefrischt werden.

Im Gegensatz zu früheren Zeiten, in denen Modetrends vorwiegend aus Großstädten wie Berlin und Paris kamen, wurde jetzt, mit der amerikanischen Besatzungsmacht, »The American Way of Life« in der Mode wirksam.

Zwar wurden die amerikanischen GIs zunächst nur als Kaugummi kauende, meist freundliche schwarze und weiße Soldaten in Uniform wahrgenommen. In der US-Zone selbst und in der medialen Darstellung zeigte sich aber zunehmend der zivile Amerikaner: Meist selbstbewusst-lässig im Auftreten und leger angezogen. Ihr Lebensstil, ihre Musik und ihre Kleidung beeindruckten vor allem die jungen Deutschen – sie wurden, obwohl das so manchem Älteren missfiel, zum Vorbild. Jeans, T-Shirts, der Petticoat, Rockabilly-Shoes und die »Elvis-Tolle« wurden nicht nur als schick, sondern vor allem als eine Befreiung von alten Zwängen und Konventionen empfunden. Mit ihrer Mode grenzten sich Jugendliche von »den Alten« und von der Vergangenheit ab. Sie wurde zu einem Ausdrucksmittel der Selbstdefinition. Mit dem neuen Aussehen verband sich ein verändertes Rollenverständnis: Viele Mädchen und junge Frauen trugen die Haare nicht mehr züchtig zu Zöpfen geflochten, und die Bluse blieb – soweit sie überhaupt noch getragen wurde – nicht mehr streng bis oben geschlossen. Weiblichkeit wurde mehr betont, mit offenen Haaren, mit weiten, kurzen Röcken oder engen Hosen. Und die Bademode – früher oben ebenfalls hochgeschlossen und unten mit »Beinchen« – wurde knapp und knapper und gipfelte im Bikini mit nur noch zwei Miniteilen.

Für die Jungs drückte sich Männlichkeit nicht mehr im Kurzhaarschnitt oder in streng gescheitelter Haartracht, im Anzug mit Krawatte oder in »gewichsten« Schuhen oder gar Stiefeln aus, sondern eher in der kurzen Lederjacke, in »echten« Jeans, in der Elvis-Tolle oder in der James-Dean-Welle.

Tanzveranstaltungen hatten nur noch wenig mit den traditionellen Bällen zu tun: Statt festlich gekleideter Damen und Herren, die sich nach strengen Regeln sehr kontrolliert zur Musik bewegten, sah man nun leger – für so manchen sogar provokant – gekleidete junge Leute, die sich wild und ohne erkennbare Regeln nach der »Negermusik« in »obszönen Bewegungen« verrenkten.

Viele betrachteten diese Entwicklung als Angriff auf »die deutsche Kultur« und setzten deswegen alles in Bewegung, um den Trend umzukehren.

Dieser Widerstand führte zwar zu so mancher heftigen häuslichen Auseinandersetzung, konnte den allgemeinen Trend jedoch nicht stoppen. Zu stark hatte die »Amerikanisierung« der Gesellschaft die Erwachsenenwelt ergriffen – in der Ernährung, in der Musik, im Kino und in der Mode.

Essen und Trinken

Was in einer Gesellschaft gegessen und getrunken wird, hängt von den naturräumlichen Gegebenheiten (Was wächst und gedeiht vor Ort?) und von ihrer kulturellen Entwicklung (religiöse und/oder kultische Ess- und Trinkgebote, Warenaustausch mit anderen Ländern/Kulturen) und den Ressourcen eines Landes ab.

Deutschland gehört spätestens seit dem 19. Jahrhundert zu den reicheren Ländern, das heißt, dass grundsätzlich Lebensmittel aus aller Welt bezogen werden können. Weil »Kolonialwaren« meist sehr teuer waren, dauerte es aber lange, bis sie in allen Gesellschaftsschichten ankamen.

Die Küche der einfachen Leute war deswegen bis in die Dreißigerjahre bescheiden, regional und oft vom Mangel bestimmt.

Im Grunde wurde das gegessen und getrunken, was selbst geerntet und konserviert wurde. Das heißt, dass Brot, Kartoffeln, Mehl, Gries, Kraut, Rüben, Bohnen und anderes Eingemachtes (Gurken, Tomaten, ...) die Grundlage der Ernährung bildete. Die Getränke beschränkten sich im Wesentlichen auf Milch, Obstsäfte und verschiedene Teesorten. Wasser wurde wegen seiner noch nicht so weit entwickelten Qualität eher weniger getrunken. Mineralwasser konnte sich viele nicht leisten.

Für die Männer gehörten Bier, Most oder Wein zu den Grundnahrungsmitteln.

Was Gewürze anbetrifft, war die Küche eher bescheiden: Salz, Pfeffer, Schnittlauch, Petersilie, Wachholder und eventuell Lorbeerblätter, viel mehr war nicht vorhanden.

Mit dem Kriegsende begannen vielfältige Veränderungen: Zunächst brachten die Millionen Heimatvertriebenen andere Essgewohnheiten mit. Da die Vertreibungsgebiete weit über Europa verstreut waren (Ostpreußen, Schlesien, Pommern, Kur Mark, Sudetenland, Rumänien, Ungarn, baltische Staaten), waren die Unterschiede in der Küche ausgeprägt. Je nach Verteilung der Flüchtlingsgruppen entwickelte sich ihr Einfluss deswegen regional sehr verschieden. Einige der neuen Speisen verbreiteten sich bundesweit: Aus Ostpreußen die Königsberger Klopse, der Borschtsch, der Faworki (Rader Kuchen) und die Pirogge (gefüllte Teigtaschen), aus Ungarn der Paprika und das Gulasch, aus dem Sudetenland Egerländer Kleckselkuchen, böhmische Hefeknödel, Vanillekipferl und Butterhörnchen.

Natürlich begegneten viele diesen Speisen – wie den Heimatvertriebenen insgesamt – zunächst misstrauisch, aber das legte sich mit der Zeit.

Parallel hierzu trugen die Besatzungsmächte zur Erweiterung des Speisezettels bei: So kamen mit den Amerikanern nicht nur die militärischen Proviantdosen, sondern zusätzlich viele andere, teils eher unbekannte Lebensmittel zu uns: Das Toastbrot, die Cornflakes, die Peanut Butter, die Ananasfrucht, Bacon, Hot Dogs, Mais, Ketchup, Hamburger, Pommes frites, Muffins, Donuts, Popcorn, die Hershey-Schokolade, Wrigleys Spear Mint, Cola, ebenso amerikanische Zigaretten, Whiskey, Gin, Dosenbier u.v.m. Viele dieser Produkte waren heiß begehrt und nicht immer leicht zu erlangen. Ihr Konsum bedeutete nicht einfach anderes Essen und Trinken, sondern insbesondere einen anderen Lebensstil. Vieles war ohne aufwändige Vorbereitung genießbar, man konnte es nebenher essen, der Trend zu Fast Food begann.

In einem dritten Entwicklungsschritt wurde die deutsche Küche mediterraner: Mit dem wirtschaftlichen Aufschwung entdeckten viele ihre Reiselust, über Bayern und Österreich wurde Schritt für Schritt der Mittelmeerraum »erobert«, zunächst

Oberitalien (Gardasee) und die Adriaküste, später Jugoslawien (vor allem Kroatien) und Spanien.

Mit der ab den frühen 60ern zunehmenden Zahl von »Gastarbeitern«, zuerst ebenfalls aus Italien, verstärkte sich dieser Einfluss. Die italienischen Eisdielen waren für viele der erste Schritt zu neuen Genusserlebnissen. Allmählich kamen die Pasta, die Oliven und das Olivenöl, die Pizza, Tomaten in unterschiedlichsten Zubereitungsarten, der Espresso, der Cinzano, der Grappa und natürlich der Chianti (und andere Weine) dazu. Mit dem (oft billigsten) Chianti bekam das Bier, zumindest beim Essen, einen neuen, etwas eleganter wirkenden Konkurrenten.

Aus der Balkanküche waren es Fleischspieße wie Cevapcici, Weißkrautsalat, Paprika in verschiedenster Schärfe und Zubereitung, Schafskäse, verschiedene Bohnensuppen und der Sliwowitz hinzu.

Viele dieser Lebensmittel eroberten Schritt für Schritt die heimische Küche, unterstützt durch die zunehmende Zahl vor allem italienischer und später serbokroatischer Gaststätten.

Alles zusammen markiert den Beginn der Internationalisierung von Ess- und Trinkgewohnheiten in Deutschland.

Technik im Alltag

Die technische Ausstattung eines Durchschnittshaushalts war bis Kriegsende und in der Zeit danach äußerst bescheiden.

Zwar hatten fast alle Häuser Stromanschluss, aber Strom wurde vorwiegend für die Beleuchtung und für den Volksempfänger gebraucht. Sonst spielten Elektrogeräte kaum eine Rolle. Gekocht wurde meist mit dem Holzherd in der Küche, in der Stadt auch mit Gas, nur selten schon mit einem elektrischen Herd.

Ebenso war die sanitäre Ausstattung eher dürftig. Längst nicht alle Toiletten waren an die Wasserversorgung angeschlossen und funktionierten deswegen als Plumpsklos mit Grube. Diese wurde ein- bis zweimal im Jahr von städtischen Latrinenwagen ausgepumpt und der Inhalt abgefahren.

Ein Badezimmer galt als Luxus, der Wasseranschluss blieb in der Regel auf die Küche beschränkt. Wo dies so war, diente der Küchenspülstein auch als Wasch- bzw. Rasierplatz. Ein Ganzkörperbad fand, wenn überhaupt, in einem Schuppen o. ä.mit einem großen Ofen, der auch für die Heißwasserbereitung beim

Wäschewaschen, beim Einwecken, bei der Saftherstellung oder für das Wurstmachen benutzt wurde, statt.

Geheizt wurde meist nur ein Raum, in der Regel die Wohnküche, gelegentlich zusätzlich das Wohnzimmer. Als Brennmaterial wurden Holz, Briketts und Koks verwendet. Ab Ende der 50er Jahre wurden Heizöl und Gas als Energieträger verwendet. Ölöfen funktionierten zunächst ähnlich wie konventionelle Zimmeröfen, mit dem Unterschied, dass ein Ölbrenner und ein Öltank eingebaut waren. Die Verwendung von Gas hing davon ab, ob ein Gasanschluss vorhanden war. Oft wurde – aus Sicherheitsgründen – das Öl bevorzugt. Für die Ölversorgung wurde ein freistehender Öltank befüllt, aus dem das Öl zunächst kannenweise in den Tank des Ofens eingefüllt wurde, was zumeist mit ziemlicher Geruchsbelästigung im ganzen Haus verbunden war. Um dies zu verhindern und das lästige Nachfüllen zu vermeiden, wurden im Lauf der Zeit viele Öfen mit einer direkt vom Tank kommenden Ölleitung versorgt. Beide Energieträger – Öl und Gas – waren bis zur ersten Ölkrise in den 70er Jahren – sehr preisgünstig.

Speisevorräte oder -reste wurden in einer »Speisekammer« oder im Keller aufbewahrt. Die Vorratshaltung an selbst hergestellten Speisen war vielfältig: Obst aus dem Garten wurde eingeweckt oder zu Saft und Marmelade verarbeitet. Eingelegt wurden kleine Gurken (Essiggurken) und Paprika. Eier konnten durch Einlegen in eine Lösung länger haltbar gemacht werden. Auf dem Land war die Vorratskammer mit Geräuchertem, Möhren aus Mieten, Mehl, Getreide usw. gefüllt.

Das Wäschewaschen fand oft außerhalb der Wohnung in einer Art Waschschuppen statt. In der Stadt, wo ein solcher nicht immer zur Verfügung stand, gab es »Waschhäuser«. Dort wurde die Wäsche gegen Bezahlung und mit eigener Mithilfe gewaschen und gemangelt.

Gebügelt wurde zum Teil noch mit auf dem Ofen aufgeheizten Bügeleisen, teilweise schon mit elektrischen Bügeleisen (Erfindung Bügeleisen Ende 19. Jahrhundert).

Die umfangreichen und körperlich oft schweren Hausarbeiten wurden fast ausschließlich von Frauen geleistet und nahmen viel Zeit in Anspruch. Mit der zunehmenden Berufstätigkeit von Frauen war diese Belastung kaum mehr zu schaffen. Vor allem dann, wenn sich die Männer daran kaum beteiligten.

Und gleichzeitig machte die Werbung den amerikanischen Lebensstil zum Vorbild: Mit Leichtigkeit und ohne sichtbare Anstrengung meisterten darin amerikanische Hausfrauen die Hausarbeiten und bereiteten ihren Ehemännern einen durch und durch »aufgeräumten« Empfang. Mitarbeitende Männer kamen darin nicht vor. Also konnte es nur an der einfacheren Küche (Fast Food), den wirksameren Reinigungsmitteln und der besseren technischen Ausstattung liegen.

Die Entwicklung hin zur schnelleren Küche war nicht so gern gesehen und dauerte deswegen etwas länger, die Wunder-Wasch- und Reinigungsmittel aber waren schnell auf dem Markt und in der technisch besseren Ausstattung konnte man ebenso rasch aufholen: Sowohl die wirtschaftliche Entwicklung (Wirtschaftswachstum und höhere Einkommen) wie der technische Fortschritt boten beste Voraussetzungen dafür. Die »Elektrifizierung von Haushalt und Küche« begann. Kühlschrank, Waschmaschine und Staubsauger sind typische Belege.

Alle drei Geräte waren als Erfindung schon Ende des 19. Jahrhunderts bekannt, aber sie waren hierzulande kaum verbreitet. Der Kühlschrank war in den USA seit den 20er Jahren Standard, in Deutschland beginnt seine Erfolgsgeschichte 30 Jahre später. Seine Verbreitung veränderte und erleichterte die Hauswirtschaft enorm: Längere Vorratshaltung war möglich, Speisen blieben frischer, man musste nicht mehr so oft einkaufen gehen, konnte auf Vorrat kochen und vielfältiger werden. Tiefkühltruhen fanden sich zunächst in gemeinschaftlich genutzten »Kühlhäusern«, erst später verbreiteten sie sich in privaen Haushalten.

Ebenso eroberte in dieser Zeit die Waschmaschine die Haushalte: Mitte der 60er Jahre lag der Verbreitungsgrad schon bei fast 50 Prozent. Zwar waren die frühen Modelle technisch simpel und in der Handhabung eher umständlich – so fand das Waschen und das Schleudern lange Zeit in zwei getrennten Geräten statt – aber sie brachten doch eine erhebliche Erleichterung zum Waschzuber mit Waschbrett.

Im Bereich der Wohnungsreinigung standen lange drei anstrengende Arbeiten im Vordergrund: Auskehren, nass wischen und bohnern. Mit dem elektrischen Staubsauger wurde zumindest das Auskehren einfacher. Seine Erfindung geht auf das Jahr 1900 zurück, der erste Staubsauger mit Stil kam 1950 auf den Markt, Ende der 50er Jahre wurden sie erschwinglich und verbreiten sich damit schneller. Die Firma Vorwerk (Kobold-Staubsauger) versuchte mit Erfolg, daraus ein Vielzweckgerät zu entwickeln, das über ein weit verzweigtes Netz von Vertretern im Hausverkauf vertrieben wurde. Neben dem Bodensaugen konnte es – mit entsprechender zusätzlicher Ausstattung – auch Teppiche und Polstermöbel reinigen und – mit einem Schlauch und einer Haube versehen – als »Föhnhaube« verwendet werden.

In das Feld der »Elektrifizierung der Haushalte« fallen außerdem der elektrische Rasierapparat, die elektrische Kaffeemühle, die Küchenmaschine und der Fix-Quirl.

Die Kommunikationstechnik machte in dieser Zeit ebenfalls große Fortschritte. Für Telefone gab es zwar 1936 schon 3,4 Millionen Sprechstellen, aber die durchgehende Verbreitung des Telefons ließ nach dem Krieg einige Zeit auf sich warten. Briefeschreiben war lange die verbreitetste Form des Informationsaustauschs – bei einer Zustelldauer von mindestens drei Tagen. Für geschäftliche Nachrichten innerhalb von großen Städten gab es ein oft gut entwickeltes Botensystem. Eilige private oder geschäftliche Informationen über größere Strecken wurden per Telegramm verschickt.

Dort, wo das Telefonieren möglich war, war es lange umständlich und teuer. Wer über die Ortsnetze hinaus telefonieren wollte, musste sich über das »Fräulein vom Amt« verbinden lassen. Die Ferngespräche waren teuer. Wer gar mit Verwandten über den Ozean nach Amerika telefonieren wollte, musste Geduld haben und tat gut daran, sich kurz zu fassen: Die drei Minuten, die man für etwa 30 Mark telefonieren konnte, waren schnell vorbei.

Die angeführten Beispiele technischer Veränderungen der Zeit bis 1965 stellen sicher nur einen Ausschnitt der tatsächlichen Entwicklung dar, belegen jedoch deutlich, wie dynamisch die Umbrüche waren. Und dabei markieren diese erst den Anfang einer umfassenden Technologisierung.

Mobilität

Die Mobilitätsentwicklung der Nachkriegszeit war von vielfältigen und teils widersprüchlichen Gegebenheiten geprägt. Im Rahmen der Kriegsvorbereitung hatte Hitler die Verkehrsinfrastruktur stark ausgebaut (Autobahnbau u. a.). In den letzten Kriegsjahren war davon allerdings ein großer Teil zerstört worden: Brücken, Bahnhöfe, Wasserwege, Straßen usw. Außerdem hatte die Kriegsführung, die sich ja über riesige Gebiete erstreckte, gewaltige Mobilitätsleistungen erforderlich gemacht: Truppen und Waffen mussten transportiert werden, die Versorgung der Soldaten sichergestellt und die militärische Mobilität (Militärfahrzeuge, Panzer, Flugzeuge, Kriegsschiffe usw.) entwickelt, produziert und an die jeweiligen Einsatzorte gebracht werden. In der Folge dieser Anstrengungen entstanden viele technische Verbesserungen (z. B. in der Antriebstechnik von Kraftfahrzeugen), zum Teil sogar ganz neue Technologien – wie zum Beispiel der Düsenantrieb für Raketen (V2) und Flugzeuge (Jagdflugzeug Me 262).

Obwohl viele Produktionsstätten solcher Fahr- und Flugzeuge zerstört oder nach dem Krieg demontiert wurden, kamen die vorhanden Kenntnisse und Erfahrungen der Mobilitätsentwicklung der Nachkriegszeit zugute. Zum Beispiel konnte der in dieser Zeit entwickelte und in großer Stückzahl produzierte Volkswagen (»Kübelwagen«), soweit noch vorhanden, zivil eingesetzt werden, und die Vorkriegsproduktion des »Käfers« bald wieder aufgenommen und zu großen Produktionszahlen geführt werden.

Die Nutzung vorhandener Fahrzeuge in der unmittelbaren Nachkriegszeit wurde dadurch erschwert, dass viele Fahrzeuge konfisziert oder defekt waren und vor allem dadurch, dass es an Sprit fehlte. Findige Köpfe entwickelten deswegen den »Holzvergaser«, der mit heimischem Holz betrieben werden konnte. Die wirtschaftliche Entwicklung der 50-er Jahre kam erst richtig in Gang, als (mit dem Marshallplan) die Spritversorgung besser wurde.

Im ländlichen Bereich wurde die Mobilität, soweit noch vorhanden, mit Pferdefuhrwerken am Leben gehalten. In der Stadt erledigte man vieles zu Fuß bzw. mit dem Fahrrad. Für den Berufsverkehr war – soweit Arbeits- und Wohnort an ein Bahnnetz angeschlossen waren – die Eisenbahn von großer Bedeutung. Ihre Nutzung war relativ preiswert, sie konnte viele Passagiere aufnehmen und sie war – in der Regel – zuverlässig. Solange die wenigsten Familien ein eigenes Auto besaßen, wurden auswärtige Familienbesuche oder kleinere Ausflüge mit der Bahn unternommen. Das war vor allem für Kinder ein Erlebnis: Die verwendeten

Dampflokomotiven waren beeindruckend und faszinierend und ebenso die noch häufig vorhandenen »Abteilwagen« mit Holzsitzbänken für sechs Personen und jeweils eigener Zugangstür. Und wenn sich der Zug fauchend in Bewegung setzte und die Fenster nicht geschlossen waren, konnte es schon passieren, dass die schönen weißen Sonntagshemden ein unerwünschtes Muster aus schwarzen Rußflocken bekamen.

Das Zugfahren war insgesamt streng reguliert: Die Bahnsteige durfte nur betreten, wer eine gültige Fahrkarte hatte. Um jemand zum Zug zu begleiten und zu verabschieden, musste eine »Bahnsteigkarte« gelöst werden. Die Fahrkarten wurden regelmäßig kontrolliert und gelocht, für die Rückfahrt bekamen sie ein zweites Loch.

Im Berufsverkehr waren die Züge oft so voll, dass die Podeste zwischen den Wagen überfüllt waren und viele sich von außen auf die Trittbretter vor den Türen stellten und außen hängend mitfuhren. Dabei und durch spätes Aufspringen, während der Zug schon anfuhr, passierten viele Unfälle.

Das Fahrrad gehörte – zumindest in der Stadt – zur Grundausstattung vieler Haushalte. Oft aus Kriegs- oder Vorkriegszeiten stammend, hatten die Räder keine Gangschaltung, waren groß und recht schwer, aber durchaus stabil und langlebig. Sie hatten eine Rücktrittbremse hinten und eine Reifenbremse vorn. Bekannte Marken waren unter anderem NSU, Victoria und Hercules. Es spielte im Alltag für kleinere oder größeren Entfernungen eine große Rolle: Um zur Arbeit zu fahren, zum Einkaufen, zum Besuche machen sowie als Sport- und Freizeitgerät.

Ab den frühen 50ern entwickelt es sich weiter zum Fahrrad mit Hilfsmotor: Ein kleiner Benzinmotor unterstützt dabei den Antrieb – ähnlich wie heute beim E-Bike. Recht bald wurden diese allerdings durch vollständig motorgetriebene Zweiräder mit beschränktem Hubraum und reduzierter Geschwindigkeit ersetzt – dem Moped. Im privaten Bereich stellte es einen ersten sprunghaften Fortschritt in der Mobilisierung dar: Es ermöglichte größere Reichweiten, konnte größere Lasten und – zum Teil – auch zwei Personen befördern und war doch in Anschaffung und Unterhalt für viele erschwinglich. Die Marken waren Rex (1951), Simpson, Puch, NSU (»Quickly«), Kreidler, DKW und andere. Obwohl das Moped eher ein biederes Image hatte, wurden bestimmte Marken – z. B. Kreidler – durchaus jugendtauglich. In Verbindung mit dem entsprechenden Styling (Kleidung, Sonnenbrille statt Helm, Elvis-Frisur) machten junge Männer damit großen Eindruck auf Mädchen – das Moped wurde zum »Imponier-Instrument«.

Den echten Zweiradfreund konnte ein Moped natürlich nicht begeistern – aus praktischen Gründen und aus sportlichen. Die neu bzw. weiterentwickelten Motorräder von NSU, Adler, DKW, Dürkopp, Hercules, Horex, Maico, Rixe, Victoria, BMW und Zündapp bedienten sehr unterschiedliche Käufererwartungen: Vom leistungsschwachen aber praktischen Alltagsfahrzeug bis hin zum sehr leistungsstarken Sportgerät und – in einer Kombination von starker Motorisierung und Seitenwagen – sogar als »Familienfahrzeug«. Während Mopeds das Fortbewegungsmittel für jedermann waren, blieb das Motorradfahren lange eine Männerdomäne – Frauen fanden sich allenfalls als »Sozia« auf dem Rücksitz.

Ganz anders bei der dritten Zweiradvariante, dem ebenfalls aufkommenden Motorroller: Er bildete die etwas feinere, eher städtische und für Frauen geeignete Form des Zweiradfahrens. Die verkleideten Zweiradfahrzeuge mit freiem Einstieg waren zwar schon in den Zwanzigerjahren entwickelt worden, fanden bei uns aber erst etwa dreißig Jahre später größere Verbreitung: Zum Sinnbild dieser Fortbewegung und Selbstdarstellung bleibt vor allem der schick gekleidete und sonnenbebrillte italienische Mann mit seiner Vespa und der im Schrägsitz mitfahrenden, ebenso schick angezogenen und geschminkten Signorina in Erinnerung.

Schutzhelme wurden in allen Fällen wenig oder gar nicht getragen. Auf dem Kopf befand sich allenfalls eine schicke oder eine Ledermütze – das entsprach sowohl dem damaligen Zeitgeschmack als auch den gesetzlichen Vorgaben: Die Helmpflicht wurde erst 1976 eingeführt.

Stärker als das Bedürfnis nach mehr Sicherheit war für viele der Wunsch, sich besser vor Regen und Nässe schützen zu können. Bessere Kleidung und große Schutzscheiben waren Verbesserungen, jedoch keine dauerhaften Lösungen.

Der Schritt zum »überdachten Roller« war deswegen fast zwangsläufig: Anfang der 50er Jahre brachte die Firma Messerschmitt den ersten zweisitzigen Kabinenroller auf den Markt, der wegen seiner geschlossenen Kabine und wegen seiner beachtlichen Fahrleistungen viele Anhänger fand.

Es zeichnete sich rasch ab, dass die entscheidende Mobilisierungswelle über das Automobil erfolgen würde. Der konventionelle Automobilbau war schon Ende der 40er Jahre kräftig in Schwung gekommen: 1950 bauten Volkswagen, Porsche, Opel, Borgward und andere Firmen bereits 220000 Fahrzeuge.

Für den kleinen Geldbeutel entstanden parallel dazu Kleinstwagen, die häufig auf den Zweiradbau zurückgriffen: Die mit Vordereinstieg gebaute Isetta von BMW (1955), das Goggomobil (1955) und der Spatz (1956) sind Beispiele dafür.

In den 60er Jahren entwickelte der Automobilbau dann eine ganz neue Dynamik: Das Wirtschaftswachstum, die steigenden Einkommen und die verbilligende Massenproduktion machten das Auto für (fast) alle erschwinglich. Es veränderte das Mobilitätsverhalten, stellte neue Anforderungen an die Verkehrsinfrastruktur (z.B. »autogerechte Stadt«), und es wurde zum Statussymbol. Es war der Beginn der automobilen Gesellschaft – mit all ihren Folgen.

Mode, Konsum, Essen und Trinken, Technik im Alltag, Mobilität

Mode/Konsum

Während Schwester Resis Eltern und Großeltern vorwiegend im ortsnahen Tante-Emma-Laden einkauften, zog es Resi in die Stadt. Es gab dort Supermärkte mit gut gefüllten Regalen, die Warenauswahl war größer, und man konnte sich alles selbst aussuchen.

Ebenso war die Auswahl an Kleidung in der Stadt umfangreicher. Während man sich auf dem Land noch immer auf wenige Kleidungsstücke – streng getrennt nach Alltags- und Sonntagskleidung – beschränkte und diese umnähte bzw. reparierte, soweit es irgendwie ging, war man in der Stadt auf modische Kleidung aus. Mit Fachgeschäften und den Ladenketten erweiterte sich das Angebot, und die »Kleidung von der Stange« machte sie erschwinglicher.

Es gab Mini-, Midi- und Maxi-Röcke, verschiedenste Modestile konnten miteinander konkurrieren. Vom verdienten Geld wurde zwar oft etwas zurückgelegt, aber man wurde konsumfreudiger. Die Babyboomer gehörten zur ersten Generation, die es sich leistete, auf Kredit zu kaufen. Für die Generation davor war so ein Luxus undenkbar. Zwischen 1948 und 1973 verdoppelte sich das Pro-Kopf-Einkommen in Deutschland. Die Babyboomer erlebten mit dem Wirtschaftswunder einen unerwarteten Aufschwung. Man konnte das selbst verdiente Geld ausgeben und sich etwas leisten. Weil viele »modern« sein wollten, lösten sie sich aus Traditionen – zum Beispiel in der Kleidung. Nicht alle waren davon begeistert. Viele Eltern beobachteten misstrauisch, wie sich ihre Nachkommen kleideten und wie viel Geld sie dafür ausgaben. »Du hast ja schon wieder etwas Neues an! Und dann auch noch einen so kurzen Rock!« Selbst in der Kittelschürze in der Küche stehend, begrüßte so Resis Mutter ihre Tochter gelegentlich, wenn diese sie zu Hause besuchte. Den gleichzeitig gekauften knappen Bikini zu zeigen, traute sie sich dann schon gar nicht mehr. Ihre Mutter ging zwar selbst ins Bad, aber natürlich nur anständig angezogen mit ihrem braunen Badeanzug und der dazu passenden Badehaube mit Blüten. Dem Vater war schon der Gedanken, dass Resi mit dem viel zu kurzen Rock durchs Dorf läuft, unheimlich. Fast fürchtete er, sich als angesehene Person des Dorfes – er war immerhin Vorsitzender des katholischen Krankenpflegevereins – für seine Tochter schämen zu müssen.

Je kürzer die Röcke der Mädels, umso länger wurden die Haare der Jungs. Eine Modeerscheinung, die in Familien, in der Schule und am Arbeitsplatz zu heftigen Diskussionen führte. Den Haarschnitt VOKUHILA (vorne kurz hinten lang) konnten die jungen Leute bei den Stars der Musikbranche sehen, und die Friseure passten ihr Repertoire diesen Wunschfrisuren an.

Interessant war in dieser Zeit die veränderte Brautmode. Zuvor galt – vor allem in ländlichen Raum – als ungeschriebenes »Gesetz«, dass nur eine jungfräuliche Braut im weißen Brautkleid heiraten durfte. Sobald ein Kind unterwegs war, musste die Braut in schwarz heiraten. Ausgehend von den Städten, wurden diese Regeln zur Zeit der Babyboomer mehr und mehr durchbrochen. Mit den aufkommenden Brautmodegeschäften wuchs das Angebot an Brautkleidern vielfältiger, und die Braut suchte sich – weitgehend unabhängig von überlieferten Traditionen – das aus, was ihr am besten gefiel. Meistens beibehalten wurde der Brauch, dass der Bräutigam die Braut erst am Traualtar sehen durfte.

Resis gleichaltrige Brieffreundin Erika, die in Köln wohnte, kannte so etwas von ihren Eltern nicht. In der Stadt herrschten andere Verhältnisse, und Resi beneidete Erika um die Toleranz ihrer Eltern und um die hervorragenden Einkaufsmöglichkeiten in einer so großen Stadt.

Viele der Produkte, die die Babyboomer kannten und benutzten, haben sie von ihren Eltern übernommen: In die Reihe dieser Konsumüberlieferungen gehörte die Nivea-Creme, das 4711-Parfüm, der Caro-Kaffee, der Ata-Reiniger oder die Maggi-Flasche. Mit Wirtschaftswachstum und steigendem Wohlstand veränderte sich das Produktangebot auf fast allen Gebieten von Haushalt und Konsum. Und die neuen Waren wurden intensiv beworben: auf Litfaßsäulen, im Rundfunk und zunehmend im Fernsehen. Der aufkommende Versandhandel mit seinem großen Warenangebot, des bequemen Einkaufens von zu Hause und die Möglichkeit des Ratenkaufs verstärkte den Kaufanreiz. Mit den neuen Produkten eroberte man sich nicht nur eine größere Produktvielfalt, sondern schuf sich zusätzlich das Image, zu einer neuen Generation von lebensfrohen, modernen und zukunftsorientierten Menschen zu gehören.

1969 eröffnete die erste Tchibo-Filiale, 1974 das erste IKEA-Einrichtungshaus, Creme 21 machte in den 70er Jahren als erste Kosmetikfirma Werbung mit nackter Haut. Parfümerien hielten ein immer größer werdendes Angebot an Düften vor. Da erinnert sich Resi schmunzelnd daran, dass es bei ihrer Oma ausschließlich 4711 gab.

An Sonn- und Feiertagen wurde besonderer Wert auf die Kleidung gelegt. Weiße Spitzenkragen, Samtanzüge und oft unbequeme Schuhe wurden in der Kirche oder beim Spaziergang vorgeführt. Unter der Woche gab es für Erwachsene und für Schulkinder einfache und funktionelle Kleidung, der Vater und die Kinder verließen morgens das Haus mit einem in Butterbrotpapier gepackten Vesper und einem warmen Tee in der Thermoskanne. In der Pause zum Imbiss zu gehen, war erst viel später verbreitet.

So sehr im Verlauf des Jahres gespart wurde – an Weihnachten lagen für die Kinder viele Geschenke unter dem Christbaum:

Puppen, Kaufladen, Eisenbahn, Postamt, Arztkoffer oder Rennbahnen waren die Klassiker. 1956 kam in Deutschland der Siegeszug der dänischen Firma Lego ins Rollen. In kaum einem deutschen Kinderzimmer fehlten die beliebten bunten Plastik-Bausteine.

Selbst der Bereich Erotik und Sexualität wurde wirtschaftlich attraktiv: 1951 gründete Beate Uhse das »Versandhaus Beate Uhse« und bot darin – im Versand – Kondome, Bücher und andere Artikel zum Thema »Ehehygiene« an. Bereits zwei Jahre später hatte die kleine Firma 14 Angestellte. Die Zahl der Kunden stieg bis Anfang der 60er Jahre auf fünf Millionen. 1962 eröffnete sie in Flensburg ihr »Fachgeschäft für Ehehygiene«, den ersten Sexshop der Welt. Auf Anraten ihres Anwaltes eröffnete sie das Geschäft zu Weihnachten, da zur Weihnachtszeit keine Übergriffe empörter Bürger zu befürchten seien und sich die Empörung danach abgekühlt haben würde. Nach Anzeigen des Volkswartbundes und weiterer Bürger wurden die Waren konfisziert, die »der unnatürlichen, gegen Zucht und Sitte verstoßenden Aufpeitschung und Befriedigung geschlechtlicher Reize« dienten. Über 2000 Anzeigen wurden bis 1992 gegen ihr Geschäft eingereicht.« (Beate Uhse, a.a.O.)

Essen und Trinken

Im Verlauf von Resis Leben wurde der Speiseplan immer bunter. Solange sie Kind war, kamen einfache Gerichte aus regionalem Anbau auf den Tisch. Im Schulunterricht lernte Resi neue Rezepte kennen, die sie mit Begeisterung zu Hause ausprobierte – was nicht immer bei allen gleich auf große Zustimmung stieß. Vor allem Resis Vater konnte sich mit der »modernen« Küche nicht gleich anfreunden. Das lag vor allem daran, dass sie viele neue Gewürze verwendete, die nun im Supermarkt angeboten wurden. Manchmal hatte sie die richtige Dosierung noch nicht raus – und wenn dies beim Chilipulver passierte, gab es tränende Augen.

Seit 1960 kam die mit »quadratisch, praktisch, gut« beworbene Ritter-Sport-Schokolade auf den Markt. Bis Ende der 1990er Jahre wurde Schokolade zum Massenprodukt. Bei Kindern war das Ahoi-Brause-Pulver äußerst beliebt.

Ende der 50er Jahre entwickelte sich ein Markt für Baby-Fertignahrung. Am bekanntesten – bis heute – Claus Hipp mit seiner industriell produzierten Babykost: Gemüse und Obst im Gläschen. Eltern konnten ihren Kindern nun portionsgerechte Mengen an Gemüse- oder Obst-Brei geben, ohne selbst lange in der Küche zu stehen. Diese neuen Angebote führten unter den jungen Müttern zu einem regelrechten Ernährungskrieg. Viele glaubten nicht, dass die Fertignahrung ebenso nährstoffreich und gesund sein könne wie die selbst gemachte. Sie konnten allerdings nicht verhindern, dass sie sich zunehmend durchsetzten – vor allem wohl deswegen, weil sie so praktisch waren.

Es galt als schick, zum Essen nicht nur in deutsche Lokale zu gehen: So traf man sich mal beim Italiener oder Griechen, und später kamen immer mehr Schnell-Imbiss-Buden hinzu. Neben Hähnchen konnte man sich dort Pommes, Hot Dogs oder eine Currywurst holen.

Die häusliche Tischkultur blieb von den vielfältigen Veränderungen nicht unberührt. Bei Resis Eltern gab es Sonntags- und Werktags-Geschirr. Das gute weiße Porzellan mit Goldrand wurde nur an Sonn- und Feiertagen aus dem Schrank geholt. Zur Kaffeezeit hatten ihre Eltern die guten alten Sammeltassen: Kaffeegedecke in unterschiedlichem modernem Dessin wurden jeweils einzeln gekauft und an besonderen Tagen zur Kaffeetafel zusammengestellt. Die Damast-Tischdecke, die jede Frau als Aussteuer im Schrank hatte, kam ebenfalls nur an solchen Festtagen zum Einsatz.

Unter der Woche gab es einfaches Geschirr, das auch dann noch benutzt wurde, wenn es angeschlagen war. Selbst die Kaffeekanne wurde geklebt, als sie der Mutter mal heruntergefallen war. Auf den einfachen Küchentisch aus Holz kam mit der Zeit die bunte Plastiktischdecke, das war modern, und fast in jedem Haushalt »zierten« diese die Tische. Immer mehr Leute tauschten die Holztische und die schönen alten Holzschränke gegen Resopaltische und Kunststoffmöbel aller Art aus.

Zunehmend verbreitete sich Plastikgeschirr. Seit 1962 gab es Tupperware in Deutschland. Diese wurde vor allem über »Hauspartys« vertrieben und erfreute sich bei vielen Hausfrauen großer Beliebtheit. Zum Teil gab es einen richtigen Ansturm auf solche Veranstaltungen. Die neuen Produkte galten als modern, und sie verdrängten vieles, was seit Langem in Gebrauch war. So wurde die Blechmilchkanne, mit der Resi als Kind abends zum Bauer gegangen war, um frische Milch zu holen, gegen die Plastik-Tupper-Milchkanne ausgetauscht.

Schnell tauchten Haushaltsgeräte in der Küche auf, die zu echten Helfern wurden – zum Beispiel die elektrische Kaffeemaschine und das elektrische Rührgerät.

Auch die Getränke änderten sich im Laufe der Jahre. Resi erinnert sich noch gut daran, dass es Bohnenkaffee nur sonntags gab, an normalen Wochentagen wurde Kaffeeersatz (»Caro«) getrunken. Den Kindern gab man selbstgemachten Fruchtsaft, gemischt mit Wasser. Die Beeren kamen aus dem Garten oder wurden im Wald gesammelt und zu Sirup verarbeitet. Damit stand für den Winter ein vitaminreiches Getränk zur Verfügung. Trotzdem war es für die meisten Kinder eine große Freude, wenn sie Limonade bekamen. Und als durch die aufkommenden Getränke-Lieferdienste gleich eine ganze Kiste davon ins Haus kam, war das für sie besonders schön. Das Angebot an alkoholischen Getränken änderte sich ebenfalls. Wie in früheren Zeiten stand bei Resi noch das Mostfass im Keller, ansonsten waren kaum alkoholische Getränke im Haus – allenfalls mal eine Schnapsflasche für den Winter. Mit dem zunehmenden Angebot alkoholischer Getränke in den Supermärkten (Bier, Wein, Sekt, Liköre, Cocktails, Weinbrand u.a.) erwuchsen neue »Bedürfnisse« und Erwartungen. Und so kam über den Getränkelieferanten bald der Kasten Bier ins Haus, und aus der Hausbar der neuen Schrankwand konnten dem Besucher bald Cognac, Eierlikör, Whiskey oder ein Kirschlikör angeboten werden.

Wenn Resi sich in ihrer Jugend mit Freunden traf, gab es für die Jungs meistens Bier, für die Mädels Cola-Schuss, Spezi oder Apfelkorn. Man traf sich an den Wochenenden in verrauchten Partykellern oder Kneipen. Im Rückblick wundert sich Resi, dass solche Treffen ohne Handy ganz unkompliziert stattfanden, und darüber, dass trotz des Alkoholkonsums anschließend Auto gefahren wurde.

Mobilität

Resi konnte es kaum erwarten, mit 18 ihren Führerschein zu bekommen, auf den sie lange gespart hatte. Ihr Freund hatte einen VW Käfer, wie so viele aus dem Freundeskreis, aber Resi träumte von einer Ente, die korrekterweise 2CV hieß. Da konnte man das Dach aufmachen und ganz gemütlich an den Badesee fahren.

Eins war sicher, jeder Ente-Fahrer grüßte, da machte das Fahren einfach nur Spaß.

Bis dahin musste das Wegfahren auf andere Weise gelingen. Eine Möglichkeit war das Trampen: Es war gang und gäbe, sich an den Straßenrand zu stellen und darauf zu warten, dass einen jemand mitnahm. Natürlich sollten das ihre Eltern nicht wissen und schimpften sie, wenn sie davon erfuhren. Weil sie keine andere Möglichkeit sah wegzukommen, machte sie es trotzdem – allerdings etwas weiter weg am Dorfrand – außer Sichtweite.

Den wachsenden Wunsch, im Urlaub weiter wegzufahren, erfüllten sich viele mit dem Kauf eines Wohnwagens: Man konnte darin preisgünstig übernachten, üppig Gepäck mitnehmen und sich selbst versorgen – das sparte viel Geld. Ein Hotelurlaub war für die meisten unerschwinglich, außerdem liebten viele das freiere Leben auf den Campingplätzen.

Im Lauf der Zeit wurden vermehrt günstige Flugreisen angeboten, zum Beispiel nach Mallorca. Von ihrer Freundin Erika erfuhr sie, dass diese mit ihren Eltern schon einmal eine solche Urlaubsreise gemacht hatte. Resi war ein bisschen neidisch, wusste aber gleichzeitig, dass ihre Eltern so etwas nicht in den Sinn käme. Und außerdem dachte sie: »Ohne Bikini geht Mallorca ganz bestimmt nicht, und meine Mutter hat immer noch den dunkelbraunen Einteiler.«

Mode, Konsum, Essen und Trinken, Technik im Alltag, Mobilität

Mode/Konsum

In Stefans Kindheit gab es in ländlich strukturierten Gegenden noch ein paar wenige »Tante-Emma-Läden«. Stefan kannte das nur vom Hören und Sagen, Einkaufen war für ihn gleichbedeutend mit Supermarkt. In den Fußgängerzonen kamen neben den alteingesessenen, inhabergeführten Geschäften und den großen Kaufhäusern die ersten Läden auf, die als Ketten organisiert waren. Das Besondere an dieser neuen Entwicklung war, dass die Geschäfte, z. B. von H&M, in jeder Stadt gleich waren: Identisches Erscheinungsbild, fast gleiches Warenangebot, nur Eigenmarken und ähnliche Warenanordnung. Stefans Eltern regten sich darüber fürchterlich auf. Sie waren der Meinung, diese Ketten verdrängten die traditionsreichen Kaufleute aus den Innenstädten, weil sie Waren zu Preisen anboten, mit denen die kleinen Geschäfte nicht mithalten konnten und weil sie die Mietpreise in den Innenstädten nach oben trieben. Sicher beschleunigte diese Entwicklung die Entstehung und Vermarktung neuer Kollektionen ungemein. Stefan sah darin lange Zeit kein großes Problem, für ihn war entscheidend, dass diese Ketten die Klamotten hatten, die gerade angesagt waren.

Als Stefan dann im Erwachsenenalter war, wurden große Shoppingcenter und Malls gebaut. Diese gab es in den Innenstädten und vor den Toren der Städte »auf der grünen Wiese«. Das neuartige war, dass es ein oder mehrere große Gebäude gab, in denen eine große Anzahl mehr oder weniger kleiner Läden zu finden war. Dies nutzten die Hersteller intensiv, um die Markentreue ihrer Kunden zu festigen. Stefans Eltern kauften beim Kaufmann bzw. Händler ihres Vertrauens, in Stefans Generation lautete das Motto eher: »Ich kaufe die Marken meines Vertrauens«. Diese Entwicklung wurde mit Zeitverzögerung in den großen Kaufhäusern übernommen.

Die Nutzungsdauer vieler Produkte verkürzte sich zusehends. Das galt bei weitem nicht nur für Kleidung. Auch alle anderen Dinge, wie z.B. Autos, Haushaltsgeräte oder Möbel wurden immer kürzer genutzt. Speziell bei der Bekleidung wurden Trends besonders schnelllebig. Inzwischen werden die Kollektionen in den Kaufhäusern und Läden mehrfach im Jahr ausgetauscht. Vor der Jahrtausendwende kamen z.B. Schlaghosen oder Plateauschuhe erneut in Mode, wenige Jahre später war dieser Trend aus den Schränken der Konsumenten wieder verschwunden.

Stefan erlebte noch die Hochphase der Kataloge. Große Anbieter wie Otto oder Neckermann waren in beinahe jeder Familie »zu Hause«. Der spätere Trend zum Onlineshopping machte die Kataloge bald überflüssig. Inzwischen sind die Auflagenzahlen gering und immer mehr Kataloge werden eingestellt.

Von den Eltern übernommen und weiter perfektioniert gewinnt die Mikrowelle für die Generation X an Bedeutung. Generell ist Fast Food allgegenwärtig, nichts geht bei der Essenszubereitung über Geschwindigkeit. Die Generation X wähnt sich im Fortschritt, die Zeit, welche die Mütter mit dem Zubereiten der Mahlzeiten in der Küche verbracht hatten, kann anderweitig genutzt werden. Freizeit, Karriere und Hobbys – alles schien spannender und sinnvoller, als die Zeit für die Zubereitung von Mahlzeiten zu verschwenden. Gleichzeitig wurden die Getränke exotischer und vielfältiger. Cocktailbars eroberten als erstes die Städte, später dann die ländlichen Regionen. Bei Speisen und Getränken hielten »Mitbringsel« aus dem Urlaub Einzug. Und weil die Reiseziele sich immer weiter ausdehnten, wurde die Küche entsprechend internationaler: Neben italienischen und griechischen etablierten sich asiatische, südamerikanische, sowie afrikanische Restaurants. Außer den Speisen wurden gerne landestypische Getränke mitgebracht.

Durch den wachsenden Wohlstand stieg die Zahl der Restaurantbesuche. Es ging jetzt nicht mehr nur darum, sich satt zu essen und den Durst zu stillen. Bei Feierlichkeiten wurde penibel darauf geachtet, wer wohin einlud. Mit dem Besuch bestimmter Lokale brachte man seinen sozialen Status zum Ausdruck. Das »Was« geriet in den Hintergrund, das »Wo« und »Wie« gewann an Bedeutung.

Mobilität

Mobil zu sein, war für die Generation X deutlich einfacher als es für alle Generationen vorher war. Die meisten Eltern besaßen ein Auto, und dies diente auch dazu, die Kinder zur Schule, zum Sport oder zu Freunden zu bringen bzw. von dort zu holen. Der öffentliche Personennahverkehr war bereits ziemlich gut ausgebaut. Stefan legte den Weg zum Kindergarten häufig gemeinsam mit seinen Eltern zu Fuß zurück. Gelegentlich, vor allem bei schlechtem Wetter, nahm die Mutter schon das Auto, um ihren Sprössling in den Kindergarten zu bringen. Während der Grundschulzeit war es ähnlich. Erst ab der dritten Klasse durfte er mit seinem Fahrrad zur Schule fahren. Als Stefan in eine weiterführende Schule ging, gab es gute Busverbindungen und Stefan kam unabhängig davon, zu welcher Stunde sein Unterricht begann, pünktlich mit dem Bus in der Schule an. Er genoss diese Freiheit. Endlich war er nicht mehr von »Fahrdiensten« seiner Eltern abhängig.

Da die Busfahrkarte für alle Verbindungen galt, traf er sich immer häufiger mit Freunden auf dem Marktplatz oder an sonstigen

Orten, die vorher mit dem Fahrrad nur schwierig zu erreichen waren. Schulfreunde aus den umliegenden kleinen Orten oder den Nachbarstädten konnte er inzwischen problemlos besuchen. Vor allem bei den Jungs aus seiner Klasse wurden die Thema Moped oder Roller immer wichtiger. Bereits mit 16 Jahren konnte Stefan mit dem sogenannten A1 Führerschein ein Motorrad von bis zu 125 ccm und mit bis zu 12 PS fahren. Das war dann die »richtige Freiheit«. Endlich weder von den Eltern, noch von den Fahrplänen des ÖPNV abhängig. Mit diesen Kleinkrafträdern konnte man fast überall »mithalten«, sie waren immerhin bis über 100 km/h schnell, und selbst größere Strecken konnten damit gut bewältigt werden. Das Einzige, was fehlte, war das Auto, für welches natürlich der »richtige Führerschein« notwendig war.

Schon in der Generation X gab es Eltern, die ihren Kindern zum 18. Geburtstag den Führerschein und sogar ein Auto bezahlten. Mit der Zeit kam das häufiger vor, und so wurde zunehmend schon SchülerInnen – und erst recht Studierende – zu Autobesitzern. Für Jugendliche in einem Ausbildungsverhältnis war die finanzielle Hürde zur Anschaffung eines Autos noch niedriger, zumal dann, wenn es einen Zuschuss von den Eltern oder den Großeltern gab.

Für berufliche wie private Zwecke wurde immer häufiger das Flugzeug benutzt. Im Kindesalter war der Urlaubsflug etwas besonders Aufregendes gewesen, doch schon im jungen Erwachsenenalter wurde er für viele ganz normal. Weil die Flüge immer erschwinglicher wurden, kamen immer exotischere Urlaubsziele in den Blick. Wo früher der Mallorca-Urlaub reichte, musste es jetzt die Dominikanische Republik, Kuba, Thailand, Bali, Sri Lanka oder die Malediven sein. Für Stefan waren die ersten Urlaube noch Autoreisen. Als er zum ersten Mal, noch als Kind, mit seinen Eltern in einem Flugzeug saß, war er sehr aufgeregt. Inzwischen, nach ein paar kürzeren Urlaubsflügen auf die Kanaren und nach Ägypten, steht nun sein erster Transatlantik-Flug in die USA an. Für Stefan und seine Freunde sind die USA nach wie vor das Land der Sehnsüchte, das Land der unbegrenzten Möglichkeiten. Im Kindesalter konnte der bereits damals technikinteressierte Stefan im Fernsehen verfolgen, wie die Concorde mit Überschallgeschwindigkeit den Atlantik in wenigen Stunden überquerte.

Der Zusammenhang von Klima und Mobilität spielte erst nach Stefans 25. Geburtstag eine Rolle. Bis dahin galt: »Schneller und weiter zu möglichst exotischen Zielen«.

Technik im Alltag

Schon die 80er und 90er Jahre waren von technischen Neuerungen geprägt, die in wachsendem Tempo die Welt eroberten. Vorläufer der heute immer noch verbreiteten Personal Computer gab es schon sehr lange. Nach den Lochkarten begann bereits in den 50er Jahren die kommerzielle Produktion von (Serien-) Computern. Die Verbreitung in mehr Haushalten und Unternehmen begann erst in den 80er Jahren, blieb aber in dieser Zeit noch sehr überschaubar, was mit Sicherheit noch an den Preisen lag. 1986 wurde der »386er« erfunden, selbst zwei Jahre später kostete dieser durchschnittlich immer noch 12810,– DM. (Nach »Computerwoche«, a.a.O.).

1994 kam mit Windows 95 eine Software auf den Markt, die das Bedienen von Computern durch die Anwender revolutionierte. Die Preise waren jedoch immer noch stolz.

Stefan war von Kindesbeinen an interessiert an technischen Entwicklungen. Die finanzielle Situation seiner Eltern erlaubte keinen Computerkauf. Etwas zeitversetzt zu der Verbreitung von PCs in Firmen und Privathaushalten stieg die Verbreitung von Internetanschlüssen rasant an. Während Stefans Schulzeit öffneten erste Internetcafés, in der Schule gab es eine Internet AG. Darin wurde das Bedienen von Suchmaschinen wie FIREBALL gelehrt und gelernt. Am 04.09.1998 wurde Google gegründet. Anfangs war das ein Startup, welches nur »ein paar wenigen Nerds« bekannt war, aber in kurzer Zeit hat es die Internetsuche revolutioniert.

1999 gab es den ersten sogenannten »Aldi-PC mit Internet«. Für 1998 DM konnte ein PC mit AOL-Internetzugang erworben werden. Es entstanden lange Schlangen, teilweise campierten Menschen sogar davor, um eines dieser wenigen unschlagbar günstigen Angebote zu ergattern.

Anfangs wurden die Personal Computer hauptsächlich als »Schreibmaschinen mit einfachen Rechenoperationen« eingesetzt, zunehmend auch für Spiele. Mit steigender Rechenleistung, Geschwindigkeit und Speicherkapazität wurde immer mehr Software auf den Markt gebracht. Die möglichen Rechenoperationen wurden jeweils komplexer, was vor allem zu mehr Benutzerfreundlichkeit auf den Oberflächen führte. Aufwändigere Grafiken konnten nun verarbeitet werden, was wiederum neue Spielmöglichkeiten erlaubte.

Etwa im gleichen Zeitraum verbreiteten sich die bereits bekannten Mobiltelefone weiter, und sie wurden immer leistungsfähiger. Die ersten Autotelefone, die noch sehr große »Kisten« mit Technik im Kofferraum benötigten, kosteten etwa halb so viel wie das Fahrzeug.

1992 ging in Deutschland das D-Netz mit den Anbietern D1 (Telekom) und D2 (Mannesmann Mobilfunk) an den Start. Ende 1992 gab es in Deutschland etwa 950000 Mobilfunkanschlüsse. Bis zu einer nennenswerten Verbreitung gingen jedoch nochmals einige Jahre ins Land. Die Zahl stieg bis 2000 auf etwa 48 Millionen Mobilanschlüsse. Im Jahr 2006 gab es dann erstmals mehr Mobilanschlüsse als Einwohner in Deutschland, im Jahr 2020 waren es rund 150 Millionen.

Mode, Konsum, Essen und Trinken, Technik im Alltag, Mobilität

Mode und Modebewusstsein haben im Verlauf der letzten Jahrzehnte ständig an Bedeutung gewonnen. Lisa blieb da keine Ausnahme: Allerspätestens als sie im Grundschulalter angekommen war, ging es in Bezug auf Kleidung bei ihr nicht mehr nur um die Frage, Hose oder Rock, sondern nur noch um die »richtige« Hose oder den »richtigen« Rock.

Was als »richtig«, also als »in« betrachtet wurde, änderte sich immer schneller. In der Modewelt nennt man diesen Vorgang »Fast Fashion«. Vor allem die in Ketten organisierten Modegeschäfte trieben diese Entwicklung voran: Bereits kurz nach der Jahrtausendwende wurde es dort üblich, zwischen die Frühjahrs-, Sommer-, Herbst- und Winterkollektionen noch Kollektionen der »Mid-Season« einzuschieben.

Als Lisa ins Erwachsenenalter kam, ließ sie sich nicht mehr so leicht von Shoppingcentern, Modelabels und Werbebotschaften beeinflussen. Neben der klassischen Werbung und dem Vorbildcharakter von Stars und Sternchen wurden Trends in der Mode zunehmend von sogenannten »Influencern« gesetzt. Das funktioniert so, dass ganz normale Menschen ihre Lebensgewohnheiten und ihre bevorzugten Produkte über Social Media öffentlich machen und, wenn sie viele »Follower« finden, dafür von den Firmen entlohnt werden. Der Trick dabei: Mit Hilfe solcher von »unverdächtigen Personen« vorgetragenen Empfehlungen wirkt Werbung glaubwürdiger.

Als parallele Entwicklung nehmen das Onlinemarketing und der Online-Handel stark zu. Auch dies trägt zur Beschleunigung des Warenverbrauchs bei. In der Mode entstand der Begriff »Ultra-Fast-Fashion«. Dieser wurde von darauf spezialisierten stationären Händlern, aber vorher bereits durch Onlineshops aufgegriffen und immer weiter perfektioniert.

Den Onlinehandel gibt es schon seit den 90er Jahren. Der große Durchbruch erfolgte aber erst nach der Jahrtausendwende. Er begann Ende der 90er Jahre vor allem als Schuhmarkt, breitete sich inzwischen durch verbesserte Warenpräsentation, vereinfachte Bestellverfahren, Rücknahmegarantien und relativ sichere Zahlungsverfahren auf den gesamten Produktbereich aus. Es gibt so gut wie nichts mehr, was nicht per Onlinehandel zu bekommen wäre.

Für viele unbemerkt, wird der Kunde durch diese Form des Handels immer durchsichtiger: Mit jeder Bestellung wird sein Konsumprofil differenzierter, der Anbieter weiß genau, welche Produkte ihn ansprechen und richtet seine individualisierte Werbung darauf aus.

Diese Entwicklung betrifft bei weitem nicht nur die Generation Y, ebenso ist es für Stefan und seine Altersgruppe üblich geworden, auf den unterschiedlichsten Sozialen Netzwerken Influencern und Prominenten zu folgen. Nicht nur die Werbung hat sich verändert, auch Kleidungsstile werden von unterschiedlichsten Generationen getragen. Für Stefans Eltern wäre es völlig undenkbar gewesen, die zerrissenen Jeans ihres Sohnemanns zu tragen. Lisa kann heute mit ihrer Mutter gemeinsam zum Shoppen gehen.

Essen und Trinken

In den Ernährungsgewohnheiten der Generation Y spiegelt sich die Widersprüchlichkeit zwischen Internationalisierung, gesunder Ernährung und Nachhaltigkeit deutlich wider. Auf der einen Seite werden Nahrungsmittel, die als besonders gesund oder wohlschmeckend gelten, aus allen Teilen der Welt importiert. Beispiele hierfür sind Goji-Beeren aus Asien, Rindfleisch aus Argentinien, verschiedene Soja-Produkte, Weine aus Kalifornien, Südafrika, Chile und Argentinien, Bier und sogar Mineralwasser aus allen Teilen der Welt. Essen und Trinken kann nicht international genug sein. Die langen Transportwege und zum Teil die Produktionsbedingungen in den exportierenden Ländern widersprechen auf der anderen Seite deutlich der Nachhaltigkeit.

Parallel zur Internationalisierung entwickelt sich ein wachsender Markt für regionale Lebensmittel. Dieser Trend ist zwar noch nicht sehr ausgeprägt, findet sich aber bei Angehörigen der älteren und der jüngeren Generationen. Es dauert noch etwa ein weiteres Jahrzehnt, bis er im allgemeinen Bewusstsein angekommen ist. Ein sichtbarer Beleg hierfür sind die inzwischen in fast allen Supermärkten anzutreffenden regionalen Angebote.

In der Generation Y wird es sogar wieder üblich, Mahlzeiten frisch zuzubereiten, ja zum Teil wird gemeinsames Kochen geradezu zelebriert. Bei gemeinsamen Kochabenden werden nicht nur neue Rezepte aus Kochsendungen ausprobiert, man beweist sich dabei als technisch fortschrittlich, indem mit neuen Geräten (Thermomix, Nice Dicer) und technischen Finessen gearbeitet wird.

Allgemein nehmen die unterschiedlichsten Formen von Lieferdienstleistern zu. Wo die Kriegs- und Nachkriegsgeneration allenfalls noch den Bierkutscher kannte, der vor allem Wirtshäuser mit Bier und Getränken versorgte, gibt es heute fast keine Speisen oder Lebensmittel mehr, die nicht angeliefert werden könnten. Das hat angefangen mit Gaststätten, die der älteren Nachbarin mal ein Mittagessen brachte, den sozialen Einrichtungen mit dem Service »Essen auf Rädern«, dem Pizzaservice und den Getränkelieferanten. In Zeiten der Generation Y kann man sich vom Ökobauernhof frisches Obst, Gemüse und Fleischwaren kommen lassen. Die meisten Supermärkte bieten einen Lieferservice an, verschiedenste Fertigmahlzeiten werden von allen möglichen Anbietern ins Haus gebracht, und »Hello Fresh« versendet Kochboxen. Gerade in Corona-Zeiten hat sich dieser Markt kräftig weiterentwickelt.

Mobilität

Lisa war bereits in der Grundschule in der Umwelt AG, später in der weiterführenden Schule verstärkte sie ihr Engagement in Sachen Umweltschutz weiter. Als Lisa 12 Jahre alt war, schlugen ihre Eltern vor, doch mal auf die Balearen in den Urlaub zu fliegen. Lisa war außer sich und hielt ihren Eltern erst mal einen Vortrag, was dieser Flug für eine Ökobilanz habe. Bei den frühen Jahrgängen der Generation Y waren solche Urlaubsreisen eher die Ausnahme, inzwischen aber bei vielen ihrer Freundinnen und Freunde fast schon normal. Als die Kinder noch im Grundschulalter waren, gingen ihre Flüge schon über Europa hinaus – ja manche hatten sogar schon Interkontinentalflüge hinter sich. Allerdings stieg parallel dazu die Zahl derer, die ein ausgeprägteres Umweltbewusstsein entwickelt hatten. Mit der Fridays-for-Future-Bewegung von Greta Thunberg entstand daraus eine internationale Jugendbewegung, die seit den Jahren 2018/19 mit zahlreichen Veranstaltungen weltweit große Beachtung findet. Zahlenmäßig am stärksten vertreten sind dabei die Generationen Z und Alpha, aber auch in der Generation Y hat sich das Umweltbewusstsein stärker verbreitet als in den vorausgegangenen Generationen. Das zeigt sich beispielsweise daran, dass in Lisas Freundeskreis beim Reisen auf Nachhaltigkeit geachtet wird: Wenn irgend möglich, wird die Bahn als Verkehrsmittel benutzt.

Für Lisas Eltern ist es normal, dass die Familie zwei Autos benötigt: Der Vater braucht seins, um zur Arbeit zu fahren, die Mutter bewältigt die Alltagsaufgaben mit ihrem eigenen. Dazu passt, dass Lisa mit dem Auto in den Kindergarten und später in die Grundschule gefahren wurde. Das war so üblich, ja manche Eltern hätten es sogar als »fahrlässig« empfunden, ihre Kinder allein auf den Kindergarten- bzw. Schulweg zu schicken. Das »Elterntaxi« wurde zusätzlich für viele andere Zwecke benutzt, so, um zum Training oder zur Musikstunde zu kommen, Freunde zu besuchen oder gemeinsame Einkäufe in der Stadt zu erledigen. Öffentliche Verkehrsmittel zu benutzen, war schwierig und unbeliebt. Der Ausbau solcher Netze fand vor allem in den Städten statt, die Verbindungen auf dem Land waren schlecht. Deswegen war und ist es in Städten viel einfacher, auf das eigene Auto zu verzichten. Auf dem Land dagegen wird Mobilität immer noch weitgehend individuell organisiert.

Lisa lebt aktuell in Köln. Dort gilt es unter Gleichaltrigen nicht unbedingt als erstrebenswert, ein eigenes Auto zu besitzen. An jeder Straßenecke gibt es Haltestellen des ÖPNV und Carsharing-Anbieter und andere Mobilitätsdienstleister wie Uber oder das Mieten von E-Scootern sind fast überall leicht verfügbar. Deshalb ist individuelle Mobilität im städtischen Raum auch ohne den Besitz von eigenen Fahrzeugen problemlos möglich. Um hier die günstigsten Alternativen zu finden, helfen zahlreiche Vergleichsplattformen.

Die Möglichkeit, Preise zu vergleichen, gibt es schon länger – vor allem für Flüge. Die Zahl der Plattformen, auf welchen die unterschiedlichen Formen der Mobilität verglichen werden, wächst stetig. Dabei spielen Verfügbarkeit, Preis, Dauer und CO_2-Bilanz eine Rolle. Für Lisas Generation sind solche Vergleiche alltäglich geworden, wenngleich nicht alle diese Möglichkeiten nutzten.

Technik im Alltag

Die Entwicklung von ersten Vorläufern der heutigen Navigationsgeräten reicht sehr weit zurück. Bereits vor dem Zweiten Weltkrieg gab es dazu erste Versuche. Lange Zeit war diese Technik dem Militär vorbehalten, viel später erst kam es in der zivilen Luftfahrt zum Einsatz. Um die Jahrtausendwende erlebten diese Geräte erstmals eine Anwendung in der breiten Öffentlichkeit, und es gab immer weniger Autos ohne Navi.

Am 09.01.2007 präsentierte Steve Jobs das erste iPhone. Obgleich es nicht die Erfindung des Smartphones war, veränderte dieses Gerät unsere Kommunikation und unseren Alltag grundlegend. Der Siegeszug der Smartphones war nicht mehr aufzuhalten – ihr Anteil an den mobilen Telefonen wuchs schnell. Im ersten Quartal des Jahres 2010 nutzten in Deutschland bereits über 8 Millionen Menschen ein Smartphone, im Jahr 2020 waren es schon über 60 Millionen.

Vor allem ihr Gebrauch bei Kindern und Jugendlichen löste Diskussionen aus. Als Lisa in die Schule kam, wurde auf Elternabenden heftig diskutiert, ab welchem Alter ein eigenes Handy sinnvoll und vertretbar sei. Allerdings wurden diese Auseinandersetzungen recht schnell hinfällig: Die Verbreitung der Smartphones unter Jugendlichen verlief so dynamisch, dass allenfalls noch darüber diskutiert werden konnte, wann und wo Einschränkungen des Gebrauch möglich waren. So wurde auch für Lisa der

Umgang mit dem eigenen Smartphone schnell Routine, die Kommunikation außerhalb der Schule verlagerte sich dorthin.

Wenige Jahre nach dem Durchbruch der Smartphones kamen die ersten Tablet Computer auf den Markt. Smartphones, Tablets und weiterentwickelte PCs schufen die Basis für immer aufwändigere und vielseitigere Softwareentwicklungen und Internetanwendungen. Allgemein wurde Software immer anwenderfreundlicher, das heißt, es wurde immer einfacher, sie zu nutzen. Im wahrsten Sinne des Wortes zum »Kinderspiel«. So waren zum Beispiel Suchmaschinen anfangs eher schwierig zu bedienen und eher leistungsschwach, während sie heute jedem Nutzer auf einfachste Weise schnelle und präzise Ergebnisse liefern können.

Die erste Plattform für Videos, die den großen Durchbruch schaffte, war YouTube. Die gleichzeitige Entwicklung unterschiedlicher Messanger-Dienste wie ICQ oder deutlich später WhatsApp konnten durch die Allgegenwärtigkeit einer Internetverbindung alltagstauglich werden und verbreitete sich deswegen rasch in weiten Teilen der Gesellschaft. Es wurde möglich, Software nicht mehr nur auf einem Endgerät zu nutzen, sondern sie in die »Cloud« zu verlagern.

Die späten Jahrgänge der Generation Y erlebten ziemlich ausgereifte Algorithmen für die Internetsuche. Die sonstige künstliche Intelligenz und die Vernetzung im Rahmen des »Internets der Dinge« waren jedoch noch in den Kinderschuhen. Die Generation X war durch die Erfindung und Entwicklung von Computern geprägt – speziell von der Hardware. Die Generation Y war vor allem durch die Erfindung und Verbreitung der Smartphones geprägt, und in Verbindung damit durch die rasante Entwicklung von Software und einer Bedienerfreundlichkeit, die wenig vorher noch undenkbar erschien.

Mode, Konsum, Essen und Trinken, Technik im Alltag, Mobilität

Mode/Konsum

Für Lea ist Konsum ein Reizwort. Sie kann und will nicht verstehen, dass Menschen so sorglos mit Materialien umgehen. Lea hat besonders in der Zeit, als sie in Asien unterwegs war, gelernt, mit wenig zurechtzukommen. Sie besitzt bewusst nur wenige Kleidungsstücke und Schuhe, die sie so lange trägt, bis es nicht mehr geht. Einkaufen im Second-Hand-Shop und auf Online-Gebrauchtwarenportalen ist für sie selbstverständlich. »Und ob ihr das glaubt oder nicht: ich bin immer gut angezogen«, sagt Lea in einem Interview über das Einkaufsverhalten der Genration Z.

In heftigen Diskussionen mit konsumfreudigeren Freundinnen und Bekannten streitet sie sich über unmäßigen Konsum und dessen weltweite Folgen. Für sie und ihre gleichgesinnten Freunde spielen in diesem Zusammenhang Themen wie Ausbeutung von Menschen in Billiglohnländern, Kinderarbeit und Armut eine Rolle. Doch Lea weiß sehr wohl, dass manche Mädels und Jungs aus ihrer Generation darüber ganz anders denken.

Modisch finden Lea und ihre Freunde eher ein hübsches Tattoo. Sie geben sich untereinander Tipps, wo man sich diesen bleibenden Körperschmuck stechen lassen kann. Auch hier hat sich die Mode geändert: Motive, die etliche Jahre zuvor als attraktiv und schön empfunden wurde, werden von den Jüngeren belächelt.

Essen und Trinken

Lea hat ihre Einstellung zur Ernährung, wie viele ihrer gleichaltrigen Freunde, im Lauf der Zeit verändert. Als Kind liebte sie den Schnitzelabend bei Oma, aber heute ist das für sie nicht mehr vorstellbar, sie wurde zur Vegetarierin. Sie kann sich noch gut erinnern, dass Oma es gar nicht verstehen konnte, dass sie jetzt kein Schnitzel mehr mochte. Die Oma meinte damals, dass Vegetarier nur kein Fleisch essen und hatte deswegen extra für Lea ein paar Wiener Würstchen heiß gemacht. Mittlerweile ist Lea, wie viele ihrer Freunde, überzeugte Veganerin. Sie hält es nicht für vertretbar, dass Menschen Fleisch und Tierprodukte essen. Sie tauscht sich gerne im Netz mit anderen aus und probiert Rezepte. In der Stadt kennt sie jede Veggie-Burger-Bude. Dort trifft sie sich gerne am Abend mit anderen Vegetariern und Veganern und fühlt sich dann wieder bestärkt in ihrer Einstellung. Trotzdem ist sie nicht missionarisch: »Für mich ist es durchaus in Ordnung, wenn jemand Fleisch verzehrt, das sind ganz persönliche Entscheidungen. Und schließlich ist uns sehr wichtig, tolerant zu sein«, meint Lea.

In einer Studie der Firma Nestle geben viele Z-ler an, dass sie während der Woche keine festen Essenszeiten einhalten. 51 Prozent essen nur dann etwas, wenn sie gerade Zeit oder Hunger haben, und 46 Prozent entscheiden eher spontan darüber, was sie essen. Nur 40 Prozent der 14- bis 19-jährigen essen mittags zu Hause.

Bei Restaurantbesuchen geht es den Z-lern nicht nur um die Nahrungsaufnahme. 57 Prozent gehen in ein Restaurant, um sich mit anderen zu treffen. Als die erste Generation, die in eine digitale Welt hineingeboren wurde, ist die Generation Z mit Internet und Smartphone aufgewachsen. Beides spielt deshalb auch für die Ernährung eine große Rolle. Getreu dem Motto: »Eat it, tweet it« wird das Essen fotografiert, gepostet und die Welt weiß Bescheid, was es heute bei Lea und Freunden Gutes zu essen gab. Das Handy ist selbst beim Essen immer mit dabei. 57 Prozent sagen, es komme durchaus vor, dass bei Mahlzeiten mit der Familie das Handy benutzt würde – zum Schreiben oder Lesen von Nachrichten. (Zusammenfassung nach »nestle«, a.a.O.)

Mobilität Generation

Für Lea spielt das Auto keine große Rolle. Sie denkt jetzt, mit zwanzig Jahren, erst darüber nach, den Führerschein zu machen. Ein eigenes Auto kommt für sie überhaupt nicht in Frage, Carsharing ist angesagt.

Mit ihren Verwandten streitet sie bei Familienfesten schon mal, wenn sie zwei große Autos vor dem Haus stehen sieht, obschon doch Onkel und Tante bereits in Rente sind. Sie ist der Meinung, da würde doch ein Fahrzeug reichen. »Das haben wir uns redlich verdient«, meint der pensionierte Onkel, der ein Leben lang im Landratsamt arbeitete.

Mit ihren Eltern spricht sie über deren nächstes Auto. Sie versucht ihre Eltern davon zu überzeugen, dass es ein kleines, umweltfreundliches Auto sein solle, das sei auch viel günstiger als das angedachte größere Modell.

Wenn Lea in der Stadt unterwegs ist, benutzt sie einen Elektroroller, den sie an jeder Ecke abstellen und sich über die App ein- und ausloggen kann. Außerdem hat sie ein gebrauchtes älteres Fahrrad, mit dem sie ebenfalls gern unterwegs ist.

»Eine Studie, vom Marktforschungsunternehmen Kantar durchgeführt, zeigt, dass die Teilnehmer das Thema Mobilität pragmatisch angehen. Sie präferieren nicht einzelne Verkehrsmittel, sondern wollen eine Kombination aus verschiedenen Möglichkeiten, um schnell, pünktlich und kostengünstig ihr Ziel zu erreichen. Die Pünktlichkeit eines gewählten Verkehrsmittels ist 49 Prozent besonders wichtig, gefolgt von Schnelligkeit (48 Prozent) und Bequemlichkeit (46 Prozent). Die Anschaffung eines eigenen E-Autos ist für rund ein Drittel der Befragten ein wichtiger Bestandteil ihrer persönlichen Mobilität. Gleichzeitig fordern sie von Politik und Unternehmen, das Angebot an umweltfreundlicher Mobilität auszubauen. Die Umfrage fand in zwei Teilen im Herbst 2019 und 2020 unter nordamerikanischen und europäischen Stadtbewohnern im Alter von 18 bis 34 Jahren statt.« (Autohaus, a.a.O.)

Portrait der Generationen, Prägung, Zusammenfassung

Nach schweren Prüfungen entwickeln sich neue Perspektiven – das dürfte vor allem für viele aus der Kriegsgeneration, zum Teil aber auch der Nachkriegsgeneration die prägenden Erfahrungen gewesen sein. Fast alle waren in irgendeiner Weise oder sogar mehrfach vom Krieg gezeichnet, durch Verletzung, Vertreibung, Zerstörung oder Tod von Angehörigen und musste im und nach dem Krieg harte Entbehrungen, Not und Elend ertragen.

Ganzen Jahrgängen wurde »ihre Jugend gestohlen«: Belastet mit fürchterlichen und traumatisierenden Erlebnissen, fanden viele nur schwer zurück ins »normale Leben«. Die jüngeren hatten mehr Glück: Ihre Kinderwahrnehmung schützte sie wenigstens vor dem, was sie nicht unmittelbar betraf, und berichten rückblickend nicht selten, dass sie eine »schöne Kindheit« gehabt hätten.

Die häusliche und schulische Erziehung knüpfte ziemlich nahtlos an die Vorkriegsmuster an: eher streng bis autoritär, weniger reflektiert als an traditionellen Mustern orientiert, damit aber auch klar und gut kalkulierbar. Die Klassen in der Schule waren groß, der Unterricht frontal dozierend, es wurde gelehrt bzw. gelernt, ohne viel zu hinterfragen. Körperliche Strafen waren durchaus üblich und von den Eltern akzeptiert.

Die erst wenige Jahre zurückliegende Kriegskatastrophe und ihre Folgen waren in der Schule nicht existent: Man hat nicht darüber gesprochen, und die (alten) Geschichtsbücher hörten vor dem Nationalsozialismus auf. Insofern entsprachen die schulischen Verdrängungsmechanismen denen der Öffentlichkeit.

Die Vergangenheit wurde kaum thematisiert, stand aber dennoch stets im Raum – auch im privaten Bereich. Nur wenige Väter und Mütter sprachen mit ihren Kindern darüber – weil sie nicht konnten oder nicht wollten. Die Diskussionen begannen erst, als die Kinder die Väter fragten: Wie war das möglich? Was hast du getan – bzw. nicht getan?

»Was hätten wir denn machen sollen?« und »Wir wussten doch von nichts«, waren häufige Antworten, die den Jungen aber oft nicht gereicht haben. Oft entstand ein langes und belastendes Schweigen – wohl eines der wesentlichen Motive für die gesellschaftskritische Bewegung der 60er Jahre.

Ebenfalls zwiespältig war im Westen die politisch-gesellschaftliche Entwicklung: Auf der einen Seite das gute Gefühl, in der neuen Demokratie gut aufgehoben zu sein, andererseits aber miterleben zu müssen, wie sowohl die von vielen gehegte Hoffnung »Nie wieder Krieg« durch Wiederbewaffnung (Gründung Bundeswehr) und NATO-Beitritt (1955) in Frage gestellt wurde und wie wenig ernsthaft die Aufarbeitung der Vergangenheit in Politik, Justiz und Wirtschaft betrieben wurde.

Mit dem kaum erwartbaren wirtschaftlichen Aufschwung der 50er Jahre eröffneten sich für viele neue persönliche Lebensperspektiven: Es ging langsam aber stetig aufwärts, man konnte sich wieder etwas leisten, feiern und das Leben genießen. Wer da zu beharrlich auf der Vergangenheitsbewältigung herumritt, lief leicht Gefahr, als Miesmacher abgestempelt zu werden. Letztlich bestand der bequemere Weg für beide Seiten darin, die Vergangenheit »ruhen zu lassen« und nach vorne zu blicken.

Insofern sind beide Generationen in Widersprüchen aufgewachsen. Die vielfältigen persönlichen Herausforderungen und bewältigten Belastungen machten sie wohl robust.

Der allgemeinen Widersprüchlichkeit entsprechend, bietet die Jugend ein sehr widersprüchliches Bild: Das wilde Aufbegehren ab Mitte der 60er Jahre wird zwar zu einem neuen und machtvollen gesellschaftlichen Faktor, repräsentiert aber nur einen Teil der Jugend. Der wohl größere Teil hält sparen für besonders wichtig und nennt als Lebensziel: »Glücklich verheiratet sein, ein gutes Familienleben führen.« Der Spiegel spricht deswegen auch von der »übertriebenen Generation«. (Die übertriebene Generation, Spiegel 41/1967, S. 154 ff. a.a.O.)

In den Wirtschaftswunderjahren stieg die Geburtenrate auf einen Höchststand. Die Babyboomer wurden damit die stärkste Gruppe der Nachkriegszeit. Dieser Trend ändere sich erst mit der Antibabypille (1965) – dem sogenannten Pillenknick. Die Generation wurde in einen ansteigenden Wohlstand hineingeboren. Auf der Grundlage verbesserter Bildungsbedingungen entwickelte sie die Hoffnung auf eine bessere Zukunft als ihre Elterngeneration. Die Identifikation mit Arbeit und Beruf war auffällig ausgeprägt.

Die älteren Angehörigen dieser Generation, also die bis etwa 1955 Geborenen, waren diejenigen, die die gesellschaftlichen Verhältnisse kritisierten (Demonstrationen gegen Pressekonzentration, Bildungsmissstände, Geschlechterungleichheit, Vietnamkrieg usw. – 68er-Bewegung) und zum Teil neue Lebensformen ausprobierten (WGs, offene Beziehungen, Kommunen). Und sie waren diejenigen, die sich gegen die »Nazi-Väter« erhoben.

Daraus und aus anderen Gründen entstehen bei vielen im familiären Umfeld neue Konflikte um die Schuldfrage, Erziehungsformen, Lebensformen und politische Orientierung.

Prägende politisch-gesellschaftliche Bedingungen waren die deutsche Teilung mit dem Höhepunkt des Mauerbaus (1961), der »Kalte-Krieg«, die atomare und ökologische Bedrohung (saurer Regen, Waldsterben, Tschernobyl).

Weltpolitisch erlebt die Generation einen großen Ansehensverlust der USA (Vietnamkrieg) und einen damit verbundenen Orientierungsverlust.

Sie erleben im Beruf einen tiefgreifenden technologischen Wandel, der ihnen Anpassung und zum Teil Neuorientierung abverlangt.

Fast gleichzeitig werden sie Anfang der 70er Jahre mit einem größeren wirtschaftlichen Einbruch konfrontiert.

Diese durchaus widersprüchlichen Prägungselemente wirken in die Jugendmilieus hinein – unter anderem dadurch, dass sich diese stärker ausdifferenzieren: Einerseits wird eine »Null-Bock-Generation« ausgemacht, die sich für nichts mehr interessiert und für die Zukunft keine großen Hoffnungen mehr hat, daneben die eher optimistisch Angepassten (beruflicher Aufstieg, Genuss im Konsum, Familienglück), unterschiedliche Formen des persönlichen »Ausstiegs« (Hippies, Hare-Krishna-Bewegung, Alternatives Leben im Einklang mit der Natur) und politische Rebellions- und Widerstandsformen (Häuserbesetzer, Stadtindianer, Außerparlamentarische Opposition, Ökobewegung und revolutionäre Gruppen).

Im Rückblick sagt Bernd Ulrich über sie: »Sie waren die Generation der ausgleichenden Vernunft. Und haben die Krisen verschlafen.« (Ulrich, Bernd, a.a.O.)

Während in ihrer Elterngeneration eine ausgeprägte Aufbruchsstimmung herrschte (gesellschaftlicher Aufbruch mit vielen positiven Entwicklungen, wie z.B. Gleichstellung der Geschlechter), macht sich in der Zeit, in der die Generation X aufwächst, eine gewisse Frustration breit. Ursachen dafür sind der langanhaltende Kalte Krieg, der mit der Angst vor einem Atomkrieg verbunden ist. Das »Wirtschaftswunder« ist Vergangenheit: Der internationale Konkurrenzdruck wächst, die Arbeitslosigkeit steigt (1989 fast 10 %), und Niedriglohnjobs verbreiten sich. In der Selbstdefinition spielt Arbeit nicht mehr die zentrale Rolle, vermehrt wird der Versuch unternommen, Arbeit und Privatleben in Einklang zu bringen (Work-Life-Balance).

Im Arbeitsleben verändert sich Vieles: Die Digitalisierung beginnt, Arbeitsbedingungen ändern sich eklatant, die Anforderungen wandeln sich und werden höher. Erstmals zeichnen sich zunehmende Belastungsprobleme (mentale Erkrankungen, Burnout) ab.

Belastend für die Generation X waren sicher die gesellschaftlichen Brüche, die sich aus dem Aufbruch der 60er und frühen 70er Jahre ergaben: Scheidungen nahmen zu, damit wuchs die Zahl der Scheidungskinder und die Zahl der Alleinerziehenden. Wo Eltern noch oder wieder – eventuell mit neuen Partnern – zusammenlebten, waren oft beide berufstätig, was sich wiederum belastend für das Familienleben auswirken konnte (»Schlüsselkinder«). Gelegentlich wird deswegen sogar von der »Lost Generation« gesprochen.

Andererseits verbesserten sich die Bildungschancen deutlich: Die Zahl der Studierenden hat sich zum Beispiel zwischen 1973 und 1989 mehr als verdoppelt.

Die Medienlandschaft wurde vielfältiger, private Sender mit neuen Formaten verbreiteten sich und erreichten damit hohe Einschaltquoten, zunehmend zu Lasten der öffentlich-rechtlichen Anstalten. Häufig wurde in diesem Zusammenhang von »Brutalisierung« und »Sexualisierung« gewarnt.

Angesichts des technischen Fortschritts mit seinen ambivalenten Folgen prägte der Soziologe Ulrich Beck Mitte der achtziger Jahre den Begriff der »Risikogesellschaft«.

Dazu passt die Charakterisierung der Generation X als eher pessimistisch und ambivalent.

Kaum eine andere Generation kann so unmittelbar mit einem Einzelereignis in Verbindung gebracht werden wie die »Millenials«: Die Terroranschläge vom September 2001 in den USA (9/11) prägten das ganze erste Jahrzehnt des neuen Jahrtausends. Als Folge verbreiteten sich Verunsicherung, Angst und neue politisch-kulturelle Gegensätze (»Islamistische Bedrohung«). Die in den Achtzigern Geborenen erlebten dies bewusst, die späten Ypsiloner eher unbewusst als verbreitete Stimmung.

Das könnte eine Ursache dafür sein, dass diese Generation als unentschlossen und selbstbezogen (»Generation-Me«) wahrgenommen wird. Eine diesbezügliche Studie von Erik Albrecht kommt zum Ergebnis, die Generation sei vielschichtiger; einiges spreche dafür, dass sie eher »heimliche Revolutionäre« seien.

Die Erziehung ihrer Eltern erlebten sie oft als nachsichtig und gelassener, die Zeit der ideologisch geprägten Auseinandersetzung über Erziehungsstile scheint überwunden.

Dates mit dem anderen Geschlecht wurden meist durch persönliches Ansprechen und den Austausch von Handy-/Telefonnummern organisiert.

Zu ihren objektiven Merkmalen gehört, dass sie wie keine vorausgegangene Generation in eine digitale Welt hinein- und mit ihr aufgewachsen sind (Digitale Natives«). Zu ihrer medialen

Welt gehören E-Mails, Handys, CD- und MP3-Player und in Teilen noch das TV-Programm.

Die Generation der Millenials weist einen sehr hohen Bildungsgrad auf. Nicht selten führte dies in eine Sackgasse aus gesammelten Zertifikaten und aneinandergereihten Praktikumsstellen. Sie galten in der Arbeitswelt als sehr flexibel und durchaus offen für neue Formen der Arbeitsorganisation (»Home-Office«). Der Jugendforscher Klaus Hurrelmann merkte dazu an: »Was die berufliche Perspektive anging, waren sie in einer sehr schwierigen Lage. Es gab keine Garantien, stattdessen waren sie mit einer existenziellen Verunsicherung konfrontiert. »

Bezüglich der Lebensformen (Ehe, Familie, Freizeit) werden dieser Generation durchaus konservative, ja sogar »spießige« Verhaltensweisen zugeschrieben. Indizien hierfür sind die traditionelle Hochzeit, der Bausparvertrag, der Wunsch nach zwei Kindern, einem Garten und einem Hund. Erklärt wird dies mit dem Bedürfnis nach Sicherheit in einer Welt der vielen (oft unerfüllten) Möglichkeiten und ihrer gleichzeitigen Unkalkulierbarkeit.

Von vornherein bemerkenswert ist der Umstand, dass sich die »Z-ler« im Vergleich zu den vorherigen Generationen als »ganz anders« definieren. Tatsächlich unterscheidet sich ihre Welt in vielem von dem, was vorher war: Von Anfang an umgibt sie eine »volldigitalisierte Welt«, in der sie schon früh »ständig online« sind und immer neuen Kommunikationsformen begegnen und diese selbst anwenden. Sie erleben viel Kritik an diesem Verhalten, obwohl sich viele Erwachsene ebenso häufig wie sie in Medienwelten bewegen. Gleichzeitig sind sie in vielen Familien früh der Experte für Kommunikationstechnologie. Dies wiederum stärkt ihre soziale Rolle und schwächt gleichzeitig die Kritik der Eltern an ihrem Medienverhalten.

Informationsbeschaffung, -verarbeitung und -präsentation per Internet wenden die Kinder schon im Grundschulalter an. Sie sind schnelle Ergebnisse gewohnt, haben aber oft Defizite darin, die Seriosität von Informationen zu beurteilen.

Zur gängigen und als normal geltenden Medienwelt dieser Generation gehören Smartphone, WhatsApp, Spotify und YouTube. Die Mediennutzung dient dabei zusätzlich der Selbstinszenierung.

Die Teilnahme an dieser digitalen Welt bedeutet soziale Teilhabe. In der Umkehrung folgt daraus: Der Ausschluss aus diesen Formen digitaler Kommunikation – z. B. wegen Geldmangel im Elternhaus – kann zu sozialer Diskriminierung führen.

Die allgemein verbreitete Konsumfreudigkeit konzentriert sich gerade bei jungen Menschen auf das Gebiet elektronischer Medien (Hard- und Software).

Die elterliche Erziehung erleben die Z-ler als partnerschaftlich-antiautoritär. Als Mittel zur Kontaktaufnahme verbreiten sich Dating Apps, und Social Media.

Die Generation, die jetzt ins Berufsleben eintritt – oder schon eingetreten ist – bringt in der Regel gute und nicht selten mehrere Qualifikationsnachweise mit. Ihr Auftreten wird häufig als selbstbewusst wahrgenommen. Das zeigt sich zum Beispiel bei der Vereinbarung von Arbeitsbedingungen und Entlohnung: Zu dem schon vorher praktizierten Modell »Geld gegen Zeit« kommen zunehmend Regelungen mit dem Muster »Geld gegen Ergebnis«. Vor allem beruflich legt sie großen Wert auf Feedback – wohl auch deswegen, weil darauf in ihrem bisherigen Leben (Elternhaus, Kindergarten, Schule) großer Wert gelegt wurde. Aus heutiger Sicht wird ihr Verhältnis zur Arbeit teilweise kritisch gesehen: Aus Arbeitgebersicht sind sie »faul, verwöhnt, unverschämt«. (Matzig, a.a.O.) Stabilität suchen und finden sie vor allem in der Familie.

Die Freizeit und ihre Nutzung haben einen hohen Stellenwert. Bei den spät Geborenen dieser Generation verbreitet sich aber zunehmend neues politisches Engagement – sichtbar zum Beispiel in der »Fridays-for-Future«-Bewegung. Gelegentlich wird deswegen sogar schon von der »Generation Greta« gesprochen. Und Klaus Hurrelmann ist der Überzeugung, die Generation Z habe vor allem Gemeinsamkeiten mit den Babyboomern.

Abschluss/Zusammenfassung Generationen

Wie vorab betont, entspricht unsere »Generationengegenüberstellung« weder in der Gliederung der Generationen noch in der Auswahl der Kriterien und auch nicht in der Untersuchungsmethode wissenschaftlichen Ansprüchen.

Sie kann deswegen – und aus anderen Gründen – keine »Generationentypologie« liefern.

Was sie aber bietet, sind ansatzweise plausible Erklärungen dafür, dass und auf welche Weise Menschen, die zu verschiedenen Zeiten geboren und aufgewachsen sind, sehr unterschiedlichen gesellschaftlichen Prägungen unterworfen waren und sind. Bei allen individuellen Unterschieden könnten also jeweils besonders wirksame Einflussfaktoren dazu führen, dass es – vor allem bei jüngeren Menschen – Verhaltensformen gibt, die damit zu tun haben.

So betrachtet, könnte Schwester Resi also durchaus richtig liegen, wenn sie bei ihren jungen Kolleginnen immer wieder »typische« Verhaltensformen registriert.

Ob die Befürchtung berechtigt ist, dass »die Jungen« immer schlechter werden oder dass gar ein »Werteverfall« droht oder schon im Gang ist, verdient eine genauere Betrachtung.

KAPITEL 3
WERTE UND NORMEN

Grundlagen und Abgrenzungen

Die beiden Begriffe stehen in engem Zusammenhang zueinander. Werte sind, vereinfacht gesagt, so etwas wie Maßstäbe, an denen sich Einstellungen und das Verhalten von Menschen in der Gesellschaft orientieren sollen. Wenngleich der Begriff erst in der jüngeren Geschichte verwendet wird, gab es schon in sehr alten, archaischen menschlichen Gruppierungen (Sippen, Stämme usw.) solche Wertesysteme. Sie dienten vorwiegend dazu, Sicherheit und Bestand der Gruppe zu gewährleisten, und waren meist aus der Tradition und aus metaphysisch-religiösen Einflüssen abgeleitet. Sie schlugen sich nieder in fest vorgegebenen Verhaltensnormen und entsprechenden Ritualen. Ihre Einhaltung wurde von einem Stammesältesten, einem Häuptling oder »Weisen Mann« oder von einem auserwählten Gremium überwacht. Ihre Entscheidungen legitimierten sich aus der traditionellen Überlieferung und wurden zum Teil mit metaphysischen Ritualen untermauert. Die Sanktionen bei Verstößen waren streng geregelt und reichten bis hin zur Ausstoßung aus der Gruppe oder zur Todesstrafe. Ihr oberstes Ziel bestand darin, das Überleben der Gruppe zu sichern, individuelle Ansprüche wurden diesem Ziel untergeordnet.

Mit der Weiterentwicklung von Gesellschaften wurden sowohl die Regelungen als auch das Sanktionierungssystem differenzierter: Es gab immer mehr Sachverhalte, die rechtlich zu regeln waren, und es wurde zunehmend wichtiger, sich auf festgeschriebene Regelungen berufen zu können. Ein positives (geschriebenes) Rechtssystem für fast alle Bereiche des Lebens entstand. Gleichzeitig wuchs die Bedeutung der individuellen Rechte, das heißt, die gesetzlichen Regelungen mussten immer stärker darauf ausgerichtet werden, individuelle und öffentliche Ansprüche gegeneinander abzuwägen. So ist bei uns das Eigentumsrecht grundsätzlich garantiert, muss aber im Einzelfall trotzdem gegen allgemeine Ansprüche abgewogen werden. Zum Beispiel dann, wenn Kommunen, das Land oder der Bund ein Straßenprojekt plant und dazu privaten Grund erwerben müssen.

Soweit keine andere Planung zumutbar ist und alle Alternativen (wie z.B. Tausch) ausgeschöpft sind, kann hierzu das Mittel der Enteignung angewendet werden.

Das heißt, dass unsere staatlichen Grundlagen (Grund- und Menschenrechte, Rechtsstaatlichkeit, Sozialstaatlichkeit und das Prinzip der demokratischen Machtlegitimierung) einerseits ein Wertesystem abbilden, dass aber andererseits die konkrete Definition dessen, wie die Verwirklichung eines Werts in der staatlichen Ordnung auszusehen hat, politisch zu entscheiden ist. Weil aber Gesellschaften einem Wandel unterworfen sind, stellt sich diese Aufgabe immer wieder neu: Das zeigte und zeigt sich an Themen wie Kriegsdienstverweigerung, Schwangerschaftsabbruch, Sterbehilfe, pränataler Diagnostik, Homo-Ehe, Freiheitsbeschränkungen wegen Covid 19 usw.

Das individuelle Werteverhalten bildet sich im Rahmen von Erziehung und Sozialisation aus: Es spiegelt also sowohl die Tradition einer Gesellschaft und ihren »Zeitgeist« und hängt selbstverständlich von persönlichen Merkmalen und Umständen ab.

Das gesellschaftlich erwartete Verhalten kann als Verhaltensnorm bezeichnet werden. Diese Normen schlagen sich in Sitten, Gebräuchen, Ritualen, Verhaltensregeln, Ordnungen und schließlich Gesetzen nieder. Die Einhaltung der Normen wird mit Hilfe eines differenzierten Sanktionssystems gesteuert. Wer sich zum Beispiel einfach schlecht benimmt – nicht grüßt, nicht bitte oder danke sagt – muss mit sozialer Ächtung rechnen, was bedeuten kann, dass er/sie gemieden oder gar aus Gruppen ausgegrenzt wird. Wer geltende Ordnungen verletzt, muss mit härteren Restriktionen (Mahnungen, Ausschluss, Schadenersatz) rechnen, und wer gegen das Strafrecht verstößt – also zum Beispiel Diebstahl begeht, Gewalt ausübt oder betrunken Auto fährt – dem drohen eine öffentliche Anklage und Strafmaßnahmen von Geldstrafen bis hin zu Freiheitsentzug.

Anders ausgedrückt: Eine Gesellschaft reagiert umso schärfer auf Normverletzungen, je stärker diese das der Gesellschaft zu Grunde liegende Wertesystem bedrohen. In modernen und vielfältig differenzierten Gesellschaften wird es immer schwieriger, einen allgemein verbindlichen Verhaltenskodex zu definieren. Wo Menschen unterschiedlichster religiöser, kultureller und ethnischer Herkunft zusammenleben, werden die Alltagsverhaltensmuster vielfältiger. Solche Gesellschaften müssen sich sozusagen neu erfinden, indem sie einerseits eine »breitere Alltagskultur« zulassen, andererseits aber das dem Rechtsstaat zu Grunde liegende Wertesystem als allgemein verbindlich deklarieren.

Es mag auf den ersten Blick überraschen, doch diese Entwicklung spiegelt sich in der Geschichte unserer Kleidung: In archaischen Zeiten war sie fast ausschließlich funktional begründet. Aus dem, was der Lebensraum bot, wurde das hergestellt, was zum Schutz vor Kälte und Nässe nützlich war. Das waren zunächst Felle, Häute, Sehnen und Leder, später primitive Woll- und Leinenstoffe. Aus physiologischen und praktischen Gründen unterschied sich diese Kleidung zwar bei Männern und Frauen, ansonsten war sie für alle gleich. Leichte Unterschiede entwickelten sich aus unterschiedlichen Fähigkeiten bei der Herstellung und aus der Lust an schmückenden Elementen. Allmählich drückten sich in der Kleidung (und anderen Elementen) Unterschiede des Ranges aus, die eine Person in der Gruppe einnahm. Kleidung bekommt damit eine neue Funktion: Sie definiert gesellschaftliche Unterschiede.

In der ständischen Gesellschaft des Mittelalters erreichte diese Abgrenzung ihren Höhepunkt: Man kleidete sich »nach Stand und Herkommen«. Verletzungen dieser strengen Kleiderordnung wurden streng geahndet, stellten sie doch den Versuch dar, die »göttliche« Ordnung, nach der Menschen mit unterschiedlichen Rechten zur Welt kommen, in Frage. Die vorgeschriebene Kleidung zeigte nicht nur den gesellschaftlichen, sondern (vor allem für Frauen), die persönliche Situation innerhalb eines Standes: Unverheiratete hatten sich anders zu kleiden als Ehefrauen, und selbst für Witwen gab es spezielle Kleidervorschriften.

Insbesondere für das weibliche Geschlecht galten stets strenge Regeln dafür, dass die Kleidung »züchtig« war: Nicht aufreizend, also Röcke nicht zu kurz, der Ausschnitt nicht zu groß, die Haare nicht offen. Hosen für Frauen waren bis weit ins vergangene Jahrhundert hinein eher verpönt!

Vor diesem Hintergrund wundert es nicht, dass sich das Aufbegehren gegen die ständischen Verhältnisse auch in der Ablehnung oder Verächtlichmachung der Kleiderordnung zeigte: In der Französischen Revolution von 1789 verzichteten die Pariser Arbeiter und Bauern bewusst auf die bei den Adligen üblichen

Kniebundhosen und erhielten deswegen den Namen Sansculotten, was übersetzt »ohne Kniebundhose« bedeutet.

Und die deutschen Burschenschaften des Vormärz, die ebenfalls für Freiheit, Gleichheit und Brüderlichkeit kämpften, verbrannten als Symbol für die Adelsherrschaft deren Zopfperücken.

Mit der Entstehung der bürgerlichen Gesellschaft im 19. Jahrhundert verschwanden viele dieser Kleiderordnungen. Ab- und Ausgrenzungen durch Kleidung gab es immer noch – vor allem deswegen, weil monarchistisch-ständische Staats- und Gesellschaftsordnungen vielerorts bis zum Ende des Ersten Weltkriegs bestehen blieben. In solchen konstitutionellen Monarchien waren alte Ständeordnungen zwar weitgehend überwunden, der Einfluss des Adels blieb erheblich – vor allem im Militär: Uniformen waren in der Gesellschaft weit verbreitet und ihre Träger genossen Ansehen und Respekt. Abgesehen von dem stattlichen Erscheinungsbild des »Mannes in Uniform« repräsentierten sie ein System mit klarer Rangordnung: Auf den ersten Blick war ersichtlich, wer vor einem stand. Eine solche hierarchische Ordnung entsprach noch immer dem allgemeinen Denken. Die Frage »Wo haben Sie gedient?« gehörte zum Standard bei Einstellungsgesprächen, und mit dem Nachweis des Dienstes bei einer Kompanie mit Reputation war die Stelle eigentlich schon vergeben. Das Auftreten von hohen Offizieren war in bürgerlichen Kreisen gerne gesehen. Man konnte seine gesellschaftliche Stellung durch Uniformträger aufwerten.

Einen tragischen Höhepunkt mit schrecklichem Ende fand diese Entwicklung in der Zeit des Nationalsozialismus. Und doch gehörten Uniformen nach der Gründung der Bundeswehr wieder zum öffentlichen Erscheinungsbild und lösten ein Echo aus, das sich zwischen bewundernder Anerkennung und Missfallen bewegte.

Auf Grund des allgemeinen Mangels galt für die frühe Nachkriegszeit der Grundsatz »Aus alt mach neu«. Zunächst ganz im Sinne bürgerlicher Traditionen wurde Kleidung ausgebessert, umgearbeitet und modernisiert. Doch die neuen Freiheiten prägten – vor allem von der Jungend ausgehend – bald das modische Erscheinungsbild der neuen Zeit. Kleidung wurde legerer, praktischer, vielfältiger und bunter. (Vgl. hierzu die Kap. »Kleidung, Mode«!)

Die Jeans verdrängten die Bügelfalte und eroberten fast alle Lebensbereiche. Gesellschaftliche Kleiderordnungen wurden aufgeweicht, und heute sieht es oft so aus, als herrsche allgemein das Prinzip »anything goes«. In der globalisierten Vielfalt mit Versatzstücken unterschiedlichster Herkunft sind Stile kaum mehr erkennbar, alles scheint mit allem kombinierbar zu sein. Die vielfältigsten T-Shirt-Aufdrucke sind kaum mehr identifizierbar, oft nicht einmal für den, der es trägt.

Die gängigen Trends werden mit Hilfe von Scouts, Influencern und Modekonzernen aufgespürt und international vermarktet. Das modische Erscheinungsbild gleicht sich auf der ganzen Welt an. Abgrenzungen finden vor allem über Labels statt – wer trägt welche Marke? Marken wie Apple oder Nike werden zu Ikonen, gewisse Produkte sogar zum Spekulationsobjekt.

Der genauere Blick macht deutlich, dass Kleidungsnormen nicht gänzlich verschwunden sind, sondern sich verändert haben. Man kann sich auch heute sehr wohl über Kleidung definieren bzw. abgrenzen: Das geht über die teure Marke, wie über die Botschaft, die Kleidung vermitteln kann. Wer Springerstiefel mit weißen Schnürsenkeln trägt, signalisiert eine politische Zugehörigkeit und wer Öko-Sandalen, weite Wollpullis und Schlabberhosen trägt, ebenso.

Die andere Seite der fast unbegrenzten Vielfalt ist Beliebigkeit und Orientierungslosigkeit: Ein Gespür dafür, wo die Grenzen der freien Kleiderwahl zu ziehen sind, scheint gelegentlich verloren zu gehen. In Touristenorten müssen Besucher darauf aufmerksam gemacht werden, dass sie sich beim Besuch einer Stadt oder gar einer Kirche »angemessen« zu kleiden haben, und Schulen sehen sich im Sommer gelegentlich gezwungen, die Freizügigkeit der weiblichen Kleidung etwas einzuschränken.

Dass es unterschiedliche Auffassungen darüber gibt, was »angemessene« Kleidung ist, wird im Berufsleben deutlich. Unumstritten ist, dass Kleidungsvorschriften, die mit Erkennbarkeit, Sicherheit und Hygiene zu tun haben (Polizei, Straßenarbeiter, Müllarbeiter, Krankenschwester, Arzt usw.) zu akzeptieren sind. Schwieriger wird es schon, wenn es darum geht, in der Kleidung einen gewissen Standard, eine Norm zu erfüllen: Anzug und Krawattenzwang, keine allzu langen Haare für Männer, keine Hosen, keine ärmellosen Tops, nicht zu grell geschminkt für Frauen usw. Und was ist mit Piercing und Tätowierung am Arbeitsplatz? Wenn Arbeitgeber solche Fragen entscheiden, darf es nicht um Fragen des persönlichen Geschmacks gehen (»Was gefällt mir – was nicht?«). Vielmehr muss abgewogen werden, ob die Überschreitung der Norm – zum Beispiel bei Kundenkontakt – Nachteile für das Geschäft bringen könnte. Die Grenzziehungen sind schwierig, deswegen sollten »No-Goes« vorab geklärt werden.

Das Tragen eines Kleidungsstücks kann weiter reichende Konflikte auslösen: Als eine muslimische Lehramtsstudentin während ihres Referendariats ihr Kopftuch im Unterricht nicht ablegen wollte, führte dies zunächst zu jahrelangen Rechtsstreitigkeiten bis hin zum Bundesverfassungsgericht. Warum? Die Schulverwaltung pochte auf den Anspruch der weltanschaulichen Neutralitätspflicht von Lehrkräften, die Lehramtsanwärterin auf ihr Recht, in der Öffentlichkeit nur so aufzutreten, wie es ihrem auf muslimischen Glauben beruhenden Sittlichkeitsverständnis entspricht. Beide Auffassungen beziehen sich auf maßgebliche Wertevorstellungen und werfen deswegen wichtige Fragen unseres Werteverständnisses auf: Wer definiert, was das Tragen eines Kopftuchs im Unterricht bedeutet? Ist das Kopftuch ein religiöses Symbol oder einfach ein (traditionelles) Kleidungsstück? Wenn es die Neutralitätspflicht verletzt, wie ist dann mit dem Tragen von christlichen Kreuzen als Schmuck umzugehen? Darf ein jüdischer Lehrer dann auch keine Kippa tragen oder ein Sikh keinen Turban?

Deutlich wird auf jeden Fall: Hinter Kleidung versteckt sich mehr als Outfit. Sie drückt auch aus, wie man gesehen werden möchte, sie transportiert Botschaften und sie kann provozieren. Und sie hat etwas mit unsern Wertemaßstäben zu tun.

Wertewandel, Werteverlust, Werteverfall – oder was?

Wenn Schwester Resi sich über manche Verhaltensweisen ihrer jungen Kolleginnen wundert, ist ihr klar, dass umgekehrt auch sie von diesen manchmal etwas belächelt wird. So zum Beispiel, wenn sie den Bleistift, den sie seit Jahren für ihre Notizen benutzt, immer erst dann wegwirft, wenn er kaum mehr als zwei Zentimeter lang ist. Oder wenn sie sich beharrlich weigert, für Transport und Aufbewahrung ihrer Brotzeit, wie alle anderen, einen Plastikbehälter benutzen und stattdessen auf ihrer alten Blechdose beharrt.

Andererseits klagt sie gelegentlich darüber, dass vieles, was ihrer Meinung nach noch zu gebrauchen wäre, weggeworfen wird. In ihrem Elternhaus hat sie gelernt, dass Dinge ihren Wert haben, weil jemand dafür gearbeitet hat, weil Material und Energie darin stecken – und, weil selbst eine zerbrochene Kaffeetasse ihren Preis hatte.

Sie weiß, dass man mit dieser Einstellung in der heutigen Zeit einen schweren Stand hat: Alles ist massenhaft vorhanden, kostet fast nichts, ist beliebig ersetzbar und kaum zu reparieren. Heute gilt: »Die Wirtschaft muss wachsen, koste es, was es wolle«.

Wie sollen Kinder und Jugendliche unter diesen Bedingungen lernen, Gegenständen Wertschätzung entgegenzubringen?

Etwas allgemeiner ausgeführt ergeben sich daraus einige Gesichtspunkte zur häufig geführten Wertediskussion. Diese wird gerne und schon seit langer Zeit unter der Prämisse »früher war alles besser« geführt. (Vgl. die entsprechenden Zitate Seite 101). Die in einer Endlosschleife wiederholte Behauptung, die »heutige Jugend« sei schlechter als die vorausgegangenen, erledigt sich im Prinzip von selbst.

Fundiertere Aussagen zur Werteentwicklung verlangen eine etwas differenziertere Betrachtung: Wie schon festgestellt, entsteht das menschliche Wertebewusstsein und damit auch die Fähigkeit zu entsprechendem Verhalten durch Erziehung und Sozialisation. Die Entwicklungspsychologie (Kohlberg, Piaget) hat festgestellt, dass sich eine »moralische Urteilsfähigkeit« ab dem frühen Kindesalter in Stufen entwickeln kann. Die Voraussetzung dafür ist ein Umfeld, das solches Verhalten lebt und einfordert. Erst dann sind höhere Stufen moralischen Verhaltens erreichbar. Selbst bei Erwachsenen lassen sich verschiedene Stufen moralischen Urteilens feststellen: Wird zum Beispiel gefragt, warum Verkehrsregeln (Geschwindigkeitsbeschränkungen u.Ä.) eingehalten werden, sagen die einen: »Weil ich Angst habe, erwischt und bestraft zu werden«, und andere: »Weil der Straßenverkehr dadurch sicherer wird«. Die zweite Antwort beruht zweifellos auf einer höheren moralischen Stufe als die erste.

Es ist nicht damit getan, den einzelnen Menschen auf ein möglichst hohes Niveau moralischen Urteilens zu bringen, sondern es müssen Voraussetzungen geschaffen werden, dass dies auch zu moralischem Handeln führt. Das bedeutet, die gesellschaftlichen und politischen Rahmenbedingungen müssen diesem moralischen Anspruch im Wesentlichen entsprechen, also auf den Grundrechten aufbauen, rechtsstaatlich, sozial und demokratisch sein. Nur dann kann sich moralisches Handeln so wirksam entwickeln, dass sich eine Gesellschaft wertebezogen weiterentwickelt.

Wo dies nicht der Fall ist, werden zwar »Werte« formuliert und eingefordert, oft sind diese dann ideologisch verzerrt und damit dem Missbrauch ausgeliefert. Beispielhaft hier die »Vaterlandsliebe«. Ursprünglich war damit die emotionale Bindung an die Heimat oder das Vaterland gemeint. Er verband sich im Lauf der Zeit immer stärker mit dem Nationalgefühl. In Deutschland benutzten ihn in der ersten Hälfte des 19. Jahrhunderts unter anderem die Burschenschaften, um ihre Forderungen nach Freiheit und Einheit zu unterstreichen. Im späteren 19. und vor allem 20. Jahrhundert wird die Vaterlandsliebe immer stärker vom Nationalismus okkupiert, und zwar so stark, dass sich daraus, für viele glaubhaft, eine »Erbfeindschaft« zu Frankreich ableiten und zwei Kriege rechtfertigen ließen. Den Höhepunkt des Missbrauchs schufen die Nationalsozialisten mit dem Weckruf: »Für Führer, Volk und Vaterland.«

Kein Wunder also, dass sich die »Vaterlandsliebe« nach dem Zweiten Weltkrieg schwertat. Gustav Heinemann (Bundespräsident 1969–1974) drückte dies einmal so aus: »Es gibt schwierige Vaterländer. Eines von ihnen ist Deutschland. Aber es ist unser Vaterland.« Und auf die Frage, ob er es liebe, antwortete er: »Ach was, ich liebe keine Staaten, ich liebe meine Frau; fertig!«

Die dargestellten Aspekte deuten auf eine Wechselwirkung von individuellen moralisch-ethischen Einstellungen und der werteorientierten Entwicklung eines gesellschaftlich-politischen Systems hin: Nur wenn die politischen Verhältnisse dem öffentlichen Diskurs genügend Spielraum geben, können wertebezogene Konflikte so ausgetragen werden, dass sie im Ergebnis zu einer humaneren Gesellschaft beitragen. Und umgekehrt: Das persönliche moralisch-ethische Urteil entwickelt sich dort am besten, wo die demokratische Teilhabe an Entscheidungsprozessen garantiert ist und wo in fairen Auseinandersetzungen um die gerechteste Lösung gerungen wird.

In der Geschichte der Bundesrepublik sind eine Reihe solcher Konflikte ausgetragen worden. Die folgenden Beispiele zeigen die Grundlinien gegensätzlicher Positionen und das zum jeweiligen Zeitpunkt mehrheitsfähige Ergebnis. Dabei muss allen Beteiligten bewusst sein, dass es sich immer nur um »Momententscheidungen« handeln kann, die revidierbar bleiben müssen. Gesellschaftliche Entwicklung bleibt ein Dauerprozess.

Kriegsdienstverweigerung: Das Grundgesetz von 1949 sieht Kriegsdienstverweigerung als Grundrecht vor. In früheren Zeiten war sie als Fahnenflucht und als Landesverrat betrachtet und entsprechend bestraft worden. Im NS-Staat galt sie als »Wehrkraftzersetzung« und war mit Todesstrafe bedroht. Als 1956 in Deutschland wieder die Wehrpflicht eingeführt wurde, lehnten zahlreiche junge Männer den Dienst an der Waffe mit der Begründung ab, sie seien pazifistisch und glaubten nicht daran, dass politische Konflikte militärisch gelösten werden dürften bzw. könnten. Einen Kriegsdienst könnten sie deswegen nicht mit ihrem Gewissen vereinbaren. Die Anerkennung erfolgte nach einer Antragsstellung und einem Anhörungsverfahren. In letzterem wurden die Antragsteller in den ersten Jahren einer Art Kreuzverhör unterzogen, in dem versucht wurde, ihre Gewissensentscheidung als Vorwand zu entlarven. Nachdem viele den Kriegsdienst nach einer versagten Anerkennung verweigerten und nachdem es zahlreiche Rechtsverfahren und intensive politische Auseinandersetzung dazu gegeben hatte, wurden mit dem Zivildienstgesetz von 1983 bzw. 2002 vereinfachte und abschließende Regelungen beschlossen.

Schwangerschaftsabbruch: In der Bundesrepublik stellten die §§ 218 ff. des Strafgesetzbuchs den Schwangerschaftsabbruch für denjenigen, der ihn durchführt und für die Schwangere unter Strafe. Wie schon lange vorher, hatte dies zur Folge, dass sich zahlreiche ungewollt Schwangere Hilfe nur bei dubiosen »Engelmacherinnen« holen konnten und sich dabei großen gesundheitlichen Risiken aussetzten. Als sich in den 60er Jahren die Sexualität liberalisierte und der illegale Schwangerschaftsabbruch zunahm, nahmen die gesellschaftlichen Diskussionen zum § 218 zu. Im Juni 1971 bekannten sich schließlich zahlreiche prominente Frauen in einer »Stern«-Titelgeschichte mit der Überschrift »Wir haben abgetrieben« zu ihrer Gesetzesübertretung. Damit hatte das Thema eine politische Dimension erreicht. Die Positionen reichten vom absoluten Verbot einer Abtreibung über verschiedene Indikationslösungen bis hin zur Fristenlösung. Die gesellschaftlichen Diskussionen erreichten über verschiedene Gruppen und Organisationen die ganze Öffentlichkeit und polarisierte diese wie kaum ein Thema zuvor. Nach heftigen politischen Kontroversen und einer Entscheidung des Bundesverfassungsgerichts verabschiedete der Bundestag im Mai 1976 schließlich eine Indikationsregelung mit Beratungspflicht. Diese erreichte eine hohe gesellschaftliche Akzeptanz. Trotzdem gibt es immer wieder Versuche, sie zu kippen: »Abtreibung ist Mord«.

Homoehe

Die Diskriminierung, Verurteilung und strafrechtliche Verfolgung von gleichgeschlechtlichen Beziehungen – vor allem zwischen Männern – hat in vielen Kulturen eine lange Geschichte. Gleichwohl ist ihr Vorhandensein vielfältig dokumentiert.

Der ethische Hintergrund ist meist darin zu sehen, dass Homosexualität als unnatürliche, selbst gewählte Perversion von Sexualität darstelle.

In Deutschland wurden Homosexuelle lang Zeit verfolgt, vor allem im Nationalsozialismus. Aber auch in den ersten Jahrzehnten der Bundesrepublik war der aus dem Jahr 1872 stammende Paragraf 175 gültig. Er wurde erst 1994 endgültig abgeschafft.

Vor diesem Hintergrund ist es nicht verwunderlich, dass sich heute noch viele schwer damit tun, gleichgeschlechtliche Partnerschaften anzuerkennen. Nach jahrzehntelangen heftigen Diskussionen haben in Deutschland gleichgeschlechtliche Paare das Recht auf Eheschließung (Gesetz vom 1. Oktober 2017). Bis dahin war für homosexuelle Paare lediglich eine eingetragene Lebenspartnerschaft möglich.

Die Jugend – immer schlechter? – Zitate

Anhand einiger Zitate verschiedener Verfasser aus ganz unterschiedlichen Zeiten lässt sich belegen, dass die Klagen über die »schlechte Jugend« nichts Neues sind.

Die Zitate stammen von: Mönch Peter, 1274 – einem Schulmeister im 18. Jh. – einem Keilschrifttext, Chaldäa, um 2000 v. Chr. –

zweimal von Aristoteles, 384–322 v. Chr. – Anke Schelling, 2020 – Melanchthon, um 1530 – Sokrates, 470–399 – Plato 427–347 – einer Tontafel der Sumerer ca. 3000 v. Chr. Können Sie zuordnen, was zu wem gehört?

(1) »Der grenzenlose Mutwille der Jugend ist ein Zeichen, dass der Weltuntergang nah bevorsteht.«

(2) »Keine Generation kommt davon, (...) ohne dass die nächste ihr was vorwirft.«

(3) ...] die Schüler achten Lehrer und Erzieher gering. Überhaupt, die Jüngeren stellen sich den Älteren gleich und treten gegen sie auf, in Wort und Tat.«

(4) »Die Jugend achtet das Alter nicht mehr, zeigt bewusst ein ungepflegtes Aussehen, sinnt auf Umsturz, zeigt keine Lernbereitschaft und ist ablehnend gegen übernommene Werte.«

(5) »Unsere Jugend ist heruntergekommen und zuchtlos. Die jungen Leute hören nicht mehr auf ihre Eltern. Das Ende der Welt ist nahe.«

(6) »Die Welt macht schlimme Zeiten durch. Die jungen Leute von heute denken an nichts anderes als an sich selbst. Sie haben keine Ehrfurcht vor ihren Eltern oder dem Alter. Sie sind ungeduldig und unbeherrscht. Sie reden so, als wüssten sie alles, und was wir für weise halten, empfinden sie als Torheit. Und was die Mädchen betrifft, sie sind unbescheiden und unweiblich in ihrer Ausdrucksweise, ihrem Benehmen und ihrer Kleidung.«

(7) »Die Jugend von heute liebt den Luxus, hat schlechte Manieren und verachtet die Autorität. Sie widersprechen ihren Eltern, legen die Beine übereinander und tyrannisieren ihre Lehrer.

(8) »Das Sittenverderben unserer heutigen Jugend ist so groß, dass ich es unmöglich länger bei derselben aushalten kann. Ja, oft geschieht es, dass die nicht in Schranken gehaltene oder nicht gebührend ausgetriebene Zuchtlosigkeit eines einzigen Jünglings von ungesunder Triebkraft und verdorbenen Auswüchsen auch die übrigen noch frischen und gesunden Pflanzen ansteckt.«

(9) »Was nun zunächst die jungen Leute angeht, so sind sie heftig in ihrem Begehren und geneigt, das ins Werk zu setzen, wonach ihr Begehren steht. Von den leiblichen Begierden

sind es vorzugsweise die des Liebesgenusses, denen sie nachgehen, und in diesem Punkt sind sie alle ohne Selbstbeherrschung. [...] zornmütig und leidenschaftlich aufwallend in ihrem Zorne. Auch sind sie nicht imstande, ihren Zorn zu bemeistern, denn aus Ehrgeiz ertragen sie es nicht, sich geringschätzig behandelt zu sehen, sondern sie empören sich, sobald sie sich beleidigt glauben. Auch hoffnungsreich sind sie, denn das Feuer, das dem Zecher der Wein gibt, haben die Jünglinge von der Natur [...] sie tun alles eben zu sehr, sie lieben zu sehr und hassen zu sehr, und ebenso in allen anderen Empfindungen. Wenn ich die junge Generation anschaue, verzweifle ich an der Zukunft der Zivilisation.«

(10) »Ich habe überhaupt keine Hoffnung mehr in die Zukunft unseres Landes, wenn einmal unsere Jugend die Männer von morgen stellt. Unsere Jugend ist unerträglich, unverantwortlich und entsetzlich anzusehen.«

Die richtige Lösung:

1. Nach Melanchthon, um 1530
2. Aus: Anke Stelling, Schäfchen im Trockenen. Roman. Taschenbuch, München 2020, S. 9.)
3. Platon, 427–347 v.Chr.
4. Keller, 1989, ca. 3000 v.Chr., Tontafel der Sumerer
5. Keilschrifttext, Chaldäa, um 2000 v.Chr.
6. Mönch Peter, 1274
7. Sokrates, 470–399 v.Chr.
8. Ein Schulmeister 18. Jh.
9. Aristoteles, 384–322 v.Chr.
10. Aristoteles, 384–322 v.Chr.

KAPITEL 4
DIE ALTEN UND DIE JUNGEN – ARBEITSPLATZ ALS GENERATIONENTREFF

Wo verschiedene Generationen zusammenarbeiten, sind die Erfahrungen nicht überall gleich. In Schwester Resis Klinik gibt es 30 Teams in unterschiedlicher Zusammensetzung – auch bezüglich ihrer Alterszusammensetzung. Fast durchweg funktioniert das Miteinander im Team recht erfreulich. Die Jungen und die Alten kommen gut miteinander klar und ergänzen sich gegenseitig. Zusammen sind sie einfach unschlagbar. Erfahrungswissen von älteren KollegInnen wird wertgeschätzt, und aktuelles Fachwissen der jungen wird mit Interesse aufgenommen.

Natürlich gibt es ab und zu kleinere Auseinandersetzungen, doch diese Teams sehen es als selbstverständlich an, dass man nicht immer einer Meinung ist. Diskussionen und ernstere Debatten gehören für sie einfach dazu. In diesen Teams sind Werte nicht nur ins Leitbild geschrieben worden, sie werden im Alltag gelebt.

Doch es gibt Teams, in denen nicht alles glatt läuft. Da gibt es Konflikte, für die die Beteiligten keine Lösung finden und die deswegen allen die Arbeit und sogar das Leben erschweren. Es stellt sich die Frage, ob es sich um Konflikte handelt, die mit Generationenunterschieden zu tun haben.

Dieser Frage kann man bei den im Folgenden dargestellten Konfliktbeispielen nachgehen.

Beispiele und ihre Interpretation

1. Zurückgepfiffen

Der Inhaber einer Damenmodekette sucht verzweifelt nach einer Verkäuferin für eine seiner Filialen. Er findet sie schließlich in Silke K., einer 35-jährigen Mutter zweier Kinder, die dringend einen 450,– Euro-Job sucht und Erfahrungen im Damenmodeverkauf besitzt.

Silke K. macht ihre Arbeit ordentlich und kommt sowohl bei der Kundschaft als auch bei den Kolleginnen gut an, und auch der Chef ist mit ihrer Arbeit sehr zufrieden.

Er hält sie auch für geeignet, die Dekoration der Schaufenster, die »in die Jahre« gekommen ist, neu zu gestalten. Das Ergebnis gefällt allen, das Modehaus wirkt moderner und frischer.

Als Silke eines montags ins Geschäft kommt, muss sie feststellen, dass ihre Neugestaltung weitestgehend wieder auf den alten Stand zurückgesetzt worden ist.

Auf ihre Nachfrage teilt ihr der Chef mit, dass seine Ehefrau, die die beiden anderen Filialen leitet, mit dem »neuen Stil« nicht einverstanden gewesen sei und die Dekoration auf den alten Stil ausgerichtet habe. Schließlich, so habe sie gesagt, »müsse auch auf das gemeinsame Erscheinungsbild der Filialen geachtet werden.«

2. Reingelegt

Thomas ist Auszubildender in einer großen elektrotechnischen Firma. Er lernt Energieanlagenelektroniker und ist im zweiten Ausbildungsjahr. Zurzeit arbeitet er an einer komplizierten elektronischen Schaltung. Er kommt gut voran und alles scheint zu funktionieren.

Er muss seinen Arbeitsplatz für kurze Zeit verlassen. Als er zurückkommt, scheint alles wie verhext: Nichts funktioniert mehr.

Mehr als eine Stunde sucht er den Fehler, kann ihn aber nicht finden. Als er von seiner Arbeit aufschaut, fällt ihm auf, dass einige seiner Kollegen zu ihm schauen und feixen.

Schließlich erklärt ihm sein Freund, der seinen Arbeitsplatz neben ihm hat, dass sich der ältere Ausbilder, während seiner Abwesenheit, einen »Spaß« erlaubt habe, indem er einen Fehler eingebaut habe.

3. Umgangsformen

Frau K. arbeitet als Verwaltungsangestellte in einer Kommunalbehörde. Ihr Fachgebiet sind Bausachen, und sie hat sich über die Jahre darin fundierte Kenntnisse angeeignet. Als sie das 65. Lebensjahr erreicht hat, wird sie in den Ruhestand verabschiedet.

Etwa ein halbes Jahr später wird gefragt, ob sie nicht vertretungsweise für einige Monate einspringen könne, weil ihre Nachfolgerin in den Mutterschutz gehe. Sie sagt zu und freut sich, für einige Zeit wieder mit den »alten« Kolleginnen und Kollegen zusammenarbeiten zu können.

Sie weiß, dass die Amtsleitung inzwischen auf einen neuen, recht jungen Kollegen übergegangen ist.

Als sie wieder an ihrem alten Arbeitsplatz ankommt, wird sie sowohl von ihm als auch von den anderen sehr freundlich empfangen. Und sie wird darauf aufmerksam gemacht, dass sich seit dem Amtswechsel alle duzen – auch mit dem Amtsleiter.

Sie ist etwas überrascht und weiß nicht so recht, wie sie damit umgehen soll.

4. Misstrauen

Der Junglehrer Patrick K. für Physik und Mathematik kommt nach dem Referendariat an eine neue Schule. Er bereitet seine Schulstunde immer akribisch vor und stellt sich dabei die Frage: Wie kann ich den Unterricht möglichst spannend gestalten? Für die Physikstunden überlegt er sich Experimente, die die Schüler zum Staunen bringen und die den Stoff anschaulich vermitteln. Er hofft, dass die Schüler damit Spaß an einem Fach bekommen, das für viele als eher »trocken« gilt. Für ihn selbst ist Physik eine große Leidenschaft.

In seinem lebendigen und experimentierfreudigen Unterricht geht es gelegentlich etwas lauter zu, und es wird manchmal laut gelacht. Daran stören sich einige seiner KollegInnen. Was machen die da drin? Wird da auch was gelernt? Geht da alles mit rechten Dingen zu? – das sind einige der Fragen oder gar Verdächtigungen, die – hinter vorgehaltener Hand – geäußert werden.

Als dann die ersten Klassenarbeiten geschrieben waren und durch alle Klassen hinweg deutlich überdurchschnittliche Ergebnisse herauskamen, wurde im Kollegium weiter spekuliert: Vermutlich macht der neue Kollege viel zu leichte Klassenarbeiten oder er gibt vorher die Fragen bekannt. Das würde dazu passen, dass er sehr beliebt ist bei den Schülern.

Die Situation bleibt auch dem Rektor nicht verborgen. Er äußert sich zunächst nicht dazu und nutzt jede Gelegenheit, am Physiksaal vorbeizugehen, während der junge Kollege dort unterrichtet. Unter dem Vorwand, belanglose Fragen klären zu müssen, betritt er innerhalb der Unterrichtszeit immer wieder mal unangemeldet das Klassenzimmer.

Dem jungen Lehrer bleibt nicht verborgen, dass es in Wirklichkeit »Beobachtungsbesuche« sind und ebenso, dass im Kollegium über ihn gesprochen wird. Er fragt sich immer wieder, ob er den Rektor ansprechen soll, kann sich aber nicht dazu durchringen. Noch während er überlegt, wird er vom Rektor einbestellt.

Der Rektor legt ihm nahe, seinen Unterricht zu ändern. Unterricht, in dem so viel gelacht würde, sei nicht geeignet, die Schülerinnen und Schüler vernünftig auf das Abitur vorzubereiten. Außerdem stifte er mit seinem Verhalten Unruhe im Kollegium und dies wiederum drohe, den Betriebsfrieden dauerhaft zu stören.

5. Erziehungsurlaub

Der 30-jährige Pfleger Paul S. wird Papa. Er nimmt den Erziehungsurlaub in Anspruch und verzichtet auf das Angebot, eine berufliche Weiterbildungsmaßnahme für eine Führungsaufgabe auf Kosten des Betriebes zu machen. Außerdem stellt er einen Antrag auf Teilzeitbeschäftigung nach Beendigung des Erziehungsurlaubs. »Mir ist die Familie wichtiger als die berufliche Karriere«, sagt er zu seinem 60-jährigen Vorgesetzten, der das überhaupt nicht verstehen kann und erfolglos versucht, seinen jungen Kollegen, davon zu überzeugen, dass die Weiterbildung für seine berufliche Zukunft sehr wichtig sein könnte.

Bestandsaufnahme, Statistik, Umfrage

Auf der Basis unserer eigenen Erfahrungen und aus vielen Erfahrungsberichten anderer haben wir die Annahme abgeleitet, dass Konflikte am Arbeitsplatz auch Generationenkonflikte sein können. Um zu dieser Annahme fundiertere Aussagen machen zu können, haben wir eine Befragung durchgeführt.

Wir haben dazu einen Fragebogen entwickelt (siehe Anhang!) und insgesamt mehr als 400 Personen in Betrieben unterschiedlicher Branchen, in unterschiedlichen Altersgruppen und Funktionen befragt. Die Befragung erhebt nicht den Anspruch, repräsentativ zu sein, und die Auswertung beschränkt sich auf eine rein prozentuale Berechnung, entspricht also nicht statistischen Standards. Doch könnten ihre Ergebnisse Anhaltspunkte für die Bestätigung oder Widerlegung unserer Ausgangsthesen liefern.

Als erstes und grundlegendes Ergebnis der Befragung lässt sich festhalten: Fast alle Befragten erleben Konflikte am Arbeitsplatz und diese haben etwas mit dem Altersunterschied zu tun. Die Frage »Wie häufig erleben Sie Konflikte am Arbeitsplatz?« (Skala von eins bis fünf – eins bedeutet nie, fünf mehrfach täglich) antworteten lediglich zwei Prozent mit der Antwort eins: »Ich erlebe nie Konflikte am Arbeitsplatz«. Im Durchschnitt liegt die Ausprägung bei 3,6.

Auf die Frage »Wie häufig spielen Altersunterschiede bei Konflikten eine Rolle?« (Skala von eins bis fünf, eins bedeutet nie, fünf immer) antworteten lediglich fünf Prozent, dass Altersunterschiede bei Konflikten »nie« eine Rolle spielen. Bei dieser Frage lag die durchschnittliche Ausprägung bei 3,2.

Untersucht wurde ebenfalls, ob es unterschiedliche Wahrnehmungen zwischen den Altersgruppen und den Positionen im Unternehmen und der Geschlechtszugehörigkeit gibt.

Signifikante Unterschiede lassen sich zwischen den Altersgruppen feststellen: Die Jüngsten (unter 25 Jahren) und Ältesten (über 60) Befragten erleben mit den Ausprägungen 3,9 und 4,2 deutlich häufiger Konflikte am Arbeitsplatz als der Durchschnitt und die beiden Altersgruppen zwischen ihnen. In deren Wahrnehmung spielt der Altersunterschied bei der Entstehung von Konflikten deutlich häufiger eine Rolle.

Die Frage, wer für die Entstehung von Konflikten am ehesten verantwortlich ist, ob also die Jüngeren oder die Älteren oder beide gleichermaßen verantwortlich sind, wurde insgesamt relativ ausgewogen beantwortet. Etwa 70 % sehen beide gleichermaßen in der Verantwortung, rund 20 % die Älteren und 10 % die Jüngeren. Bei der Beantwortung dieser Frage lassen sich aber Altersunterschiede ausmachen. Werden nur die Antworten der unter 25-jährigen betrachtet, steigt der Anteil »die Älteren sind verantwortlich« auf etwa 36 %, »die Jüngeren« sind nach deren Wahrnehmung lediglich zu 5 % dafür verantwortlich. Betrachtet man einzig und allein die Ergebnisse der über 60-jährigen, ergibt sich ein komplett anderes Bild. Hier sind rund 22 % der Meinung, die Jüngeren seien verantwortlich und nur etwa 5 % weisen die Schuld den Älteren zu.

Beim Blick auf Führungskräfte wird ersichtlich, dass diese Konflikte am Arbeitsplatz erheblich häufiger wahrnehmen als die

Gesamtgruppe. Hier liegt die Ausprägung bei 4,3. Dies deckt sich deutlich mit einer Konfliktkostenstudie der Unternehmensberatung KPMG aus dem Jahr 2009. Eine der Kernaussagen dieser Studie ist, dass Führungskräfte 30–50 % der wöchentlichen Arbeitszeit direkt oder indirekt mit Konflikten verbringen. Die Ausprägung bei der Frage nach Altersunterschieden als Konfliktursache ist mit 3,1 bei den Führungskräften etwas niedriger als der Durchschnitt. Ebenso wird die Frage nach der Verantwortung etwas häufiger mit »beide gleichermaßen« (73 %) beantwortet.

Eine deutliche Unterscheidung in der Wahrnehmung von Konflikten am Arbeitsplatz gibt es zwischen Männern und Frauen. Frauen nehmen mit einer Ausprägung von 3,7 erheblich häufiger solche Konflikte wahr als Männer mit 3,2. Die Generationenunterschiede spielen in der Wahrnehmung von Frauen mit einer Ausprägung von 3,3 häufiger eine Rolle als bei Männern mit 2,8.

KAPITEL 5
FOLGEN UNGELÖSTER KONFLIKTE

»Konflikte sind das Normalste auf der Welt, der Dissens ist viel häufiger als der Konsens«, betont R. K. Sprenger in einem Interview. Für Betriebe bedeutet das zweierlei: Konflikte am Arbeitsplatz müssen aufgenommen und fair geregelt werden. Soweit dies geschieht, können sich aus Konflikten durchaus Verbesserungen ergeben – für die Betroffenen und für den Betrieb. Vor allem wenn es um wichtige Entscheidungen geht, ist es unerlässlich, das Konfliktpotential gründlich zu analysieren und Fehler schonungslos aufzudecken. Nur so ist konstruktive Konfliktbewältigung möglich.

Die Gewinne eines Unternehmens beruhen im Wesentlichen auf der guten Zusammenarbeit der MitarbeiterInnen und fähigen Führungskräften.

Doch wehe, wenn es gar nicht funktioniert: Es entstehen enorme Kosten infolge erhöhter Fehlzeiten und erhöhter Fluktuationsrate, ebenso unvorhergesehene Kostensteigerungen durch teure Ersatzkräftebeschaffung über Personalverleihfirmen, daraus entstehend Qualitätseinbußen. Dies kann in letzter Konsequenz einen Imageschaden nach sich ziehen.

Die Datenlage aus Literatur und Studien zu den konkreten betriebswirtschaftlichen Kosten von Konflikten in Unternehmen ist sehr dürftig. Häufig arbeiten Autoren der Studien mit großen Bandbreiten, oder die Kosten beziehen sich nicht explizit auf Konflikte. Es gibt viele Studien von Krankenkassen zu den Kosten von psychischen Erkrankungen, auch bezogen auf einzelne Krankheitsbilder oder zu Kosten von Fehlzeiten. Allerdings sind diese nicht nach Ursachen unterschieden. Die Kosten von Fluktuation und Kündigungen von Mitarbeitenden sind hinreichend untersucht, jedoch selten mit konkretem Bezug auf Konflikte in Unternehmen.

Fakt ist: Konflikte am Arbeitsplatz binden viel Zeit. Das Hernsteininstitut kam bei einer Analyse zu dem Ergebnis, dass 15 % der täglichen Arbeitszeit von Angestellten für Konflikte gebunden ist. Bei Führungskräften sind es gar 30–50 % der Arbeitszeit, die sie direkt oder indirekt mit Konflikten verbringen.

Noch drastischer werden die Auswirkungen für Unternehmen, wenn Konflikte gar nicht ausgetragen werden. Etwa die Hälfte aller Kündigungen durch Arbeitnehmer beruhen auf nicht ausgetragenen Konflikten, bei Kündigungen durch den Arbeitgeber sind es sogar 90 %. Eine geringe oder überhaupt nicht vorhandene emotionale Bindung an den Arbeitgeber ist häufig eine Vorstufe zur Kündigung und kann gleichzeitig eine Folge von ungelösten Konflikten sein. Die emotionale Bindung an den Arbeitgeber wird von Gallup jährlich ermittelt. In der Rückschau ist der Trend eindeutig: Die Zahl der Mitarbeitenden, die nur eine geringe oder gar keine emotionale Bindung an den Arbeitgeber haben, nimmt zu. Im Engagement-Index waren 16 Mitarbeitende ohne, 68 mit geringer und nur 16 mit hoher emotionaler Bindung an ihren Arbeitgeber zu finden.

Die Unternehmensberatung KPMG nennt in ihrer Konfliktstudie »Die Kosten von Reibungsverlusten in Industrieunternehmen« von 2009 Kosten von 100000 € bis 500000 € je Kündigung. Dass diese Zahl stark schwanken kann, liegt in der Natur der Sache. Je nach Spezialisierungsgrad, Verdienst, usw. kann diese Zahl erheblich größer oder kleiner sein. Der Anteil von Kündigungen, der faktisch auf ungelöste Konflikte zurückzuführen ist, kann nur geschätzt werden.

Das CPWR (The Center for Construction Research and Training) hat 2012 mehrere Verfahren entwickelt, mit denen Konfliktkosten in Unternehmen berechnet und quantifiziert werden können. In der Studie »Measuring the financial Cost of organizational Conflict About workplace« wird unter anderem die fallbezogene indikatoren-basierte Schätzung von Konfliktkosten vorgestellt.

Zur Ermittlung der Kosten für einen einzelnen Konflikt können beispielsweise die folgenden 7 Faktoren herangezogen werden. Auf der Basis von Annahmen werden diese annäherungsweise geschätzt.

- Faktor 1: Zeitverschwendung. Dabei ist abzuschätzen, wie viel Zeit, die in den Konflikt involvierten Mitarbeiter mit seiner Bewältigung verbringen. Zur Quantifizierung der Kosten können die entsprechenden Bruttogehälter herangezogen werden.

- Faktor 2: Verminderte Entscheidungsqualität. Durch das Vorenthalten und Verzerren von Informationen durch die betroffenen Mitarbeiter in Konflikten leidet die Entscheidungsqualität. Zur Abschätzung der Kosten solcher schwachen Entscheidungen können rund 50 % des Geldwertes von Entscheidungen, die während eines laufenden Konflikts gefällt werden, angesetzt werden.
- Faktor 3: Verlust von kompetenten Mitarbeitern. Da bei »freiwilligen« Kündigungen mehr als 50 % im Kündigungsgespräch chronisch ungelöste Konflikte als entscheidenden Kündigungsgrund nennen, wird die folgende Berechnungsweise vorgeschlagen: Zahl der Personen, die das Unternehmen verlassen haben, multipliziert mit 0,5 (um die Wahrscheinlichkeit, dass Kündigung durch einen Konflikt bedingt war, zu berücksichtigen) und dann multipliziert mit ihrem Jahresgehalt.
- Faktor 4: Neuordnung von Arbeitsabläufen. Durch die Reduzierung der Zusammenarbeit zwischen den Streitenden werden die Arbeitsabläufe häufig weniger effizient. Zur Quantifizierung dieser Ineffizienz wird vorgeschlagen, 10 % der Gehälter der Mitarbeiter, deren Arbeitsabläufe aufgrund des Konfliktes verändert wurden, ab dem Zeitpunkt des Inkrafttretens der Umstrukturierung heranzuziehen.
- Faktor 5: Sabotage, Diebstahl, Vandalismus. Es wird angenommen, dass rund 10 % der Betriebsmittel- und Werkstoffkosten, die konfliktbefangene Mitarbeiter bei Ausübung ihrer Tätigkeit verwenden, als Konfliktkosten betrachtet werden können.
- Faktor 6: Verminderte Arbeitsmotivation. Um die Kosten durch verminderte Arbeitsmotivation aufgrund von Konflikten zu quantifizieren, ist der geschätzte prozentuale Rückgang der Produktivität der betroffenen Mitarbeiter mit dem Gegenwert der durch diese Personen üblicherweise erbrachten Leistungen zu multiplizieren.
- Faktor 7: Verlorene Arbeitszeit und Krankheitskosten. Da konfliktbedingter Stress zu Fehlzeiten führt, können rund 10 % des Jahresgehalts der vom Konflikt betroffenen Mitarbeiter zu Quantifizierung dieser Kosten angesetzt werden. (Quelle: *http://www.act4ward.at/doks/Arbeit_zum_Thema_Mediation.pdf)*

Die Autoren Berndt Exenberger, Erwin Grabler, Dr. Elvira Hauska, Helmut Peltz kommen in Ihrer Studie »Neue Wege der Ergebnisverbesserung« Qualitative Studie zur betriebswirtschaftlichen Erfassung von Konfliktkosten, zu dem Ergebnis, dass Konfliktkosten in Unternehmen durchschnittlich mit 634 € pro Mitarbeiter und Jahr anzusetzen sind. Bei einem Unternehmen mit 200 Mitarbeitenden macht das 126 800 € pro Jahr.

Neben den Kosten wirken sich Konflikte auf die Einnahmen von Unternehmen aus. Hier gilt ebenfalls, dass es schwierig abzuschätzen ist, welcher Anteil auf eine gesunde Konfliktkultur und gute Lösungsansätze von Konflikten zurückzuführen sind. Beispielsweise fand Alex Edmans von der London Business School heraus, dass sich die «100 best companies to work for« im langfristigen Schnitt um 3,8 Prozentpunkte pro Jahr (!) besser entwickeln. In derselben Untersuchung stellte er fest, dass ein Unternehmen erst zu den sehr beliebten Arbeitgebern gehören muss. In der Folge stellen sich der Erfolg und die bessere Entwicklung ein. Ein Unternehmen, in welchem es zu überdurchschnittlich vielen chronisch ungelösten Konflikten kommt, ist in der Kategorie »100 best companies to work for« nur schwer vorstellbar.

Aus der Praxis und aus der eigenen Befragung kann abgeleitet werden, dass sich Konflikte auch auf Generationsunterschiede zurückführen lassen. Solche Konflikte machen einen Teil aller Betriebskonflikte aus und damit tragen sie zur Unproduktivität bei.

Durchschnittlich waren im Jahr 2018 Führungskräfte in Deutschland 51,9 Jahre alt. Der Durchschnitt aller Beschäftigten lag ein Jahr zuvor bei etwa 44 Jahren. Je nach Branche gibt es erhebliche Unterschiede im Durchschnittsalter, und die Führungskräfte sind in der Berechnung enthalten. Im gesamten Kontext lässt sich festhalten, dass Führungskräfte durchschnittlich älter sind als die ihnen unterstellten Mitarbeitenden. Der Personaldienstleister Randstad hat herausgefunden, dass zwei von drei Arbeitnehmern in Deutschland am liebsten einen Chef hätten, der älter ist als sie, was wiederum die Akzeptanz »junger Chefs« erschwert. Solange die jungen Chefs von ihren Teams akzeptiert werden, liegt darin kein Problem.

Hierarchien gibt es – in unterschiedlicher Ausprägung – in vielen Betrieben. Sie gründen auf unterschiedlichen Funktionen und Verantwortlichkeiten. Obwohl sie also nichts grundsätzlich Schlechtes sind, können sie zur Entstehung von Generationenkonflikten beitragen. Ein Beispiel: 1961 kam John Houbolt, ein Flugzeugingenieur bei der NASA, bei seinem direkten Vorgesetzten nicht zu dem von ihm gewünschten Erfolg. Er war überzeugt davon, dass das Konzept »Rendezvous im Mondorbit« für die geplante Mondlandemission massiv Gewicht, Treibstoff und Geld sparen würde. Sein direkter Vorgesetzter beschied mit einem schroffen »Nein, das taugt nichts« zunächst die Ablehnung dieses Konzepts. Houbolt schrieb daraufhin einen Brief an den stellvertretenden NASA-Chef, Bob Seamans, und warb für seine Überzeugung. Er wählte den Weg der maximalen Eskalation über die Hierarchie. Das Ergebnis war, dass er vermutlich ganz Amerika davor bewahrte, das von Präsident Kennedy gesteckte Ziel, vor Ende des Jahrzehnts einen Menschen auf den Mond und wieder zurück reisen zu lassen, zu verfehlen. Am Ende sagte der Vorgesetzte von Houbolt: »Meinen Glückwunsch John. Man hat Ihre Idee übernommen. Ich kann mit ziemlicher Sicherheit sagen, dass ich dem Mann die Hand schüttle, der im Alleingang dem Staat 20 Milliarden Dollar erspart hat«.

Werden die Konflikte allerdings nicht fair und offen ausgetragen, führt das in Unternehmen dazu, dass viele unangenehme Folgen auftreten, diese werden im folgenden Kapitel erläutert. Konfliktpotentiale für die Zukunft gibt es genügend. Junge Mitarbeitende bringen veränderte Erwartungen bezüglich der Arbeitsbedingungen, der Arbeitsorganisation und der Arbeitsformen in die Betriebe. Daraus ergeben sich fast zwangsläufig Konflikte mit der Geschäftsleitung und dem »angestammten Personal«.

Folgen für das Individuum

Die persönlichen Folgen betreffen Körper, Psyche und Geist. Die Folgen auf der körperlichen Ebene können alle Bereiche betreffen. Das können Kopfschmerzen sein, Hörprobleme, Bruxismus (Zähneknirschen, unkontrollierte Kaumuskelaktivität), Herzbeschwerden, Verdauungsprobleme, Hautausschlag und Kraftlosigkeit sein.

Die Folgen auf der geistigen Ebene können dem Betroffenen ebenfalls zu schaffen machen. Gedächtnis- und Konzentrationsstörungen, Wortfindungsstörungen, Gedankenkreisen und Kopfkino sind solche Erscheinungen.

Allgemein führt eine längere Beschäftigung mit ungelösten Konflikten zu Konzentrationsstörungen und damit zu sinkender Arbeitsenergie. Die Betroffenen sind blockiert – das schränkt ihre Aufmerksamkeit bzw. ihre Produktivität ein.

Die Folgen auf der psychischen Ebene zeigen sich zum Beispiel in Stimmungsschwankungen, Gereiztheit, Unruhe, Angst, bis hin zu Panikattacken, Unsicherheit, Selbstzweifel, zwanghaften Verhaltensweisen oder in der Entstehung einer Suchtproblematik, in Antriebslosigkeit und weiteren psychischen Veränderungen.

Diese Folgen sind nicht nur im Betrieb bemerkbar, sondern wirken sich auch auf das Privatleben aus.

Folgen für das Team

Im besten Fall sind die Folgen von Konflikten für ein Team nur kurzfristig zu spüren. Es gibt unterschiedliche Meinungen, man diskutiert heftig, aber sachlich, und alle Beteiligten suchen nach guten Lösungen, damit man zukünftig wieder gut zusammenarbeiten kann.

Wenn die Zusammenarbeit nicht gelingt, wird sich das in der Teamarbeit zeigen. Doch was bedeutet Teamarbeit? Manche meinen ja, es sei die Abkürzung für »Toll, Ein Anderer Machts«. Wer mit diesem Kollegen im Team arbeitet, wird oft allein dastehen. Fehlender Teamgeist, wenig Zusammenhalt und fehlendes Vertrauen verhindern ein gutes Miteinander. Anstelle von Vertrauen wächst Misstrauen, anstatt gegenseitiger Unterstützung gibt es Alleingänge, und im schlimmsten Fall spielen sich Mitarbeitende gegeneinander aus.

Die Folgen sind vielfältig: Schlechte Stimmung im Team, negative Emotionen, Misstrauen, Angst, Grüppchenbildung und sinkende Motivation führen zu Dienst nach Vorschrift. Es liegt auf der Hand, dass damit Qualität und Quantität der Leistung sinken. Steigende Fehl- bzw. Krankheitstage führen zu Mehrbelastung der Teammitglieder. Durch Beendigung des Arbeitsvertrages wegen vermeintlich unlösbarer Konflikte müssen häufiger neue Mitarbeiter eingearbeitet werden, und der Teamprozess beginnt immer wieder von neuem.

Folgen für die Gesellschaft

Abgesehen von den persönlichen Sorgen, die ungelöste Konflikte bei den Betroffenen hervorrufen, gibt es weiter reichende Folgen. Diese sind nicht nur im Team und im Unternehmen spürbar, sondern wirken sich auf die gesamte Gesellschaft aus.

Alle Bürger bezahlen mit ihren Steuern und Abgaben die Kosten für Arztbesuche, Krankschreibungen, langwierige Psychotherapien, kostenintensive Klinik-/Rehabilitationsbehandlungen, bis hin zu vorzeitigen Arbeitsunfähigkeits-Renten etc. Konkrete Zahlen, wie stark sich die finanzielle Belastung von Konflikten auf die Volkswirtschaft und damit auf die Gesellschaft auswirken, gibt es bislang nicht.

Dass es negative Auswirkungen aller Art gibt, ist unbestritten, also scheint es wichtig zu sein, für eine gute Entwicklung in den Teams zu sorgen.

Team-Uhr

Für Resi war die Team-Uhr nach Tuckmann immer ein vorbildliches Modell, um den neuen KollegInnen die Phasen der Teamentwicklung zu erklären. Sie zeichnete dazu folgendes Bild auf:

Teamentwicklung geschieht nach diesem wissenschaftlichen Modell in 4 Phasen:

Teamentwicklung ist ein Prozess, der sich in bestimmten Phasen vollzieht. Die Team-Uhr stellt den Ablauf der Teamentwicklung schematisch dar. Die einzelnen Phasen lassen sich in der Realität nicht scharf voneinander trennen, verlaufen nicht unbedingt in der aufgezeigten Reihenfolge. Bei veränderten Rahmenbedingungen oder z. B. einer neuen Zusammensetzung des Teams kann es folglich notwendig werden, eine »vorhergehende« Phase erneut zu durchlaufen.

Solche Modelle sind hilfreich und können dazu dienen, die komplexen Prozesse in Teams leichter zu verstehen und die Auf-

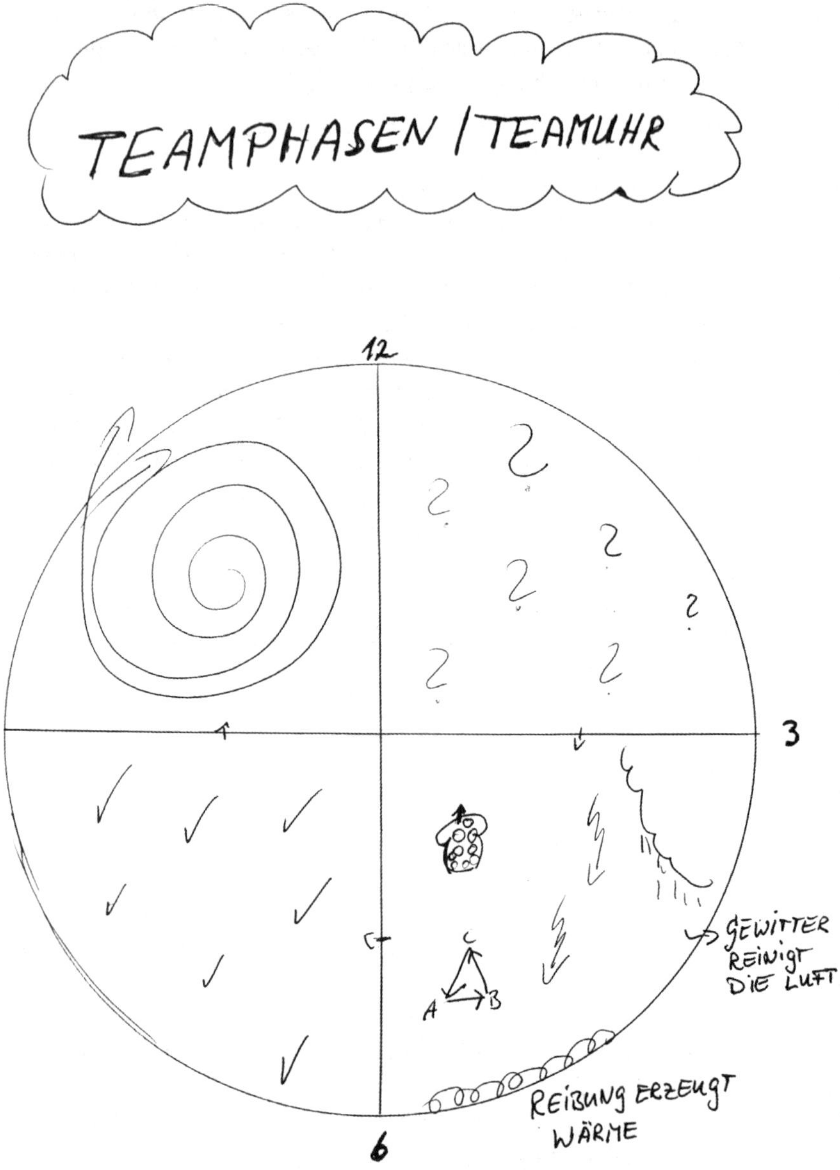
TEAMPHASEN / TEAMUHR
12
3
6
9
A
B
C
GEWITTER REINIGT DIE LUFT
REIBUNG ERZEUGT WÄRME

merksamkeit frühzeitig auf mögliche Probleme zu lenken. Dieser Prozess kann durch äußere Veränderungen gestört werden, dann sind Interventionen in Form von Teamentwicklungsmaßnahmen erforderlich.

Der Blick auf die »Team-Uhr« kann allen Beteiligten helfen, den Prozess bewusst wahrzunehmen und die jeweiligen Prozessmerkmale zu identifizieren. So wird ersichtlich, dass alle Phasen ihre Wichtigkeit haben und gerade das Überwinden von Schwierigkeiten einen Entwicklungsschritt bedeutet.

Die vier Phasen der Team-Entwicklungs-Uhr

1. Die Orientierungsphase: 12–3 Uhr (Forming)

In dieser Phase müssen sich die Mitglieder selbst und ihre Aufgabenstellung erst kennenlernen. Darüber hinaus gilt es, sich einen Überblick über die Gegebenheiten zu verschaffen. Die Teammitglieder sind deswegen eher noch unsicher und verhalten sich beobachtend distanziert. Aktivitäten, die das gegenseitige Kennenlernen fördern, helfen über diese Spannung hinweg und können dazu dienen, erstes Vertrauen aufzubauen und Strukturen zu bilden.

Was ist in dieser Phase zu tun?

- Teamleiter nimmt die Leitungsaufgaben wahr
- Gute Einarbeitung neuer Mitarbeiter (Heute Onboarding genannt)
- Kenntnis der Teamphasen vertiefen
- Kenntnisse für unterschiedliche Teamtypen vermitteln
- Regeln und Normen für das jeweilige Team zu entwickeln
- Feedbackregeln einführen
- Gemeinsame Ziele erarbeiten
- Förderliche und hemmende Faktoren für Teamarbeit erkennen

2. Die Abgrenzungsphase: 3–6 Uhr (Storming)

Diese Phase ist in Resis Bild durch Blitz und Donner, Starkregen und Nebel gekennzeichnet. Das steht symbolhaft dafür, dass in dieser Phase erste Ernüchterung, ja Frustration eintreten kann. Die unterschiedliche Arbeitsweise der einzelnen Teammitglieder wird als störend erlebt, Spannungen entstehen. Und wenn Spannungen auftreten, werden oft Schuldige gesucht. Erste Konflikte treten auf, man sucht sich »Verbündete« für den eigenen Standpunkt, erste Gruppenbildungen entstehen. Man beginnt, sich über Kolleginnen und Vorgesetzte in deren Abwesenheit zu sprechen.

Es besteht die Gefahr, dass auftretende Konflikte unter den Teppich gekehrt und nicht offen angesprochen werden. Ein unheilvolles »Hintenherum« kann sich entwickeln.

Es ist wichtig, neue KollegInnen darauf vorzubereiten, dass solche Situationen vorkommen können, und dass es von größter Bedeutung ist, Differenzen und Störungen zeitnah untereinander anzusprechen. Mit dem bekannten Spruch »Reibung erzeugt Wärme« versuchte Resi immer, dem Team die Furcht vor Auseinandersetzungen zu nehmen. Hier haben Führungskräfte eine wichtige Vorbildfunktion. Ihre Aufgabe ist es, deutlich zu vermitteln, dass die unterschiedlichen Standpunkte benannt und konstruktiv aufgearbeitet werden sollten. Nur so kann das Team gestärkt und die Arbeitssituation für alle verbessert werden.

Diese Phase ist notwendig, weil sie den Teammitgliedern vor Augen führt, dass verbindliche Regeln vereinbart und eingehalten werden müssen, um eine konstruktive Zusammenarbeit zu gewährleisten. In besonders verzwickten Fällen kann hierbei ein externer Coach sinnvoll sein.

Was ist in dieser Phase zu tun?

- Negative Gefühle im Team beachten
- Emotionen wahrnehmen
- Auf der Sachebene kommunizieren
- Aktiv zuhören
- Feedback geben
- Klar machen, dass es immer unterschiedliche Meinungen gibt und geben darf
- Argumente sorgfältig abwägen und zur Diskussion bringen

3. Die Klärungsphase: 6–9 Uhr (Norming)

In dieser Phase werden die Aufgaben und die Art und Weise, wie die Teammitglieder miteinander umgehen wollen, in den Mittelpunkt gestellt. Auf der Basis der Wertschätzung der Andersartigkeit können Vereinbarungen über den Umgang miteinander getroffen werden, um produktiv miteinander statt gegeneinander zu arbeiten. Das Team erkennt seine eigene Komplexität, und allmählich kann sich ein Wir-Gefühl bilden. Die Besonderheiten der verschiedenen Teammitglieder werden erkannt und für eine effektive und effiziente Aufgabenverteilung genutzt.

Die gefundenen Möglichkeiten des »Umgehen-Könnens«, besonders mit angespannten Situationen im Team, sind eine neue Fähigkeit des Teams, die das Selbstvertrauen stärken und das Klima spürbar verbessern. Konflikte werden als Chancen gesehen und offen und ehrlich miteinander geklärt.

Was ist in dieser Phase zu tun?

- Standards erstellen
- Aufgaben und Arbeitsabläufe definieren
- Stärken und Schwächen der Mitarbeiter erkennen und daran arbeiten
- Aufgaben entsprechend den Talenten delegieren
- Ziele benennen und umsetzen
- Vielseitigkeit und Unterschiedlichkeit nutzen
- Leitlinien erstellen für Führung und Zusammenarbeit

4. Die Arbeitsphase: 9–12 Uhr (Performing)

Das Team erlebt jetzt seine volle Leistungsfähigkeit: Die Teammitglieder identifizieren sich vollkommen mit der Gruppe und deren Aufgaben, empfinden ein starkes Wir-Gefühl und gehen offen und kollegial miteinander um. Die Informationswege sind kurz und informell, gegenseitige Toleranz und Wertschätzung prägen das Klima. Die jeweiligen Bedürfnisse werden offen kommuniziert, alle sind hilfsbereit und gehen achtsam miteinander um. Gerade in dieser Phase ist ein Blick auf den gesamten Prozess wichtig, auf den gemeinsam zurückgelegten Weg, auf die bewältigten Schwierigkeiten und auf die vereinbarten Regeln. Erfolge werden gebührend gefeiert, das Selbstbewusstsein steigt, und alle sind ein bisschen stolz auf das bisher Geleistete.

Was ist in dieser Phase zu tun?

- Weitere Aufgaben delegieren
- Neue Ziele benennen und diese umsetzen
- Persönliche Entwicklung der Mitarbeitenden fördern
- Rückblick und Ausblick geben
- Bereits erreichte Erfolge benennen

Das Team ist am erfolgreichsten, wenn sich Leitung und Teammitglieder gleichermaßen dafür verantwortlich fühlen. Gemeinsame Besprechungen, Fortbildungen, Feedback und begleitende mitarbeiterorientierte Visiten dienen dazu, dass jeder seinen Platz im Team findet und mit all seinen Stärken und Schwächen anerkannt wird.

Schwester Resi sieht im Wort TEAM »Tatkräftiges Engagement Aller Mitarbeitenden« und betont: »Wenn es alle KollegInnen so verstehen, dann wird's bestimmt was!«

KAPITEL 6
WAS KANN GETAN WERDEN?

Unternehmen und Führung: gestern – heute – morgen

»Eine neue Art von Denken ist notwendig, wenn die Menschheit weiterleben will,« sagte Albert Einstein (Deutschland/USA, 1879–1955). Wie wahr.

Weil die Generationen unterschiedlich »ticken«, brauchen wir Veränderung im Bereich der Führung in unseren Betrieben.

Führung in der Nachkriegsgeneration

»Der Chef bestimmt« – ein Motto, das nach dem Krieg lange Zeit in vielen Betrieben unumstritten galt. Vorgesetzte trafen Entscheidungen, und die Mitarbeitenden hatten diese wie angeordnet auszuführen. Zu Vorgesetzten wurden meist Personen ernannt, die schon lange im Unternehmen waren und Loyalität bewiesen hatten. Eine spezielle Ausbildung als Führungskraft war selten Voraussetzung dafür. In der Regel fanden solche Ernennungen hohe Akzeptanz, eine Mitwirkung an den Entscheidungen wurde kaum erwartet. Widerspruch war ohnehin nicht erwünscht, weder von der Führungskraft gegenüber der Geschäftsleitung, und erst recht nicht von Untergebenen gegenüber dem Vorgesetzten. Falls es doch geschah, konnte sich dies nachteilig auswirken. Hierarchische Strukturen in Verwaltungen und Betrieben haben eine lange Tradition, sie sind abgeleitete aus der Organisation des Militärs. Ganze Generationen waren über lange Zeiten durch das Prinzip von Befehl und Gehorsam geprägt und fanden dies vollkommen »normal«.

Frauen in Führungspositionen gab es selten, am ehesten in sozialen Einrichtungen – etwa als Kindergartenleiterin oder als Stationsleiterin im Krankenhaus.

In unternehmergeführten Betrieben wurde meist der älteste Sohn zum Nachfolger bestimmt. Wo es nur weibliche Nachkommen gab, konnte ein Schwiegersohn die Nachfolge antreten. Dies geschah allerdings selten, denn die Unternehmerfamilien achteten sehr darauf, dass die Firma in der Familie blieb. Schwiegersöhnen begegnete man misstrauisch. Auch für den leiblichen Nachkommen war eine solche Nachfolge nicht einfach: Zum einen, weil der Sohn vielleicht andere Berufsvorstellungen gehabt hätte, zum andern, weil die Väter oft nicht loslassen und dem Nachfolger keinen Spielraum lassen konnten. Ein Beispiel: Herr Tisch, Vater von drei Töchtern und einem Sohn, übergab seinen Schreinerbetrieb mit 65 Jahren an den einzigen Sohn. Dieser war eher an sozialen als an handwerklichen Fragen interessiert, hatte eine betont soziale Einstellung und sah sich beruflich eher im Sozialbereich zu Hause. Notgedrungen erlernte er trotzdem den Beruf des Schreiners und erwarb sogar den Meisterbrief. Nach 5 Jahren war der Betrieb pleite. Vor allem aus betriebswirtschaftlichen Gründen: Er schrieb oft keine oder zu geringe Rechnungen. Vor allem dann, wenn er wusste, dass die Kunden in finanzieller Not waren. Der Vater schämte sich, als das Insolvenzverfahren öffentlich wurde. Der Sohn schrieb sich für ein Studium im Studiengang Soziale Arbeit ein und fand später Erfüllung als Sozialarbeiter in der Jugendhilfe.

Führung bei den Babyboomern

Babyboomer sind Kinder der Nachkriegsgeneration und wurden entsprechend erzogen. Wie schon im vorherigen Kapitel erwähnt, prägte sie dies wesentlich.

Sowohl in der Erziehung wie in den beschriebenen hierarchischen Strukturen vieler Betriebe vollzog sich allmählich ein Wandel. Für die Arbeitswelt bedeutete dies, dass sich zum Beispiel Führungsstile veränderten. Schwester Resi erlebte im Verlauf ihres Berufslebens davon mindestens drei verschiedene Formen.

Ihr erster Vorgesetzter, Herr Ernst, pflegte einen autoritären Führungsstil. Er grenzte sich deutlich von den Mitarbeitenden ab und hatte immer ein distanziertes Verhältnis zu ihnen. Entscheidungen traf er stets allein, ohne die Angestellten mit einzubinden. Während und nach Erledigung der Aufgabe war immer mit Kontrollen zu rechnen. Aufgaben und Tätigkeiten waren klar und eindeutig geregelt, jeder wusste, was er zu tun und zu lassen hatte. Wehe, es machte jemand einen Fehler! Da war mit Herrn Ernst nicht zu spaßen. Resi erinnert sich noch heute an lautes Geschrei und an unschöne Auseinandersetzungen vor allen anderen KollegInnen.

An ihrer ersten Arbeitsstelle nach der Ausbildung lernte sie einen ihr bis dahin völlig unbekannten und neuen Führungsstil kennen: den Laissez-faire-Stil. In der ambulanten Pflegeeinrichtung organisierten sich alle Mitarbeiterinnen selbst. Sie teilten Aufgaben und Organisation untereinander auf, hatten viel Entscheidungsfreiheit, und alle konnten ihre individuellen Stärken bestens einbringen. Mit Frau Frei gab es zwar so etwas wie eine Vorgesetzte, doch im Grunde nur auf dem Papier. Alle waren gleichermaßen verantwortlich, alle hatten gleiche Rechte. »Das war vielleicht ein Durcheinander,« stellt Resi heute im Nachhinein fest, »die Besprechungen dauerten ewig und am Ende war alles chaotisch.« Manche Kollegen kamen mit der Freiheit nicht zurecht, manchen fiel es schwer, selbst Entscheidungen zu treffen und wieder andere hätten mehr Grenzen gebraucht.

Als Resi selbst Vorgesetzte war, wählte sie bewusst den kooperativen Führungsstil, der als demokratischer Führungsstil bezeichnet wird. Im Austausch mit anderen Leitungskräften stellte sie fest, dass es auch in den 1970er Jahren noch Führungskräfte mit autoritärem Führungsstil gab. Doch Resi ging schon immer ihren eigenen Weg. Bei Absprachen zog sie, wo möglich, alle Beteiligten in Entscheidungsprozesse mit ein. Sie vereinbarte Ziele mit den Mitarbeitenden, delegierte viele Aufgaben und griff erst ein, wenn es aus ihrer Sicht erforderlich war. Vorschläge der Mitarbeitenden waren immer willkommen und wurden von Schwester Resi ernst genommen. Doch je länger Resi in der Leitung tätig war, desto mehr wurde ihr klar, dass ihr Führungsstil nicht für jede Mitarbeiterin gleichermaßen passte. Sie versuchte deswegen immer mehr, auf jeden individuell einzugehen. Sie fragte sich manchmal, ob diese unterschiedlichen Erwartungen nur persönlich bedingt waren oder mit den unterschiedlichen Generationen zu tun hatten. Auf jeden Fall versuchte sie, durch genaue Beobachtungen und Gespräche allen gerecht zu werden.

Dadurch wurde ihr allmählich klar, dass die Babyboomer von Vorgesetzten Lob und Anerkennung erwarteten. Dieser Wunsch nach Anerkennung, so vermutete sie, rührte wohl daher, dass die Eltern dieser Generation Lob und Anerkennung für eher schädlich hielten: Zu viel Lob mache selbstgefällig und eingebildet, und schon gar nicht dürfe man sich selbst loben. (»Eigenlob stinkt«.) Es fehle ihnen deswegen an Selbstbewusstsein, was sie wiederum durch den Wunsch nach Anerkennung von außen auszugleichen versuchten.

Außerdem fielen ihr in den Gesprächen und in der täglichen Praxis Defizite im Umgang mit Fehlern auf. Viele hatten wohl die Erfahrung gemacht, dass sie für Fehler belächelt, bloßgestellt oder gar bestraft wurden. Als Folge davon wurde eher versucht, Fehler zu vertuschen, als ihre Ursachen aufzudecken und mögliche ernsthafte Folgen zu verhindern. »Irren ist menschlich«, sagte sie ihren Kolleginnen, »es kommt vor allem darauf an, die Fehler einzugestehen und sie künftig zu vermeiden.«

In einer aktuellen Stellenausschreibung für examinierte Fachkräfte in dem Klinikum, in dem Schwester Resi bis zur Rente arbeitete, findet sich unter anderem der Hinweis, es werde »die Chance zur Vereinbarkeit von Beruf und Familie und mit persönlich abgestimmten Arbeitszeitmodellen« angeboten. So etwas war zu Resis Zeit undenkbar. Man akzeptierte entweder die angebotenen Arbeitszeiten oder man kam für die Stelle nicht in Frage. Wenn Schwester Resi heute rückblickend darüber nachdenkt, stellt sie fest, dass es die Wünsche nach flexibler und individuell gestalteter Arbeitszeit schon damals gab, jedoch ohne Aussicht auf Erfolg.

Mitarbeitende aus der Babyboomer-Generation kennen noch den pünktlichen einheitlichen Dienstbeginn, die Stempeluhr und den gleichbleibenden Arbeitsplatz. Die angepassten Babyboomer trauten sich nicht, sich für mehr Flexibilität stark zu machen.

Die Verwirklichung solcher Vorstellungen war nicht einfach: Für Patienten bedeutete sie, dass sie sich an größeren Personalwechsel gewöhnen mussten. Vor allem für Schwerkranke, Sterbende oder für verwirrte Patienten eine zusätzliche Belastung. Für Resi als Leiterin wären damit ebenfalls einige Probleme verbunden gewesen – allein unter solchen Bedingungen (z. B. Berücksichtigung aller persönlichen Belange) einen Dienstplan aufzustellen, kann sie sich bis heute kaum vorstellen. »Das sollen dann die Jungen machen, mich betrifft das nicht mehr«, meinte Resi mit einem Augenzwinkern.

Zunehmend wird erkannt, wie wichtig Fort- und Weiterbildungen sind. Während Schwester Resi oft noch hörte, dass man nur bis zum 30. Lebensjahr lernfähig wäre, geht es heute um lebenslanges Lernen. In Babyboomer-Zeiten war es undenkbar, dass man mit 50 an einer Weiterqualifizierungsmaßnahme teilgenommen hätte. Heute ist es gang und gäbe, sich stetig fortzubilden. Onlineseminare oder Lernplattformen, wie sie heute – wegen Corona – ganz selbstverständlich angeboten werden, waren bei den Babyboomern unbekannt und werden von diesen gelegentlich bis heute kritisch bewertet.

Heutige Führungskräfte gehören oft noch der Babyboomer-Generation an. Allerdings rücken zunehmend Führungskräfte nach, die zu den Generation X und Y gehören. Während sich die Babyboomer meist an die klassischen Führungsstile nach Kurt Lewin halten, sind deren Führungsstile variabler und unterscheiden sich deutlich von denen ihrer Vorgänger.

Führung nach den Babyboomern

Nach den klassischen Führungsstilen folgten in den Unternehmen die sogenannten »Management by« – Führungskonzepte. Die »Management by Konzepte« werden als »Management by Techniken« oder als »Management by Führungsstile» bezeichnet.

Management by Konzepte beschreiben die Art und Weise der Führungsaktivitäten im Unternehmen, mit denen Einstellungen und Verhalten der einzelnen Mitarbeiter und das Zusammenwirken im gesamten Betrieb gesteuert werden. Im Prinzip geht es darum, Ziele gemeinsam und effizient zu erreichen. Viele der Management by Konzepte wurden in den USA aus der praktischen Erfahrung von Führungskräften entwickelt, erprobt und weiterentwickelt. Von dort aus verbreiten sie sich in andere Länder. Diese Methoden erheben nicht den Anspruch einer in sich geschlossenen wissenschaftlichen Konzeption, vielmehr werden in Betrieben oft eigene Kombinationen der unterschiedlichen Konzepte entwickelt.

Insgesamt werden im modernen Management bis zu 11 Management by Techniken verwendet. Der Vollständigkeit halber seien sie hier alle kurz aufgeführt:

- Management by Objectives
- Management by Exception
- Management by Delegation
- Management by Results
- Management by Motivation
- Management by Direction and Control
- Management by Alternatives

- Management by Innovation
- Management by Participation
- Management by System
- Management by Teaching

Die ersten fünf aufgeführten Management by Konzepte finden sich in der praktischen Umsetzung am häufigsten wieder, aus diesem Grund beschreiben wir diese mit ein paar wenigen Sätzen.

1. Management by Objectives: Dieses Führungskonzept ist in der Praxis der wichtigste Führungsstil. Peter F. Drucker (* 1909, † 2005), amerik. Managementlehrer, -berater u. -publizist österreichischer Herkunft, wird von Fredmund Malik als Vater des Managements by Objektives bezeichnet. Führende und Geführte erarbeiten gemeinsam Ziele für konkrete Aufgaben, wodurch sich Mitarbeitende besser mit dem Unternehmen identifizieren. Mitarbeiter haben einen umfangreichen Entscheidungsspielraum, der eine größere Mitarbeiterzufriedenheit mit sich bringt, jedoch Mitarbeiter erfordert, die selbstständig arbeiten können und wollen.
2. Management by Exception: Der Führende greift nur in Ausnahmefällen ein und hält sich in Normalfällen zurück. Aufgaben werden in einem exakt vorgegebenen Spielraum an Mitarbeitende delegiert, innerhalb dem die Mitarbeiter selbstständig entscheiden können. Dadurch werden Führungskräfte von Routinearbeiten befreit, und es kommt durch klar geregelte Zuständigkeiten zu schnelleren Entscheidungen.
3. Management by Delegation: Führende delegieren komplette Aufgaben und greifen so wenig wie möglich ein. Jeder Mitarbeitende erhält seinen Aufgabenbereich und hat die Handlungsverantwortung für diesen Bereich, wodurch Eigeninitiative und Motivation gefördert werden. Die Führungsverantwortung bleibt bei der Führungskraft.
4. Management by Results: Es gibt klare Zielvorgaben, reine Ergebnisorientierung bei laufender Kontrolle. Es besteht die Gefahr der Demotivation bei unrealistischen Zielvorgaben.
5. Management by Motivation: Führungskraft arbeitet mit Leistungsanreizen, wie beispielsweise selbstverantwortliches Arbeiten oder die Beteiligung an Entscheidungsprozessen. Die

Bedürfnisse der Mitarbeitenden müssen der Führungskraft bekannt sein. Dieses Prinzip unterstellt, dass alle Mitarbeitenden nach Selbstverwirklichung streben.

Viele dieser Führungskonzepte wurden in Fachveröffentlichungen anschaulich und präzise weiter ausgearbeitet. Empfehlenswert zum Beispiel: Fredmund Malik »Führen – Leisten – Leben – Wirksames Management für eine neue Zeit«. Es ist inzwischen zu einem Klassiker der Management-Literatur geworden und hat sich in vielen Studiengängen etabliert. (Campus, a.a.O.)

Dass Mitarbeitende aus der Generation Babyboomer anders ticken als die aus den Generationen XYZ, haben wir in den vorangehenden Seiten beschrieben. Dies verdeutlichen nicht nur Studien, sondern auch alltägliche Erfahrungen in der Praxis. Personalverantwortliche beginnen teilweise erst jetzt, sich mit den Erwartungen der Generation Y auseinanderzusetzen, und gleichzeitig stehen schon erste Vertreter der Generation Z, der heutigen Jugend-Generation, vor den Türen der Unternehmen. Da heißt es schnell handeln in der Führungsetage.

Die Generation X macht sich wie die vorangehende Generation ebenfalls ihre Gedanken zum Führungsverhalten. Für Führungskräfte gab es mittlerweile spezielle Leitungsausbildungen, um die Aufgabe als Vorgesetzte souverän meistern zu können. Die frischgebackenen Chefs strahlten ein gesundes Selbstbewusstsein aus, und sie entwickelten ein hohes Maß an Eigenverantwortung, Entschlossenheit und Autonomie. Und sie legen großen Wert auf selbstständiges Arbeiten. Gleichzeitig können viele von ihnen eine zu enge Kontrolle nicht leicht ertragen. Die eigene Life-Work-Balance und die Arbeitsweise im Unternehmen müssen für die Generation X kompatibel sein.

Diese Generation macht sich größere Sorgen um unsere Umwelt. Seit ihrer Kindheit haben sie – mehr oder weniger bewusst – Umweltkatastrophen wie Tschernobyl, Chemieunfälle, das Ozonloch, Dürren und Überschwemmungen miterlebt. Im Laufe ihres Erwachsenwerdens wird vielen klar, dass einzelne deutsche Firmen und unsere Wirtschaft insgesamt mitverantwortlich sind für solche Einzelereignisse (z.B. FCKW-Produktion) und ökologische Fehlentwicklungen.

Vielleicht liegt darin eine der Ursachen dafür, dass sie sich eher trauen, Beschlüsse kritisch zu hinterfragen, mitzudenken, eigenverantwortlich zu arbeiten und sich im Betrieb zu engagieren. Sie erwarten solches Verhalten auch von ihren Kollegen. Allgemein betrachtet, kann man dieser Generation Individualismus und ein hohes Maß an Authentizität zuschreiben.

Während die Babyboomer darauf bedacht waren ihre eigenen Befindlichkeiten bzw. Gefühle lieber zurückzuhalten, kann man bei der darauffolgenden Generation X beobachten, dass sie ihren Teamkollegen und Vorgesetzten ihre Stimmungslage bewusst nicht verheimlichen wollten. Sie verstellen sich nicht, selbst dann, wenn sie z. B. über das Verhalten von KollegInnen verärgert sind. Sie achten bewusst auf eine ehrliche und aufrichtige Kommunikation, gegenüber den älteren und den jüngeren KollegInnen. Für den Fall, dass daraus Konflikte entstehen, sind sie bereit, diese auszutragen.

Wenn heutige Führungskräfte ihren Führungsstil nicht hinterfragen und ihn nicht situativ anpassen, erhöht dies die Wahrscheinlichkeit, dass Konflikte entstehen. Wie unsere Befragung zeigt, gilt dies besonders dann, wenn das Team große Altersunterschiede aufweist.

Vergleicht man die verschiedenen Generationen hinsichtlich ihrer Erwartungen an die Führungskräfte,- werden Unterschiede sichtbar: Der Babyboomer braucht »seinen Chef« eben anders als der Y-er oder der Z-ler. Damit stellt sich die Frage, wie unter solchen Bedingungen gute und moderne Führung aussehen muss.

»Ein gutes Vorbild für andere zu sein, ist heute wichtiger denn je« so schreiben die Autoren Christiane Harriehausen und Sven H. Korndörffer im Vorwort ihres Buches »Apropos Werte«.

Die MitarbeiterInnen erwarten von den Führungskräften klare Orientierung, verantwortungsbewusstes Verhalten und Entscheidungsfähigkeit. Vorgesetzte können dadurch, dass sie mit gutem Beispiel vorangehen und sich als Teil des gesamten Systems mit in der Gesamtverantwortung sehen, viel bewegen. Wenn wertschätzende Kommunikation und ein von Respekt und Menschlichkeit geprägter Umgang von Führungskräften gelebt werden, ist das eine gute Grundlage, das gesamte Team zu stärken. Das Vertrauen in die eigenen Fähigkeiten nimmt zu. Die

Folgen sind Motivationssteigerungen und verbesserte Arbeitsergebnisse. Soll dies auf Dauer gelingen, müssen sich Führungskräfte auf immer neue Gegebenheiten einstellen, das heißt, sie müssen bereit sein, an sich selbst zu arbeiten.

Gesundes Selbstvertrauen ist hierfür eine wichtige Voraussetzung. Denn nur, wer sich seiner Wertehaltung sicher ist und diese sichtbar lebt, gewinnt die Anerkennung und den Respekt seiner MitarbeiterInnen. Solche Führungskräfte sind authentisch und verlässlich, sie fühlen sich in schwierigen Situationen zwar gefordert, jedoch nicht persönlich angegriffen. Das wirkt sich positiv auf alle Prozesse und vor allem auf das Betriebsklima aus. Darum ist es wichtig, in den Unternehmen nicht nur die Führungskräfte, sondern alle Mitarbeitenden mit einzubinden, damit die praktische Umsetzung von Werteorientierung im Arbeitsalltag gelingen kann. Das Ziel heißt, in den jeweiligen Betrieben einen möglichst umfassenden Wertekanon zu finden und diesen im Betrieb zu leben. Ein wertschätzender und respektvoller Umgang von Führungskräften bedeutet, Menschen als Menschen wahrzunehmen und wirkliches Interesse an ihnen zu zeigen. »Man muss Menschen mögen«, schreibt Nicolai Müller, Mitherausgeber des Buchs »WERTEorientierte Führung von Familienunternehmen Springer Gabler, Wiesbaden 2015«.

Daraus ergibt sich, dass Persönlichkeitsentwicklung nicht nur auf der Führungsebene, sondern für alle Betriebsangehörige wichtig ist. Fort- und Weiterbildungsmaßnahmen sowie Coaching-Prozesse bieten hierfür optimale Möglichkeiten. Gerade in Zeiten der Pandemie, die ja allen Mitarbeitenden viele zusätzliche Leistungen abverlangen, ist dabei die Förderung der persönlichen Resilienz aller Mitarbeitenden bedeutsam.

Zukünftige Führungskräfte

Die MitarbeiterInnen und die ersten Führungskräfte der Generation Z sind mittlerweile auf dem Arbeitsmarkt angekommen. Wir dürfen und wollen die Generation Z nicht in Schubladen stecken, genauso wenig wie die anderen Generationen. Die Bemühung, ihre Einstellungen, Denkweisen und Wünsche möglichst genau zu erfahren, wird sich lohnen. Das ist die beste Voraussetzung, um Konflikte zu vermeiden, die auf Missverständnissen beruhen und die Zusammenarbeit zu verbessern.

Als erstes ist daran zu erinnern, dass die Generation Z die erste ist, die fast von Anfang an in einer digitalen Welt aufgewachsen ist. Wenn sie als junge Erwachsene in die Betriebe kommen, gehören internetfähige Smartphones, IT, Vernetzung, soziale Medien, permanentes WLAN, künstliche Intelligenz zur Alltagswirklichkeit. Das wirkt sich selbstverständlich auf ihren Kommunikations- und Arbeitsstil als angehende Führungskräfte aus.

Als junge MitarbeiterInnen kommen sie häufig nach zwei oder gar drei selbst ausgewählten Ausbildungen bzw. Studiengängen als fachlich Versierte in die Betriebe und treten – wie schon bei den Bewerbungen – meist selbstsicher auf. Sie haben zu Projekten, die sie interessant, spannend und sinnvoll empfinden, eine größere Bindung als an Betriebe. Und sie fordern selbstbewusst von Beginn an klare Bedingungen, zeitliche Strukturen und eine stimmige Entlohnung. Experten berichten von neuen Prinzipien der Entlohnung. Wo heute noch »Geld gegen Zeit« als Vergütungsmodell gilt, gibt es mittlerweile den Ansatz »Geld gegen Ergebnis«.

Viele der jungen Kollegen wollen selbst keine Führung übernehmen, höchstens für konkret abgegrenzte Verantwortungsbereiche, die sie gerne mit anderen Kollegen im Team erledigen und gemeinsam verantworten, aber eben nur über einen begrenzten Zeitraum. Und bewusst nur zu gewissen Zeiten. Denn ihre Freizeit ist ihnen wichtig, sie grenzen sich selbstbewusst ab. Work-Life-Balance steht für die ganz junge Generation im Vordergrund. »Ich arbeite gerne, wenn alles passt, aber ich habe auch gerne Feierabend, und morgen ist auch noch ein Tag«, solche Sätze hören wir von den Z-lern.

Junge Menschen, die durch den coachenden Erziehungsstil ihrer Eltern von klein auf in Entscheidungsprozesse miteinbezogen wurden, erwarten diese Partizipation an ihrem Arbeitsplatz. »Kaum sind sie da, schon wollen sie mitbestimmen, dabei haben die doch noch keine Ahnung«, so sagt Resis Nachfolgerin bei einem Treffen mit den Ehemaligen.

Möglicherweise bringen diese jungen Kollegen Erfahrungen aus dem Ausland mit an ihren ersten Arbeitsplatz, da heute viele junge Menschen oft schon nach dem Schulabschluss erst eine große Reise in ferne Länder unternehmen und womöglich lebenslang davon profitieren.

Schwester Resi ist in diesem Jahr in den wohlverdienten Ruhestand gegangen. Doch noch immer interessiert sie sich für Fortschritte in der Führung von MitarbeiterInnen. Mit ihren Kindern, die mittlerweile in verantwortlichen Positionen in ihren Betrieben stehen, diskutiert sie über aktuelle Führungsthemen. Dabei entdeckt sie immer wieder Ähnlichkeiten und fragt sich, ob da »alter Wein in neuen Schläuchen« ist. Denn heute spricht man von agiler Führung. Was steckt dahinter?

Der Begriff »Agile Unternehmen« stammt laut Duden vom lateinischen Wort »agilis« ab, was so viel bedeutet wie regsam, beweglich, wendig oder eifrig. Ursprünglich beschrieb der Begriff Menschen, er lässt sich aber auch auf den organisatorischen Kontext übertragen. (Quelle: www.springer.com)

Agilität erfordert ein Umdenken und eine veränderte Unternehmenskultur, sowie die Auseinandersetzung mit neuen Begriffen und Methoden. Viele dieser Begriffe stammen aus der Softwareentwicklung und wurden auf andere Unternehmensbereiche übertragen.

Agilität in Unternehmen heißt schnell, aktiv, lebendig, flexibel und anpassungsfähig zu sein. Dafür müssen alle an einem Unternehmen Beteiligten offen sein für Neues, bremsende Strukturen lösen und verkrustete Hierarchien aufbrechen. (Quelle: www.denk-neu.com vom 11. 04. 2019)

Agile Führung ist einer der Eckpfeiler moderner Organisationen. Die agile Führungskraft steckt den inhaltlichen Rahmen ab, in dem sich Mitarbeiter autonom und selbstorganisiert bewegen. Gleichzeitig definiert der Leader einen transparenten Prozess und unterstützt Mitarbeiter auf Augenhöhe dabei, gemeinsam die besten Lösungen für Herausforderungen zu finden. (Berlinerteam, a.a.O.)

Der Agile Coach zeigt den Mitarbeitern – anders als ein Unternehmensberater – keine Lösungen auf, sondern nur den Weg, wie sie selbst Lösungen entwickeln können. Zudem achtet er darauf, dass in der täglichen Arbeit agile Prinzipien und Methoden eingehalten werden. Ein solcher Agile Coach kann extern hinzugezogen werden, oder aus den eigenen Reihen im Unternehmen heraus arbeiten. Das kann von Vorteil sein, wenn es darum geht, konkrete Lösungen zu entwerfen. Aber wie gesagt, ist der Agile

Coach kein Lösungsanbieter, sondern gibt durch Beobachtung und Reflexion mögliche Lösungswege an.

In der Ausgabe Manager Skills, einem Dossier von Manager Seminare vom 14. 07. 2022 sind folgende Aussagen zu finden: «Die Zeiten, in denen Agilität vor allem als Trendbegriff betrachtet wurde, sind spätestens seit der Corona-Krise vorbei. Denn da hat sich gezeigt: Agil aufgestellte Unternehmen kommen oft besser durch Krisen, weil sie flexibler, innovativer und resilienter sind. Vor dem Hintergrund der düsteren Wirtschaftsprognosen ist es folglich umso wichtiger, dass Organisationen die Agilisierung der Zusammenarbeit, der Führung und des Lernens fördern.« Die Fachzeitschrift setzt sich ausführlich mit Hintergründen, Hinweisen, Methoden und Tools zum Thema Agilität auseinander. Resilienz wird dort als Voraussetzung für agile Teamarbeit beschrieben, denn agiles Arbeiten braucht stabile Persönlichkeiten die gut mit den Herausforderungen eines ungewissen, volatilen, komplexen und oft widersprüchlichen Umfeldes zurechtzukommen.«

Im Coaching mit jungen Führungskräften kann ein ABC für moderne Führung erarbeitet werden, das gewiss individuell je nach Unternehmen erweitert oder gekürzt werden kann.

ABC der Grundsätze in modernen Unternehmen

- Autonomie ermöglichen
- Bildung fördern – lebenslanges Lernen
- Charismatische Führungspersonen
- Check-in im Meeting: Auf einer Skala von 1 (= miserabel) bis 10 (= super) wie geht's dir gerade? Warum? Was müsste passieren, damit du heute Abend bei einer 10 bist? Wer zuletzt kommt, fängt an
- Diversität pflegen
- Digitalisierung beschleunigen
- Empathische Grundhaltung
- Feedback-Kultur einführen bzw. ausweiten
- Flexibilität in allen Ebenen
- Funktionsfähige Soft- und Hardware anschaffen/erneuern
- Gesunde Pausenkultur beachten
- Globalisierung nicht aus den Augen verlieren

- Hohe Wertorientierung für Kunden und das Unternehmen schaffen
- Individualisierung – Jeder ist anders und das ist gut so.
- Jeder ist wichtig – gegenseitige Wertschätzung
- Konflikte als Chancen – Problemlösungskompetenz steigern
- Kundenzentrierung – Der Kunde sichert unseren Arbeitsplatz
- Lebensmotive bewusst machen
- Mitarbeiterbindung – Mitarbeiterpflege
- Neuanfang nach Auseinandersetzungen
- Positive und klare Kommunikation
- Regeln für Besprechungen und Übergaben
- Retrospektive Meetings: Prozesse, Werkzeuge, Fähigkeiten, Beziehungen, Herausforderungen und Erfahrungen reflektieren
- Rückkehrgespräche nach längeren Krankheitsphasen
- Seriöse Informationsquellen
- Transparenz – Informationen und Wissen werden geteilt
- Unstimmigkeiten zeitnah ansprechen
- Vegas Regel: Was im Team passiert, bleibt im Team und wird dort geregelt
- Verhaltenskodex erstellen – offene und respektvolle Teamkultur schaffen
- Vielfalt positiv nutzen
- Wertschätzender Umgang
- Wissenskultur
- Zielorientierung – Wohin wollen wir und warum?
- Zusammenarbeit im Team und mit Kunden

Führungskräfteentwicklung wird von unterschiedlichen Bildungsunternehmen sowie in Studiengängen angeboten. Es ist ratsam, dass Unternehmen in die Entwicklung junger Führungskräfte investieren, um die zukünftigen Manager für die auf sie zukommenden Aufgaben stark und resilient zu machen. Denn Führung ist im 21. Jahrhundert anspruchsvoller geworden. Die Teams sind »bunter« geworden – hinsichtlich der Alters – und Geschlechtszusammensetzung, hinsichtlich ihrer Herkunft (Kultur, Religion, Weltanschauung), ihrer Ausbildung und Berufserfahrung und vielem andern mehr.

Man bezeichnet diese Vielfalt als »Diversity«. Moderne Führungskräfte müssen dieser Vielfalt gerecht werden. Ihre Tätigkeit muss geprägt sein von Transparenz, Zielorientierung, Empathie, guter Menschenführung und professionelle Kommunikation. Die Zusammensetzung von Belegschaften bildet immer deutlicher die Vielseitigkeit unserer Gesellschaft ab. Viele Unternehmen haben erkannt, dass dies durchaus von Vorteil sein kann und achten deswegen ganz bewusst darauf, ihre Belegschaft »bunt« zu gestalten – wohl wissend, dass darin ein Konfliktpotential liegt.

Ein vierstufiges, in verschiedene Dimensionen gegliedertes Modell hilft, die Unterschiede und Gemeinsamkeiten der Menschen einer Organisation zu erfassen.

1. Dimension: Dimension der Persönlichkeit. Gemeint ist die Gesamtheit der persönlichen (charakterlichen, individuellen) Eigenschaften eines Menschen.
2. Dimension: Wird die »Innere Dimensionen« genannt. Hier spielen Faktoren wie Alter, Geschlecht/geschlechtliche Identität, sexuelle Orientierung, Religion/Weltanschauung, Behinderung und Herkunft/Nationalität die Hauptrolle.
3. Dimension: Auch »Äußere Dimensionen« genannt. Hier handelt es sich um Fakten wie Wohnort, Einkommen, Lebensgewohnheiten, Freizeitverhalten, Berufserfahrung, Ausbildung, Auftreten, Elternschaft, Familienstand usw.
4. Dimension: Wird als »Organisationale Dimensionen« bezeichnet. Hier ist von Bedeutung, in welcher Funktion/Einstufung, Arbeitsinhalte/-felder, Abteilung, Dauer der Zugehörigkeit, Gewerkschaftszugehörigkeit, Arbeitsort, Management/Status sich die Mitarbeiter befinden.

Die äußeren Dimensionen sind flexibler und wandelbarer als innere Dimensionen.

»Diversität strebt ein respektvolles Miteinander an, eine möglichst diskriminierungsfreie Zusammenarbeit ist das Ziel«, schreibt Reinhard K. Sprenger in seinem Buch »Magie des Konflikts«. (Reinhard Sprenger, 2020)

Diversität ist grundsätzlich eine Bereicherung für ein Unternehmen. In sogenannten multiprofessionellen Teams kommen unterschiedliche Menschen mit unterschiedlichster Herkunft und unterschiedlichen Berufsausbildungen bzw. Studienabschlüssen zusammen, um für die Kunden des Unternehmens bestmögliche

Lösungen anbieten zu können. Ob das nun ein Unternehmen im Gesundheitswesen, in der Industrie oder im Dienstleistungssektor ist, spielt keine Rolle. Die unterschiedlichen Ausbildungen bzw. Studien, verschiedene Erfahrungen, Meinungen, Sprachen, andere Verhaltensweisen und Mentalitäten, kulturelle Prägungen und Selbstbilder können wichtige Brücken zum gegenseitigen Verständnis sein.

Gleichzeitig stellen sie eine Herausforderung dar, insbesondere für Führungskräfte, Teammitglieder und für andere Beteiligte. Spranger schreibt davon, dass manche Unternehmen so divers sind, dass es manchem »schon zu bunt« wird (Seite 32, a.a.O.). Die Herausforderung beginnt bei der sprachlichen Verständigung, die zum Beispiel in Kliniken oder Pflegeeinrichtungen die Kommunikation im Alltag betrifft. Zusätzlich organisatorische Probleme, wie zum Beispiel länger dauernde Meetings oder Abstimmungsprozesse auf Grund der verschiedenen Sichtweisen, bis hin zu Konflikten wegen offensichtlicher diskriminierender Ablehnung z. B. wegen Hautfarbe, Geschlecht oder Ausbildung.

Schwester Resi erinnert sich gut an ihre ersten Jahre als Teamleiterin. Damals war das Team noch relativ homogen. Alle hatten dieselbe Ausbildung, alle stammten aus Deutschland, alle Auszubildenden wohnten im gleichen Schwesternwohnheim. Als dann in den 80er Jahren die ersten Krankenschwestern aus fernen Ländern ins Team kamen und es neue Berufsausbildungen mit anderen Arbeitsschwerpunkten gab, änderte sich vieles.

Als Resi in Rente ging, arbeiteten in ihrem Team die unterschiedlichsten Menschen. Sie stammten aus acht verschiedenen Nationen, sie waren im Alter von 16 bis 67 Jahren und hatten unterschiedliche Hautfarben. Es waren Christen, Hindus, Moslems und Kollegen, die keiner Religion angehörten, im Team. Manche waren Singles, andere waren verheiratet und hatten Kinder, und es gab ein gleichgeschlechtliches Paar. Der Kollege Uli war gerade im Begriff, seine geschlechtliche Identität zu ändern und kam nach erfolgten Operationen als Schwester Ulli zurück ins Team, was zwar ungewöhnlich war, jedoch schnell von allen KollegInnen akzeptiert wurde. Als Schwester Ulli bald darauf einen älteren Mann auf eine OP vorbereitete und dabei erst feststellte, dass dieser Patient früher eine Frau gewesen war, wurde ihr bewusst, dass es den Wunsch nach Geschlechtsumwandlung schon früher gab, jedoch nur sehr wenige Menschen den Mut zu diesem Eingriff hatten. Auch die Ärzte in der Klinik kamen aus aller Herren Länder, was zum einen eine große Bereicherung darstellte. Zum anderen war und ist es immer wieder eine große Herausforderung für Leitungskräfte wie für Patienten, wenn zwar gute Ärzte im Krankenhaus sind, die jedoch die deutsche Sprache kaum beherrschen. Das kann zu Kommunikationsstörungen zwischen Ärzten und Patienten in Aufklärungsgesprächen führen und birgt die Gefahr einer höheren Fehlerfrequenz.

Fehler sind ebenfalls ein wichtiges Thema im Bereich der Führung. Merkmal von Führungsqualität besteht unter anderem in einer ausgeprägten Fehlerkultur. Das beginnt schon damit, dass eine Führungskraft stark genug sein muss, eigene Wissenslücken zuzugeben und Fehler einzugestehen. In der Folge eines solchen Verhaltens fällt es Mitarbeitenden leichter, Fehler einzuräumen und konstruktiv mit ihnen umzugehen. Es gibt eine Reihe von Fragestellungen, die dabei hilfreich sein können:

- Welche Folgen hat der Fehler aktuell für alle Betroffenen?
- Wie konnte es in unserem Team zu diesem Fehler kommen?
- Welche Umstände haben die Fehlerentstehung begünstigt?
- Wie wahrscheinlich ist es, dass der Fehler erneut passiert?
- Was können wir daraus lernen?
- Wie können MitarbeiterInnen und Führungskräfte ähnliche Fehler verhindern?

Um Fehler zu entdecken, gibt es unterschiedliche Methoden.

In Kliniken und Pflegeunternehmen wurde zum Beispiel die Pflegevisite eingeführt. Dabei wird eine Pflegeperson begleitet und ihre Arbeit wird still beobachtet. Anschließend werden in einem Nachgespräch positive wie negative Beobachtungen benannt und falls nötig, wird gemeinsam nach Verbesserungsmöglichkeiten gesucht.

In Wirtschaftsunternehmen wird mit der Shadowing-Methode gearbeitet – eine Art »Über die Schulter schauen«. Dabei wird eine Person eine gewisse Zeit von einem Beobachter wie ein Schatten (Shadow) begleitet. Diese beobachtende Person achtet darauf, so wenig wie möglich zu stören oder zu beeinflussen und gibt im Anschluss ein konstruktives Feedback.

Eine weitere Möglichkeit ist »Training on the Job«: Diese Methode basiert auf dem Prinzip des Learning by Doing. Unter Anleitung eines Trainers, eines erfahreneren Kollegen oder einer Führungskraft, werden zukünftige Leitungskräfte thematisch mit Führungsaufgaben vertraut gemacht. Sonderaufgaben, erweiterter Verantwortungsbereich, etwa als Assistent, Stellvertreter oder Nachfolger, die Mitarbeit in Projekten, ein befristeter Auslandseinsatz oder ein geplanter Arbeitsplatzwechsel, etwa im Rahmen eines Traineeprogramms oder als Job Rotation, werden angewendet.

»Supervision« oder »Coaching« geben Mitarbeitern die Möglichkeit, die eigene Arbeit zu reflektieren, aus einer Metaebene zu betrachten oder belastende Situationen mit Hilfe eines professionellen Beraters zu bearbeiten. Man schaut aus der Vogelperspektive auf die aktuelle Situation, um sie aus einer professionellen Distanz genauer zu beleuchten.

Vor allem junge Führungskräfte sind manchmal verunsichert und möchten im Einzelcoaching klären, ob sie die Führungsaufgabe erwartungsgemäß erfüllen. Aufschlussreich ist eine Studie der Bertelmann Stiftung aus dem Jahr 2020. Im Führungskräfte-Radar wurde untersucht, ob und in welchem Ausmaß es Führungszweifel bei der Generation Babyboomer und der Generationen X und Y gibt. Das Ergebnis ist eindeutig: Babyboomer sind mit 21,1 % am wenigsten im Zweifel. Die Generation X mit 33,6 und Generation Y mit 43,8 % geben deutlich mehr Führungszweifel an.

Um diese Führungszweifel zu beseitigen und Sicherheit in Sachen Führung zu bekommen, investieren viele Unternehmen in Coaching Prozesse in Form von Einzelcoaching, bei dem aktuelle Situationen individuell beleuchtet werden. Gruppensitzungen von Führungskräften sind geeignet, um gemeinsam nach Lösungsansätzen zu suchen. Im Coaching werden Situation kritisch hinterfragt, und es wird ein Zielbild erarbeitet: Wo stehen wir gerade? Wohin soll es gehen? Welche Schwierigkeiten sind aktuell entstanden? Wodurch konnte das so geschehen? Welche Schritte können uns weiterführen? Wer kann was tun, um die Situation zu verbessern? Können wir das aus eigener Kraft mit unseren Mitarbeitern schaffen? Brauchen wir Hilfe von außen? Kollegiale Beratung wird oft im Anschluss an eine Supervision innerhalb von Teams weitergeführt. Mitarbeitende haben in der Supervision die Bedeutung der Reflexion positiv erlebt und führen die Sitzungen ohne den Coach/Supervisor weiter.

Feedback: In der Zeit, als Schwester Resi Leitungsaufgaben hatte, achtete sie immer sehr darauf, wie Arbeitsaufträge, Neuregelungen und Organisationsplanungen bei ihren Kolleginnen aufgenommen wurden. Aber ihr war auch klar, dass sie die Akzeptanz nur teilweise erfassen konnte. Deswegen waren ihr Rückmeldungen (Feedback) immer wichtig, und sie ermunterte dazu. Ihr war immer klar, dass Schwachpunkte umfassend nur auf diesem Weg aufzudecken waren. Und wenn das Team insgesamt besser werden sollte, führte daran kein Weg vorbei. Außerdem war für sie eine solche Kommunikation der Schlüssel für einen hohen Zufriedenheitsgrad aller Mitarbeiterinnen und damit zu guten Arbeitsergebnissen.

Damit Feedback gelingt, hat Resi zusammen mit dem Team 13 Regeln ausgearbeitet:

1. Gib Feedback, wenn der andere es auch hören kann.
2. Feedback soll so konkret wie möglich sein.
3. Wir teilen Wahrnehmungen als Wahrnehmungen, Vermutungen als Vermutungen und Gefühle als Gefühle mit.
4. Feedback soll den anderen nicht analysieren.
5. Wir geben bewusst positives Feedback.
6. Feedback soll umkehrbar sein.
7. Feedback soll die Informationskapazität des anderen berücksichtigen.
8. Feedback soll sich auf begrenztes konkretes Verhalten beziehen.
9. Feedback soll zeitnah erfolgen.
10. Die Aufnahme von Feedback ist dann am günstigsten, wenn der andere es sich wünscht.
11. Wir nehmen Feedback nur an, wenn wir dazu auch in der Lage sind.
12. Wenn wir Feedback annehmen – hören wir zunächst nur ruhig zu.
13. Feedback-Geben bedeutet, Informationen zu geben, und nicht, den anderen zu verändern.

Resi hat zum Beispiel in ihrem letzten Dienstjahr an Stelle des jährlich wiederkehrenden Advents-Wichtelns eine positive Feedbackrunde eingeführt. Jede Mitarbeiterin schrieb auf die blind gezogene Karte positive Eigenschaften oder Erlebnisse mit dieser Kollegin.

»Schade, dass ich das nicht schon Jahre zuvor ausprobiert habe, das war eine wirklich gute Adventszeit, wir sprachen viel mehr über Positives, und unsere Teamstimmung wurde täglich besser.«

Dr. Marcial Losada und Barbara Fredrickson haben über viele Jahre in Unternehmen Meetings wortwörtlich protokolliert und analysiert. Die überdurchschnittlich erfolgreichen Unternehmen wiesen eine Besonderheit auf, die an der sogenannten Losada-Rate festzumachen war. Die Losada-Rate ist das Verhältnis zwischen positiven und negativen Beiträgen. Eine Losada-Rate von 1:1 beschreibt, dass in den Meetings ein positiver Beitrag einem negativen Beitrag zahlenmäßig gegenüberstand. Die Studie zeigte, dass in den wirtschaftlich erfolgreichen Unternehmen und Verantwortungsbereichen die Losada-Rate bei mindestens 2,9:1 lag: Fast drei positive Aussagen zu einer negativen.

Positiv sind Haltungen wie Bestätigung, gegenseitiger Unterstützung, echtes Zuhören, Ermutigung und Wertschätzung, sie stärken die Überzeugung, Krisen bewältigen und erfolgreich agieren zu können. Sie machen kreativer, entspannter und effizienter. Sie ziehen auch andere Menschen an.

Negativ sind Abwertungen, Sarkasmus und Zynismus, Entmutigungen, In-Frage-stellen, Geringschätzung und Auf-sich-Bezogenheit. Sie schwächen Selbstwirksamkeitsüberzeugungen und Resilienz, und sie schwächen damit Teams und schließlich sogar ganze Unternehmen.

Das bedeutet, dass die Qualität der Kommunikation ein wichtiges Kennzeichen guter Teamarbeit ist. Was wird in Teams gesprochen? Wie viel wird gelobt bzw. kritisiert? Wie viel gegenseitige Unterstützung gibt es? Ein gesundheitsförderlicher Faktor aus der Salutogenese-Forschung ist Handhabbarkeit. Menschen bleiben gesund, wenn sie das Gefühl haben, die Dinge im Griff zu haben, wenn sie also selbstwirksamkeitsüberzeugt sind. Diese Selbstwirksamkeitsüberzeugung wird durch überwiegend negative Äußerungen und Gedanken zerstört. Positive Gespräche, die Zuversicht erzeugen, stärken die Selbstwirksamkeitsüberzeugung und damit die Gesundheit. Eine Losada-Rate von mehr als 2,9:1

ist folglich gesundheitsförderlich. Eine zu hohe Losada-Rate von mehr als 10 zu 1 steigert den Erfolg nicht weiter. Scheinbar glaubt sich das Gehirn dann selbst nicht mehr.

Differenzierte und individuell ausgestaltete Arbeitszeitmodelle sowie möglicherweise die Arbeitsplanung im Homeoffice spielen für die Generationen Y und Z eine immer größere Rolle. Der Druck, nach neuen Lösungen zu suchen, wird durch den Fachkräftemangel zusätzlich erhöht. Betriebe bilden Personalpools, in denen viele Fachkräfte mit unterschiedlichen Einsatzzeiten und -orten gepoolt sind. Damit bieten sich Arbeitsmöglichkeiten für solche Pflegekräfte, die keinen Wert auf eine dauerhafte Einsatzstelle legen, sondern häufig wechselnde Einsätze bevorzugen.

Weitere Optionen für die jungen KollegInnen sind das Ansammeln von geleisteten Arbeitsstunden für eine spätere Auszeit, ein Sabbatjahr, eine zusätzliche Familienzeit oder vorzeitiger Eintritt in den Ruhestand. »Jetzt gebe ich drei Jahre Gas und dann 3 Monate ab nach Asien, so macht mir vielleicht die Pflegearbeit lange Freude,« beschreibt die 24-jährige Jeanette ihre Vision.

Ein weiterer Ansatz für neues Führungsverständnis ist die Führung in der VUKA-Welt. VUKA ist ein Akronym (= aus den Anfangsbuchstaben mehrerer Wörter gebildetes Kurzwort), das sich aus den Anfangsbuchstaben der Worte Volatilität, Unsicherheit, Komplexität und Ambivalenz/Ambiguität zusammensetzt. Es geht somit um jene Merkmale des digitalen Zeitalters, die zunehmend für Unsicherheit sorgen.

Der VUKA-Begriff wurde Anfang der 1990er im Militär geprägt. Nach dem kalten Krieg wurde das Militär vor neue Herausforderungen gestellt, und es reagierte auf diese neue VUKA-Welt mit Investitionen in Technologie und dem Aufbau neuer Organisationsstrukturen; Drohnen, Roboter und moderne Infrastrukturen und eine Abkehr von hierarchischen »Command and Order« Strukturen. Heute wird der Begriff immer häufiger im Kontext der Unternehmensführung verwendet.

Die Merkmale der VUKA-Welt treten nicht isoliert, sondern immer in Kombination miteinander auf. Es ist eine Welt, in der es keine festen Regeln, keine Gewissheiten und klar erkennbaren Zusammenhänge mehr gibt.

Volatilität beschreibt die Schwankungsbreite und -intensität innerhalb einer Zeitspanne. Eine hohe Volatilität bedeutet, dass mit hohen und unvorhersehbaren Ausschlägen in kurzen Zeitintervallen zu rechnen ist.

Unsicherheit: Ereignisse und ihre Eintrittswahrscheinlichkeiten sind schwierig einzuschätzen. Der Wert von Strategien sinkt, Planungen sind mit einem höheren Risiko verbunden und haben einen kürzeren Horizont. Alte Paradigmen und Muster haben keine hohe Verlässlichkeit mehr. Wissen und Kompetenzen von heute haben eine kürzere Halbwertszeit.

Komplexität: In komplexen Systemen können Zusammenhänge nicht mehr in einfachen Ursache-Wirkungs-Mechanismen erklärt werden. Die jeweiligen Komponenten eines Systems sind dann so eng miteinander verwoben, dass die Veränderung einer Komponente nicht absehbare Folgen hat. Zudem erfolgen durch globale Vernetzung Rückkopplungen mit anderen Systemen, was eine Voraussagbarkeit der Reaktionen unmöglich macht.

Ambiguität beschreibt die Mehrdeutigkeit einer Situation oder einer Information. Dabei können Sachverhalte sogar widersprüchlich bzw. ambivalent sein. Diese Ambiguität erschwert die Entscheidungsfindung, die Möglichkeit der Fehlinterpretation steigt, was wiederum die Unsicherheit erhöht. Ambiguität ist vor allem eine Folge der exponentiell wachsenden Daten- und Informationsflut, deren Verlässlichkeit nicht mehr eindeutig bewertet werden kann.

Dies alles hat Auswirkungen auf die heutigen Führungskräfte, die sich selbst, ihre Mitarbeitenden und gleichzeitig das gesamte Unternehmen kritisch reflektieren müssen.

In der aktuellen Diskussion um Führung in Betrieben zeichnet sich eine Konfliktlinie ab: »Jung, weiblich, vorgesetzt: Wann Konflikte drohen,« titeln die Stuttgarter Nachrichten am 1. Februar 2022. Hintergrund sind negative Reaktionen im Betrieb auf die Einstellung junger, weiblicher Führungskräfte – sowohl bei der Belegschaft im Allgemeinen als auch unter den »bewährten Führungseliten«. Beobachtet werden Abgrenzungen, die Entstehung einer insgesamt negativen Stimmung bis hin zur offensichtlichen Ablehnung. Eine der Ursachen für solche Entwicklungen liegt wohl in dem in vielen Betrieben bis dato praktizierten »männlichen Führungsstil«. Die Entstehung solcher »Verkrustungen« können durch eine sensiblen und vorausdenken Führungspolitik verhindern werden. Soweit sie aber trotzdem spürbar werden, empfehlen Fachleuten dem jungen weiblichen Führungspersonal überraschenderweise, das Personal nicht zu sehr in Entscheidungen einzubinden, weil dies als Schwäche ausgelegt werden könnte. Wichtig sei aber auf jeden Fall, mit Anerkennung und Lob zu arbeiten und erreichbare Ziele zu setzen.

Fazit: Führung von heute und Führung von morgen hat vieles gemeinsam

Wir brauchen authentische Menschen als Führungskräfte, die fachlich kompetent sind, ein gesundes Selbstvertrauen haben, verantwortlich und klug handeln und geprägt sind von Respekt und Menschlichkeit. Sie sollen das Wissen und die Kenntnisse und vor allem die Stärken der im Unternehmen tätigen Menschen erkennen und wertschätzen. Dann können die Führungskräfte und die Mitarbeitenden Sinn finden, in dem, was sie tun, wie sie es tun und warum sie es tun. Dies wiederum ist die Voraussetzung dafür, dass sie Freude an ihrer Arbeit haben und dass aus ihrem Tun innere Zufriedenheit entsteht.

Eine der großen Herausforderungen dabei besteht darin, den Dialog zwischen den verschiedenen Generationen so zu pflegen, dass Missverständnisse vermieden bzw. möglichst schnell ausgeräumt werden. Wenn dies gelingt, gilt: »Alte Hasen und junge Füchse – zusammen ein unschlagbares Team!«

Der Faktor Familie und Gesellschaft (Sozialisation)

Ob in Betrieben eine gedeihliche Zusammenarbeit gelingt, hängt auch von externen Faktoren ab. Mit anderen Worten: Alle Mitarbeitenden, egal, in welcher Position sie arbeiten, sind Menschen, die von persönlich-familiären und von gesellschaftlichen Einflüssen geprägt sind. Das bedeutet, dass überlegt werden muss, welche Verhältnisse gute Voraussetzungen bieten.

Die auf den Menschen einwirkenden Einflüsse und Prägungen beginnen früh: Schon im Mutterleib werden sie wirksam. Wie sich die Mutter während der Schwangerschaft verhält (Lebensgewohnheiten, Ernährung usw.) und was um sie herum geschieht (Geräusche, Stimmen, Gerüche usw.), beeinflussen seine Entwicklung nachhaltig. Ist das Kind geboren, werden die Einflüsse zielgerichteter: Es erhält die als besonders geeignet empfundene

Ernährung, wird in einen bestimmten Schlaf-Wach-Rhythmus eingewöhnt, wird speziellen Kommunikationsformen (Berührungen, Blickkontakte, Ansprache, Gesang) ausgesetzt und zu gewissen Verhaltensweisen angeregt – es wird erzogen. Dieser Prozess spielt sich zunächst vorwiegend über Handlungen ab, wird aber schon früh von sprachlichen Äußerungen begleitet und schließlich vorwiegend sprachlich vollzogen.

Eltern sprechen sehr verschieden: Dialekt oder Hochsprache, eher »einfach« oder »gehoben«, eher sachlich oder mehr emotional usw. Trotzdem bleiben sowohl das Grundmuster der Sprache (Syntax) und die zur Verfügung stehenden Wörter gleich. Und beides ist das Ergebnis eines langen Entwicklungsprozesses, auf den ganz verschiedene Sprachen – und damit Kulturen – eingewirkt haben. Das bedeutet, dass Sprache ein wesentlicher Teil unserer Kultur ist, aber auch, dass sie sich ständig weiterentwickelt: Mit neuen technischen Entwicklungen und mit der Globalisierung tauchen neue Wörter auf, alte geraten in Vergessenheit, weil sie im doppelten Sinn nicht mehr »gebraucht« werden.

Sprache ist folglich nicht nur unser wichtigstes Kommunikationsmittel, sondern auch Sozialisationsinstanz. Indem wir sie lernen und benutzen, werden wir Teil der Gesellschaft, integrieren uns in diese. Unser »Sprachgefühl« ist dabei so fein ausgeprägt, dass wir schon geringfügige Abweichungen registrieren und interpretieren: den ausländischen Akzent ebenso wie lokale oder soziale Herkunft. Das zeigt sich insbesondere bei Jugendlichen: Sie entwickeln einerseits bewusst ihre eigene Sprache, mit denen sie sich von den Erwachsenen absetzen, und pflegen gleichzeitig subtile Unterschiede zwischen ihrer eigenen und den anderen Gruppen.

Das gilt, in etwas anderer Weise, ebenso für Erwachsene. Abgesehen von regionalen und familiären Sprachprägungen, bringen sie über Sprache ihr Selbstbild zum Ausdruck: Sie sprechen beispielsweise bewusst Dialekt oder vermeiden ihn, sie flechten Jugendausdrücke ein, um zu zeigen, wie »cool« sie sind oder sie versuchen, durch Fachsprachlichkeit im Alltag ihre berufliche Kompetenz hervorzuheben. Wenn die Pflegekraft im Privatbereich unter Nichtfachleuten von der »PDL« oder von Dekubitus oder Ulcus Cruris spricht, betont sie damit – bewusst oder unbewusst – ihr berufliches Fachwissen.

Natürlich wirkt Sozialisation auch außerhalb von Sprache: Über das Verhalten von Eltern, Verwandten, Freunden und Medienpersonen, durch deren äußere Erscheinung (Mode!), ihr soziales Agieren, durch Musik und Kunst, durch Sitten und Gebräuche, durch Politik und vieles andere mehr.

Unsere Veranlagung und das Zusammenwirken all dessen, was genannt wurde, macht uns zu der Persönlichkeit, die wir sind. Und diese bleibt ein Leben lang Veränderungsprozessen ausgesetzt.

Das Bild dessen, was den »guten Arbeitskollegen« auszeichnet, ist einem ständigen Wandel unterworfen. Wo früher vor allem der zuverlässige, ordentliche, angepasste, fleißige und an hierarchischen Strukturen orientierte Mitarbeiter gesucht war, kommt es heute – angesichts einer sich ebenfalls stark veränderten Arbeitswelt – viel mehr auf angemessenes soziales Handeln, auf gute Kommunikationsfähigkeit, auf Mitdenken, kreative Ideen und Eigenverantwortlichkeit an.

In wesentlichen Teilen haben sich die Sozialisationsbedingungen in dieser Richtung verändert: Soziale Kompetenz, kommunikative Kompetenz, Kreativität und verantwortliches Handeln sind Leitlinien in vielen anderen gesellschaftlichen Bereichen. Ebenso kann zeitgemäße schulische Bildung und Erziehung ihren Beitrag dazu leisten, indem sie eigenständige Lernprozesse organisiert, projektorientiert arbeitet, Lernteams bildet, Freiheiten für kreative Lernwege einräumt, außerschulische soziale Aktivitäten initiiert und individuelle Fähigkeiten fördert.

Wenn sie sich darüber hinaus in Inhalten und im sozialen Umgang klar wertorientiert ausrichtet, schafft sie wesentliche Voraussetzungen dafür, dass sich bei ihren Schülern – und den späteren Erwachsenen – ausgeprägtes Werteverhalten entwickelt. In Verbindung mit einer an Grundwerten, Demokratie, Rechts- und Sozialstaatlichkeit orientierten politischen Bildung ist damit das Fundament für verantwortliches Handeln in Staat und Gesellschaft gelegt.

Um dieses Ziel zu erreichen, müssen Lernprozesse organisiert werden, die über die Wissensebene (kognitives Lernen) hinausgehen und soziale Erfahrungen ermöglichen. Denn erst dann wird deutlich, dass zum sozialen und politischen Handeln immer Konflikte gehören, ja, dass sie, wenn sie in angemessener Form ausgetragen werden, gesellschaftliche und politische Entwicklung erst ermöglichen. Sie verankern damit die für das Berufsleben wichtige Erkenntnis, dass es nicht darum geht, Konflikte zu vermeiden, sondern darum, sie nach vorgegebenen Regeln konstruktiv und zielführend auszutragen.

Die Prägungen der ersten Lebensjahre finden vorwiegend im häuslich-familiären Umfeld, in der Regel über Eltern und nahe Verwandte, statt. Ernährung, Kleidung, häusliche Kultur, Sitten, Gebräuche und allgemeine Verhaltensweisen werden in diesem Umfeld vermittelt. Vermittlung bedeutet in diesem Zusammenhang, dass sie durch Vorbildverhalten einfach imitiert und übernommen werden (funktionale Erziehung), oder aber bewusst – über Erziehungsmaßnahmen wie Erklären und Sanktionieren – anerzogen werden. Dabei wird immer ein vorhandenes Wertesystem mit vermittelt. Je traditioneller eine Gesellschaft ist, desto einheitlicher ist ein solches System. Es wird erzogen, wie »schon immer« erzogen wurde, in den Inhalten und in den Methoden. Das bedeutet, dass z. B. im Hinblick auf Rollenmuster nichts hinterfragt werden darf, weil es sich sonst jeweils neu begründen müsste. In »weiterentwickelten« Gesellschaften beruhen Erziehungsziele und -methoden viel stärker auf individuellen Entscheidungen. Als Folge davon wird elterliche Erziehung zwar vielfältiger, kann aber auch zu Verunsicherung beitragen. In der Vielfalt dessen, was von verschiedenster Seite als wichtig und richtig erklärt wird, geht oft die Orientierung verloren und Erziehungsverhalten wird unsicher.

Wenn gleichzeitig gesellschaftliche Verunsicherungen dazukommen (Sorge um Arbeitsplatz, keine Zukunftsaussichten, Zukunftsängste) verstärkt sich die Hoffnung auf »sichere Wahrheiten« – Populismus, Sekten, Verschwörungstheorien – profitieren, wie die aktuelle Pandemielage belegt, davon.

In einer stark globalisierten und pluralistischen Gesellschaft ist es für viele auch außerhalb einer solchen akuten Bedrohung schwierig, eine verlässliche Wertorientierung zu finden. »Erfolg« kann dann zur Zauberformel werden, in der sich alle Sorgen auflösen. Und Erfolg ist machbar, man muss nur rechtzeitig damit beginnen – am besten schon in der Kita oder wenigstens in der Vorschule. Wen Eltern ihre Kinder dabei überfordern oder diese selbst unrealistische Erwartungen entwickeln, sind persönliche Enttäuschungen bis hin zu Persönlichkeitsstörungen möglich.

Weitere Indizien deuten darauf hin, dass sich sichere Wert- und Verhaltensorientierungen nicht mehr von selbst ergeben: In den Buchläden nimmt Ratgeberliteratur sowohl in der Zahl der veröffentlichten Titel als auch im Anteil am Umsatz stark zu. Andere Medien räumen der Lebensberatung großen Raum ein. So sind in Zeitschriften die Ratgebertitel, kaum mehr zu überblicken. Das Spektrum reicht von Ernährungsberatung über artgerechte Haustierhaltung, von Finanzberatung bis zur Partnersuche, vom Einbruchsschutz bis zum richtigen Fitnesstraining und von der richtigen Körperpflege bis zur Energieberatung.

Unter jungen Menschen macht sich noch eine umfassendere und sehr persönliche Form von »Lebensberatung« breit: sogenannte »Influencer/innen« verbreiten über verschiedene Kanäle der sozialen Medien mit Livestream-Videos ihren Lebensalltag, mit der Absicht, diesen für ihre »Follower/innen« zum Modell zu machen, was ihnen – bei einer entsprechend hoher Zahl von Nutzern – richtig Geld bringen kann. In solchen Fällen entsteht daraus sogar so etwas wie ein »Berufsmodell«.

Wer krampfhaft Halt sucht in einer als unübersichtlich empfundenen Umwelt, ist anfällig für die »einfachen Lösungen« und für Heilsversprechen – religiös-weltanschauliche Sekten haben hierfür ebenso Angebote wie Populisten, Verschwörungstheoretiker und neuerdings »Querdenker«.

Deren Gemeinsamkeit liegt darin, dass sie auf der Grundlage selektiver Wahrnehmung ein simples und in sich schlüssig erscheinendes Weltbild konstruieren, das vermeintlich Sicherheit bietet.

Im Berufsleben kommt es, wie schon ausgeführt, auf möglichst realitätsnahe Wahrnehmung von Menschen und Sachverhalten an, auf Differenzierungsfähigkeit, das Aushalten von Gegensätzen, Teamfähigkeit, Kreativität usw.

Es stellt sich die Frage, ob und, wenn ja, wie Sozialisation und Erziehung zur Ausprägung dieser Qualifikationen beitragen können. Schnell wird klar, dass diese Fragen nicht einfach und wohl nur in Ansätzen zu beantworten sind. Beides vollzieht sich in ständigen Wechselbeziehungen: Wo erzogen wird – z. B. in Familie und Schule – bilden sich in diesem Prozess immer gleichzeitig individuelle und gesellschaftlich vermittelte Prozesse ab: Konkret bringt jeder Mensch persönliche Erziehungsvorstellungen ein, die gleichzeitig auf den eigenen Erziehungserfahrungen, Erziehungskenntnissen und aktuellen gesellschaftlichen Erwartungen beruhen. In öffentlichen Einrichtungen (Kita, Kiga, Schule) sind diese Prozesse in Zielen, Inhalten und Methoden auf der Basis eines gesellschaftlichen Konsenses weitgehend geregelt. Im familiären Bereich sind sie hauptsächlich von den Eltern definiert und damit höchst unterschiedlich.

Weil die persönlichen Prägungen schon im frühesten Kindesalter beginnen, kommt dieser sensiblen Zeit große Bedeutung zu. Die elterliche Erziehung lässt sich – zumindest theoretisch – in zwei Bereiche aufteilen. Zum einen in den Bereich der direkten Einflussnahme, also all das, was Erwachsene bewusst tun, um ein bestimmtes Verhalten zu erwirken: mit dem Kind sprechen, etwas zum Spielen anbieten, ein Lied vorsingen, ebenso belohnen, ermahnen, verbieten, sanktionieren usw.

Über diese bewusst eingesetzten Erziehungsmaßnahmen hinaus (intentionale Erziehung), wirkt alles, was scheinbar selbstverständlich geschieht, erzieherisch: Wie der Tag organisiert ist, wie kommuniziert wird, was Erwachsene tun oder auch nicht tun, welcher Medienumgang gepflegt wird, wie über Sachen und Menschen gesprochen wird. All das (funktionale Erziehung) prägt Kinder ebenso – wenn nicht sogar mehr – als die bewusste, vor allem mündliche Erziehung. Wir alle haben die tausendfachen wiederholten Ermahnungen (»Pass auf!«, »Zieh dich warm an«, »Sei anständig«, »Sag auch bitte und danke«, »Komm nicht so spät nach Hause!« u.Ä.) noch als Erwachsene im Kopf. Ob sie etwas bewirkt haben, ist nicht sicher. Sicher scheint nur, dass sich mehr oder weniger gelungenes »Vorbildverhalten« oft nachhaltig einprägt: Der Vater, der immer anständiges Verhalten einfordert, im Auto aber sehr rücksichtslos sein kann, oder die Mutter, die ebenfalls gerne für Anstand eintritt, aber gnadenlos über ihre Freundin herzieht usw.

Und natürlich haben Eltern – zumindest ein Stück weit – Einfluss auf Sozialisationsfaktoren. Sie bestimmen oder wirken auf jeden Fall darauf ein, was gelesen, gehört und gesehen wird (Bücher, Zeitungen, Zeitschriften, Rundfunk, TV, PC, Smartphone, Tablet).

In der Summe legen sie den Grundstein dafür, welche Eigenschaften, Fähigkeiten und Neigungen sich besonders ausprägen. Dabei darf allerdings nicht übersehen werden, dass dieser Einfluss – zum Glück? – immer begrenzt bleibt.

Bezogen auf die im Berufsleben voraussichtlich zu erwartenden Anforderungen kommt es vermutlich auf folgendes an:

- durch Zuwendung, vielseitige Anregungen, Geborgenheit und gesicherte Lebensbedingungen gute Voraussetzungen für die Persönlichkeitsentwicklung zu schaffen;
- mit einem verlässlichen und kalkulierbaren Ordnungsrahmen Verhaltenssicherheit schaffen;
- das richtige Maß von Fordern und Fördern zu finden;
- mehr auf das Vorbildverhalten der Eltern als auf ständig wiederholte erzieherische Mahnungen zu setzen;
- dem Kind mit einem ausgewogenen Maß von Lob und Anerkennung auf der einen und korrigierendem Verhalten auf der anderen Seite zu einer realistischen Selbst- und Fremdeinschätzung verhelfen;
- das Alltagshandeln auf die Grundlagen der Menschenrechte ausrichten: gleiche Rechte für alle, keine Diskriminierung, Offenheit, Toleranz, Friedfertigkeit usw.
- den Kindern/Jugendlichen Freiräume lassen, um sich auszuprobieren und eventuell auch einmal zu scheitern;
- vielfältige Anreize schaffen, die vorhandene Neigungen, Interessen, Fähigkeiten und Talente zur Entfaltung kommen lassen können;
- gegensätzliche Meinungen und Konflikte in fairer Auseinandersetzung regeln und dabei neue Wege ermöglichen.

Über diese individuellen Prägungen hinaus, bestimmen noch viele andere Faktoren, wie sich Generationenbeziehungen entwickeln.

Jahrhundertelang lebten in unserem Kulturraum mehrere Generationen zusammen. Der Lebensunterhalt wurde – in bäuerlichen oder handwerklichen Betrieben – von allen gemeinsam erwirtschaftet, alle trugen ihren Teil dazu bei, und alle lebten »unter einem Dach«. Leben, Wohnen und Arbeiten spielte sich fast ausschließlich an einem Ort ab.

Mit der Industrialisierung ab der Mitte des 19. Jahrhunderts änderten sich diese Strukturen allmählich, aber grundlegend: Die Männer arbeiteten zunehmend in Fabriken, der Arbeits- und Lebensraum trennten sich voneinander. Um näher an den Arbeitsplatz zu kommen, zogen immer mehr Familien in die Stadt – in Mietwohnungen und in Arbeitersiedlungen. Ein Teil der Großfamilie – vor allem die Älteren – blieb zurück. Die Großfamilien begannen sich aufzulösen.

Damit änderten sich die Familienbeziehungen: Wo vorher Generationen gemeinsam lebten, arbeiteten und sich gegenseitig versorgten, wurde die Kleinfamilie mit Vater, Mutter, Kindern zur Regel, die »ganze Familie« kam nur noch zu besonderen Anlässen (Feiertage, Hochzeiten, Jubiläen, Todesfällen usw.) zusammen.

Neben den zahlreichen sozialen Folgen, die diese Veränderungen nach sich zogen – z. B. die Notwendigkeit, ein neues Sozialversicherungssystem zu entwickeln – änderte dies die Generationenbeziehungen in unserem Land grundlegend: Die »Alten« gehörten nicht mehr selbstverständlich zur Lebensgemeinschaft, sondern wurden zu Oma und Opa, die anderswo lebten und die, wenn sie umfangreichere Hilfe brauchten, zur Last werden konnten. In der Regel wurden für solche Hilfeleistungen dann die Töchter bzw. Schwiegertöchter in die Pflicht genommen. Da jedoch Frauen zunehmend selbst berufstätig waren, entwickelte sich ein Bedarf an professionellen Hilfseinrichtungen (mobile Dienste, stationäre und teilstationäre Pflegeeinrichtungen. Der Staat versuchte mit der Einrichtung einer Pflegeversicherung (1995) die damit verbundenen hohen finanziellen Belastungen für Pflegebedürftige aufzufangen.

Angestoßen durch diesen Kostendruck, zeichnet sich seit einigen Jahren ein gesellschaftlicher Umdenkungsprozess in den Generationenbeziehungen ab. Die ältere Generation zunehmend in eine eigene »Seniorenwelt« auszugliedern, verursacht hohe Kosten.

Seit der Jahrtausendwende wird versucht, mit unterschiedlichen Instrumenten wie Altersteilzeit, Vorruhestand und Auflösungsverträgen, ältere Arbeitnehmer möglichst etwas früher in den Ruhestand zu bringen. Zum einen ergaben sich aus Sicht der Unternehmen häufig Kostenvorteile, zum anderen war die

Idee, Arbeitsplätze für Jüngere zu schaffen. Viele Betriebe stellten bald fest, dass sie damit einen wichtigen Erfahrungsschatz verloren, und man erkannte, dass in vielen Bereichen »Mehrgenerationenteams« besonders geeignet sind, gute Arbeitsergebnisse zu erzielen.

Durch zahlreiche Mehrgenerationenprojekte ist inzwischen bewiesen, wie vorteilhaft sich das Miteinander von Generationen beim Wohnen für alle entwickeln kann. Dort hat sich unter anderem gezeigt, dass viele älteren Menschen soziale und andere Leistungen einbringen können und wollen: In der Kinderbetreuung, als Lernhilfen, Vorleser/in, Werk- und Bastelhilfe, Hausaufgabenbetreuung und vielem anderen mehr.

Dies haben die meisten Seniorenbetreuungseinrichtungen erkannt. Sie unterstützen deswegen ihre Bewohner beim Versuch, solche »Patenschaften« zu organisieren.

Daraus können nicht nur neue und wichtige soziale Beziehungen entstehen, sondern es entwickelt sich – in Ansätzen – ein neues Generationenverhältnis: Alte Menschen rücken für junge wieder selbstverständlicher in ihren Alltag und sie erleben konkret, dass auch Menschen mit (altersbedingten) Beeinträchtigungen Teil unserer Gesellschaft sind und einfach dazugehören – also ein Grundprinzip der Integration.

Trotzdem dürfen die in unserer Gesellschaft vorhandenen strukturellen Generationenkonflikte nicht übersehen werden. Zum Beispiel in der Rentenversicherung: Das auf dem sogenannten »Generationenvertrag« beruhende Rentensystem gerät angesichts des demografischen Wandels zunehmend an seine Grenzen. Den in einem Beschäftigungsverhältnis stehenden Rentenzahlern steht eine wachsende Zahl von Rentenempfängern gegenüber, was bedeutet, dass die Rentenbeiträge erhöht oder immer höhere Leistungen aus den allgemeinen Steuern in die Rentenfinanzierung fließen müssten und/oder dass eine ausreichende Altersversorgung nur über zusätzliche private Versicherungen möglich ist. Die aktuellen Rentenempfänger halten ihre (durchschnittlich guten) Renten für durchaus angemessen (»Wir haben sie uns durch harte Arbeit verdient«), die junge Generation ächzt unter den zunehmenden sozialen Lasten (»Uns erdrücken die hohen Steuern und Sozialabgaben«). Die Politik ist gefordert, hier einen zumutbaren Interessenausgleich zu finden.

Eine neue Konfliktlinie zwischen den Generationen ist mit der »Fridays-for-future-Bewegung« offensichtlich geworden: Mit der in verschiedenen Abwandlungen benutzten Parole »Ihr klaut uns unsere Zukunft« wird ganz offensichtlich, dass – nicht ganz zu Unrecht – die »Alten« für den ökologischen Zustand der Erde verantwortlich gemacht werden. Unabhängig davon, ob sich »die jüngere Generation« im Durchschnitt tatsächlich ökologischer verhält als die Älteren, ist durch diesen wohl bewusst provokanten Ansatz Bewegung in Gesellschaft und Politik gekommen. Ökologische Fragen haben an Stellenwert gewonnen.

Vielleicht ist es ein erfolgversprechendes Konzept, wenn »die Jungen« ihre Stimme erheben und »den Alten«, die ja in den verantwortlichen Positionen in Politik, Wirtschaft und Gesellschaft sitzen, ein wenig »Beine machen«. Das hat – zumindest ein Stück weit – in den Sechziger- und Siebzigerjahren des zwanzigsten Jahrhunderts funktioniert. Die Auswirkungen sind bis heute spürbar.

Die Veränderungen, die durch gesellschaftliche und demografische Entwicklungen verursacht werden, hat die Universität Ulm im Auftrag des Sozialministeriums Baden-Württemberg schon 2013 untersucht. Das zusammengefasste Ergebnis ist, dass die Zunahme der Lebenserwartung, die Abnahme der Geburtenrate und veränderte Familienstrukturen zu Veränderungen führen, die sich auch auf das Bildungs- und Sozialsystem auswirken.

Dies gilt ebenso für die Generationenbeziehungen. Über solche Beziehungen werden Wissen, Erfahrung, Traditionen und Werteorientierungen von Generation zu Generation weitergegeben. Entstehen auf Grund gesellschaftlicher Veränderungen Begegnungsdefizite zwischen den Generationen, müssen Politik und Gesellschaft Konzepte entwickeln, die diese Defizite kompensieren und damit den gesellschaftlichen Zusammenhalt unter den veränderten Bedingungen sichern. Aus der Verbindung des Erfahrungswissens der älteren Generationen mit dem unkonventionellen Vorgehen der Jüngeren könnten sich vollkommen neue Konzepte entwickeln. Wesentliche Voraussetzung hierfür ist eine verstärkte Bewusstseinsbildung zum Verhältnis der Generationen auf allen gesellschaftlichen Ebenen.

Für die konkrete Ausführung hierfür geeigneter Prozesse sind vor allem die Kommunen verantwortlich und gefordert. Hier können Defizite früh erkannt werden, hier finden die realen Begegnungen statt, hier können Projekte realitätsnah entwickelt werden.

Um erste Anstöße für erfolgversprechende Maßnahmen zu entwickeln, sind finanzielle und organisatorische Unterstützung für die Schaffung geeigneter Netzwerke verschiedenster Akteure, eine breite und frühzeitige Bürgerbeteiligung und ergebnisorientierte Prozessausrichtung notwendig.

Der Hirnforscher Gerald Hüther bestimmt die Aufgaben der Kommunen so: »Sie sollten die Förderung einer neuen Beziehungskultur zu ihrer Aufgabe machen, um die Gemeinschaft zu stärken, Potentiale zur Entfaltung zu bringen und dem Zerfall von Gesellschaft entgegenzuwirken (Hüther 2013). Wenn Geben und Nehmen bei allen Beteiligten ausgeglichen sind, verbessert sich die Lebensqualität und alle Generationen können davon profitieren, was einer echten Win-Win-Lösung entsprechen würde.

Nach dieser Studie sind funktionale und Beziehungskomponenten relevant. So könnten z. B. ein handwerklicher Anleitungskurs, ein Erzählcafé, eine Hausaufgabenbetreuung bestens zum generationenübergreifenden Beziehungsaufbau beitragen.

Weitere Aktivitäten können in folgenden Handlungsfeldern stattfinden:

- Leben und Wohnen (Einkaufs-, Fahr-Besuchsdienste)
- Lernen und Bildung (voneinander – miteinander – übereinander lernen)
- Freizeit und Sport (Spielangebote, Generationenparks, Kochkurse ...)
- Kunst und Kultur (intergenerationelle Theaterprojekte, Kunstausstellung, Literaturkreise)
- Arbeit, Beruf und Berufsvorbereitung (Berufswahl, Bewerbung, Wiedereinstieg in den Beruf ...)
- Umwelt (lokale Umwelt- und Tierschutzaktionen)

Bei allen Überlegungen, was Sozialisation zur Verbesserung der Generationenbeziehungen beitragen kann, darf eins nicht außer Acht gelassen werden: Die Arbeitswelt selbst verändert und prägt junge Menschen viel stärker, als bisher bekannt war. (Vgl. hierzu die Studie: Wie verändern Berufseinstieg und Renteneintritt die Persönlichkeit? Von Eva Asselmann und Jule Specht von der Humboldt-Universität Berlin, April 2021.)

Das bedeutet, dass junge Menschen zwar schon Prägungen und Einstellungen in die Arbeitswelt mitbringen, andererseits aber auch, dass die Verhältnisse am Arbeitsplatz selbst ihr Verhalten maßgeblich beeinflussen. Der Betrieb wird eine neue und sehr wirksame Erziehungs- und Sozialisationsinstanz.

KAPITEL 7
PERSPEKTIVEN – ZUSAMMENFASSUNG – SCHLUSS

Um das Thema »Führung« mit Praxisbezügen zu untermauern, haben wir mit einer Reihe von Führungskräften gesprochen. Wir sind dabei auf großes Interesse an dem Thema und auf große Bereitschaft, sich dazu zu äußern, gestoßen. Die Befragten arbeiten in diversen Branchen und gehören unterschiedlichen Altersgruppen an. Wir wollten vor allem herausfinden, welche Führungserfahrungen sie haben, welchen Stellenwert sie Führung einräumen und wie zukunftsweisende Führung zu gestalten ist. Uns lag vor allem daran, Theorien mit praxisnahen Aussagen zu untermauern.

Befragt wurden insgesamt zwölf Personen:

- Stationsarzt Dr. Adrian Seidl aus der Klinik in Memmingen (Stationsarzt, 26 Jahre, Klinik in Memmingen)
- Stephanie Eßwein (32 Jahre, Bürgermeisterin in Mutlangen)
- Johannes Schurr (34 Jahre, Bürgermeister in Spraitbach)
- Adrian Raith (39 Jahre, Chef des Startup Wirtschaftsunternehmens Laserhub)
- Heiko Born, (48 Jahre, Geschäftsführer des Malteser Hilfsdienstes Ost-Württemberg)
- Isolde Otto-Langer (50 Jahre, Regionalleiterin der Vinzenz von Paul Pflegeeinrichtungen)
- Andrea Wowereit (60 Jahre, Heimleiterin des Blindenheimes in Schwäbisch Gmünd)
- 5 PflegedienstleiterInnen der Malteser
- Andrea Vollmar (46 Jahre, Pflegedienstleitung ambulanter Dienste der Malteser in Aalen)
- Corinna Schindler (40 Jahre, Pflegedienstleitung ambulanter Dienste der Malteser in Schwäbisch-Gmünd)
- Elke Sehon (46 Jahre, Leitung Dienste für Kinder, Malteser, Aalen)
- Roswitha Röhrle (56 Jahre, Pflegedienstleitung ambulanter Dienste der Malteser, Ellwangen)
- Stephanie Töpfl (43 Jahre, Pflegedienstleitung ambulanter Dienste der Malteser. Ellwangen)

Die Ergebnisse der Befragung in der Zusammenfassung

1. Wie sollen Führungskräfte ausgewählt werden?

Bei der Auswahl von Führungskräften spielen einleuchtende Voraussetzungen wie fachliche Qualifikation, Leistungsbereitschaft bzw. -fähigkeit und Teamfähigkeit eine entscheidende Rolle. Je nach den Gegebenheiten etwas unterschiedlich bewertet wird die Frage, ob sie eher extern oder intern gesucht werden. Viel Wert wird darauf gelegt, dass potenzielle BewerberInnen persönlich überzeugen: Wirken sie glaubhaft und authentisch? Wie ist ihr kommunikatives Verhalten? Haben sie Persönlichkeit?

Häufig wird hervorgehoben, wie wichtig es ist, im Unternehmen selbst vorausschauend zu agieren, um Führungskräfte zu schulen und für künftige Aufgaben zu qualifizieren.

Dazu einige Zitate aus den Interviews:

»Neben der Qualifikation ist die Persönlichkeit besonders entscheidend. Authentizität ist absolut wichtig: Wie verhält sich die Person beim ersten Treffen? Was macht die Person, wenn sie nicht arbeitet? Wer ist der Mensch dahinter? Wie geht die Person mit Menschen um«? (Bürgermeisterin Stephanie Eßwein)

»Sehr wichtig sind gute Menschenkenntnisse. Führungskräfte müssen empathisch sein, gut teachen und delegieren können. Und sie müssen die Fähigkeiten der Einzelnen entdecken.« (Stationsarzt Dr. Seidl).

»Unser Problem ist, dass es kaum fertig ausgebildete Führungskräfte gibt«. (Diese Klage wurde fast durchgängig von allen Befragten geäußert).

»Wir sind auf dem Weg, eigene junge und talentierte MA in einem Traineeprogramm zu Führungskräften zu entwickeln«. (Frau Otto-Langer).

»Abteilungsleiter werden meist von extern geholt, da das Unternehmen noch sehr jung ist. Bereichsleiter werden aus den eigenen Reihen generiert.« (Adrian Raidt, Startup Unternehmen Laserhub).

«Auch wir schauen uns in den eigenen Reihen um und schicken geeignete Mitarbeiter zu entsprechenden Weiterbildungen. Wir brauchen vor allem Führende, die kritisch denken und selbstverantwortlich handeln«. (Andrea Wowereit).

»Das richtige Mindset ist entscheidend. Ich meine damit die innere Motivation, den Wunsch nach Flexibilität und die Lust auf Herausforderung und Veränderungen.« (Johannes Schurr)

2. Welche Unterstützung brauchen Führungskräfte?

Die hierzu mehrheitlich genannten Aspekte lassen sich in zwei Bereiche untergliedern: Zum einen in Elemente der praktizierten Führungskultur des Betriebs, zum andern in gezielte Maßnahmen zur Unterstützung. Im ersten scheint den Befragten wichtig, dass insgesamt reger Informationsaustausch gepflegt wird, dass Beteiligte auf Augenhöhe miteinander agieren und dass mit Hilfe unterschiedlicher Netzwerke auch externer Austausch gepflegt und für alle ermöglicht wird. Zum zweiten gehören gezielte Übungs- und Fördermaßnahmen, Trainingsmöglichkeiten und angemessene Einarbeitungszeiten für neue Aufgaben. Auszüge dazu aus den Interviews:

»Die Entwicklung der Persönlichkeit ist unabdingbar, hier sind Angebote zur Fort- und Weiterbildung in der Verwaltungsfachschule genauso wichtig wie der Austausch im Team im Sinne von Best Practice, ebenso die persönliche Reflexion«. (Johannes Schurr)

»Externes Coaching ist wichtig, damit sich Verantwortliche unabhängigen Rat holen können um Problemstellungen eigenständig zu bearbeiten und Lösungen zu finden.« Andrea Wowereit.)

»Die beste Unterstützung ist neben guter Teamarbeit gute Coping Strategien, gutes soziales Netz und ein gesunder Ausgleich zur Arbeit in der Freizeit.« (Dr. Adrian Seidel).

»Das Wichtigste ist ein gutes Netzwerk, das unter den Bürgermeisterinnen in Baden-Württemberg super funktioniert. Auch der Austausch mit älteren erfahrenen Kolleginnen ist wichtig. Andererseits lassen sich ältere MA von den jungen gerne auf den aktuellen Wissenstand bringen.« (Bürgermeisterin Stephanie Eßwein) »Auch gegenseitige Unterstützung unter Kollegen gilt im Mutlanger Rathaus als Selbstverständlichkeit.«

Isolde Otto-Langer findet gute Einarbeitungskonzepte, Übungszeit als Führungskraft und wertschätzenden respektvollen Umgang sehr wichtig.

»Training entlang der Führungsprinzipien ist unabdingbar. Wir stellen uns folgende Fragen: Wie können die Firmenprinzipien im Alltag umgesetzt werden? Das wird in wöchentlichen Leitungsmeetings anhand von aktuellen Begebenheiten besprochen«. (Adrian Raidt)

Für die Pflegedienstleitungen der Malteser ist der Austausch unter PDL-Kollegen und der gute Draht zum Chef wichtig.

3. Gibt es einen einheitlichen Führungsstil?

Diese Frage wird fast durchgängig verneint. Als Gründe hierfür werden auf der einen Seite die unterschiedlichen Gegebenheiten auf den verschiedenen Ebenen des Betriebs und die verschiedenartigen Gegebenheiten zwischen Betrieben genannt, und auf der anderen Seite wird darauf verwiesen, dass sich sowohl Führungsstile als auch Führungserwartungen deutlich unterscheiden.

»Nein. Ist auch nicht erforderlich, denn jeder braucht den Vorgesetzten anders. Es ist die große Kunst der Führungskraft, zu wissen, wer wie geführt werden muss«. (Adrian Raidt, ähnlich antworten auch andere.)

»Und doch brauchen wir im Unternehmen eine gemeinsame Strategie. Unsere richtet sich nach dem Führungskonzept von Malik, darin finden sich alle Führungskräfte des Unternehmens wieder.« (Isolde Otto-Langer)

»Je nach Bereich braucht es unterschiedliche Führungskräfte. Es ist wichtig, den eigenen Führungsstil zu entwickeln und authentisch und situativ zu führen.« (Dr. Adrian Seidl)

»Mit Fragen führen, achtsam zuhören und im Gespräch bleiben, ganz egal, um welche Generation es geht«. (Johannes Schurr)

4. Welche Rolle spielen Werte im Leitbild?

Werte spielen bei allen Befragten eine wichtige Rolle. In den konkreten Benennungen unterscheiden sie sich zwar voneinander, allerdings zielen sie im Wesentlichen auf ähnliche Wertvorstellungen wie gegenseitig respektvoller Umgang, Wertschätzung, Achtung, Verantwortlichkeit, Offenheit und Ehrlichkeit. Formuliert wird dies unter anderem so:

»Wertschätzung, Verlässlichkeit, Ehrlichkeit und Loyalität sind mir besonders wichtig. Man darf gerne verschiedener Meinung sein und heftig diskutieren, doch danach müssen vor allem Führungskräfte hinter Entscheidungen stehen und sich demokratisch verhalten.« (Stephanie Eßwein)

»Vinzentinische Werte wie Herzlichkeit, Barmherzigkeit, Hochachtung, Wahrhaftigkeit, »Verantwortung und Vertrauen prägen unser Leitbild.« (Isolde Otto-Langer)

»Anerkennung, Empathie, Respekt, Rückhalt, Zufriedenheit und vor allem Zuverlässigkeit sind in der Klinik, bezogen auf die Mitarbeiter, besonders wichtige Werte.« (Dr. Adrian Seidl).

»Die Übereinstimmung im Werteverständnis wird bereits im Bewerbungsverfahren erfragt. Es ist wichtig, frühzeitig zu erkunden, wer mit welcher Einstellung ins Unternehmen kommen möchte.« (Adrian Raidt)

»Der Mensch steht im Mittelpunkt, damit sind Bewohner, Angehörige und Mitarbeitende gleichermaßen gemeint«. (Andrea Wowereit).

»Da wir eine Hilfsorganisation sind, spielen Werte eine große Rolle bei den Maltesern. Wir sehen uns als Unterstützer von Menschen in schwierigen Lebenssituationen. Dafür sind ein christliches Menschenbild, Nächstenliebe und Hilfsbereitschaft unerlässlich.«

»Macht aus Vertrauen Freiheit«, sage ich meinen MitarbeiterInnen immer wieder. Ich gebe ihnen erstmal gute Anleitung und dann schenke ich ihnen viel Vertrauen. Für mich sind Empathie, Authentizität und Verantwortung wichtige Werte als Bürgermeister. Ich selbst kann auf gute Begleiter bei Aus- und Weiterbildungen und auf meinem Weg zur Führungskraft zurückblicken.« (Johannes Schurr)

5. Wie wichtig ist Diversity im Unternehmen?

In den meisten Einrichtungen bzw. Betrieben der Befragten ist Verschiedenartigkeit nach Herkunft, Alter, Milieus, Familienstand und Ausbildung alltäglich. Und diese Vielfalt wird ebenso durchgängig eher als Gewinn, denn als Problem gesehen. Erfahrungsbeispiele und Statements belegen dies nachdrücklich:

»Ein schwerkranker Patient gestikulierte und niemand verstand ihn, die Reinigungsfrau stammt aus demselben Land, fungiert als Dolmetscherin und schon ist das Problem erledigt. Es bereichert eine Klinik extrem, wenn dort Menschen aus unterschiedlichen Ländern mit unterschiedlichem kulturellem Hintergrund arbeiten. Auch die Zusatzqualifikationen der Klinikmitarbeiter sind sehr verschieden, wir sind wirklich ein multiprofessionelles Team, davon profitieren Patienten und Mitarbeitende gleichermaßen.« (Dr. Seidl)

»Bei uns im Rathaus sind die Kollegen zwischen 18 und 58 Jahre alt, haben unterschiedliche Ausbildungen bzw. Studiengänge hinter sich, und es gibt auch Quereinsteiger. Diese werden oft als besonders geeignet empfunden und wachsen gut in ihre Aufgaben hinein.« (Stephanie Eßwein).

Besonders deutlich bildet sich die Vielfalt in den Pflegeeinrichtungen der Befragten aus: Mitarbeitenden sind dort zwischen 17 und 72 Jahre alt, sprechen unterschiedliche Sprachen, kommen aus verschiedenen

Kulturkreisen, haben verschiedene Bildungsabschlüsse, und es gibt dort sowohl die angelernte Hilfskraft als auch die Pflegefachkräfte mit verschiedenen Weiterbildungs- bzw. Studienabschlüssen. Zwar ergeben sich sehr wohl Probleme im Bereich der Kommunikation, aber man versucht vielerorts, diesen Schwierigkeiten mit zusätzlichem Sprachunterricht zu minimieren.

Zu den etwa hundert MitarbeiterInnen aus etwa zwanzig Nationen seines Start-Up-Unternehmens meint Adrian Raith: »Sie sind zwischen 20 und Mitte 50 Jahre alt, haben ganz unterschiedliche Ausbildungen oder abgeschlossene Studien. Die Unterschiedlichkeit macht so gut wie keine Probleme, vielleicht gerade deshalb, weil von Beginn an genau geschaut wird, wer im Unternehmen gebraucht wird und wer ins Unternehmen passt.«

»Wir sind ein Querschnitt der Bevölkerung, also bunt gemischt, und das tut uns allen gut.« (Heiko Born)

»Im Spraitbacher Rathaus gibt es Mitarbeitende zwischen 16 und 66 Jahren. und gerade auch Quereinsteiger haben das Rathausteam mit ihrem ganz eigenen Blickwinkel und Erfahrungshintergrund bereichert. Wie gut, wenn jeder etwas anderes mitbringt«. (Johannes Schurr)

6. Welche Bedeutung hat Fehlerkultur?

Im Ergebnis betonen die meisten Befragten, dass offene Kommunikation, die Vorbildfunktion von Vorgesetzten und/oder Führungskräften und der offene Umgang mit Fehlern zu einer ausgeprägten Fehlerkultur gehören. Autoritäre Strukturen be- und verhindern eine solche Kultur.

»Hier muss die Chefin Vorbild sein. Wo Menschen arbeiten, passieren Fehler, wir müssen sie nur erkennen und daran arbeiten, dass wir daraus lernen. Wichtig ist, dass wir alle zu Fehlern stehen und nichts verheimlichen.« (Stephanie Eßwein)

Dr. Seidel meint: »Fehlerkultur sollte gerade im Klinikalltag eine wichtige Rolle einnehmen. Es ist wünschenswert, dass routinemäßig fachlich und fair über Fehler gesprochen wird, um die Patientenversorgung stetig zu verbessern und aus Fehlern lernen zu können.«

»Unsere Vertrauenskultur lässt Fehler zu, sie brauchen nie vertuscht werden, sondern führen zu positiven Entwicklungen.« (Adrian Raidt)

»Das ist ein heikles Thema, daran müssen wir noch arbeiten. Manche Mitarbeitende haben Angst vor der Entdeckung von Fehlern, sie befürchten Diffamierung und möchten Fehler vertuschen.« (Andrea Wowereit)

»Bei autoritärem Führungsstil wäre Fehlerkultur nahezu unmöglich«. (Frau Otto-Langer)

»Fehler zeigen immer auch auf, dass vorhandene Strukturen überprüft werden müssen. Unsere Mitarbeiter stehen zu Fehlern, geben zu, wenn etwas schief gegangen ist. Wir analysieren die Vorgänge und suchen dann gemeinsam nach Lösungen statt nach Schuldigen.« (Pflegedienstleiterinnen der Malteser)

»Für mich sind Fehler ein echter Mehrwert. Aus Fehlern kann man lernen. Vieles ist nur deshalb gut, weil es sich aus einem Fehler heraus gut entwickeln konnte. Meine Devise ist nicht, Schuldige zu suchen, sondern Lösungen zu finden. Es lohnt sich, daran weiterzuarbeiten und als Chef selbst Vorbild zu sein«. (Johannes Schurr)

7. Welche Führungsinstrumente bewähren sich im Unternehmen?

Obwohl die Antworten auf diese Frage auf den ersten Blick sehr verschieden erscheinen, bewegen sie sich doch weitgehend um die Kernthemen Kommunikation, Informations- und Meinungsaustauschfragen und Schulung. Eine Auswahl der Formulierungen lautet so:

»Das wichtigste Führungsinstrument ist die Menschlichkeit. Unsere MitarbeiterInnen treffen auf offene Türen und auf offene Ohren.« (Malteser PflegedienstleiterInnen)

»Vor allem unsere gute Meeting-Kultur ist uns sehr wichtig, es gibt auf allen Ebenen im Betrieb wöchentlich gut strukturierte Meetings. Feedback nennen wir Feed-forwards, denn wir wollen ja weiterkommen mit dem, was wir uns an Mitteilungen geben. Jeden Freitag treffen sich alle Mitarbeitenden virtuell und es werden in einer Skalierung von 0 bis 5 die Stimmung und verschiedene firmeninterne Parameter schriftlich abgefragt. So kann bei Verstimmungen schnell gehandelt und korrigiert werden«. (Adrian Raith)

»Gute Besprechungskultur, Anleitung von erfahrenen Kollegen, Learning by Doing, Fallbesprechungen, jährliche Entwicklungsgespräche, Jour Fix, Lenkungskreis, Rückkehrgespräche, Teambesprechungen, Übergabegespräche«. (Rückmeldung aus der Klinik und aus den Pflegebereichen.)

»Struktur schaffen für den einwöchentlich stattfindende Jour Fixe der Führungskräfte (Wer bringt was ein und braucht wie viel Zeit?). Einmal jährlich Klausurtagung außer Haus auch mit externen Referenten. Auch Jahresauftaktgespräche haben sich sehr bewährt. So hat man als Führungskraft am Jahresbeginn Einblick in die persönliche und berufliche Situation der einzelnen Beschäftigten. Alle 2 Monate gibt es ein MA-Frühstück.« (Stephanie Eßwein)

8. Spielen Arbeitszeitmodelle eine wichtige Rolle?

Durchgehend wird die Bedeutung zeitgemäßer Arbeitszeitgestaltung betont – für die MitarbeiterInnen wie für das Unternehmen. In den Begründungen und in der Ausgestaltung gibt es kleinere Unterschiede:

»Besonders für junge Mütter, die wiedereinsteigen möchten, sind flexible Arbeitszeiten und Arbeiten im Homeoffice wichtig. Die MitarbeiterInnen können in eigener Verantwortung tauschen, wenn die jeweils geltende Vertretungsregelung beachtet bleibt«. (Stephanie Eßwein)

»Für Ärzte sind Arbeitszeiten wichtige Entscheidungskriterien für eine neue Stelle. Lebensarbeitszeitmodelle wären sehr interessant, um den Arztberuf attraktiv zu machen.« (Dr. Seidel)

»Jeder kann relativ viel selbst bestimmen, bis auf gewisse Meeting- oder Kundenkontaktzeiten. Wir arbeiten vorwiegend im Homeoffice. Doch auch im Betrieb in Stuttgart gibt es keine Stempeluhren, sondern Vertrauensarbeitszeit. Dies trägt zu Zufriedenheit der Teams bei. Eine Stempeluhr wäre für unser Unternehmen ein fragwürdiges Kontrollinstrument, unsere MitarbeiterInnen gehen verantwortlich mit der Zeit um«. (Adrian Raidt)

Alle in der Pflegebranche Befragten berichten, dass neben dem Verdienst heute die Arbeitszeit die wichtigste Frage ist.

»Wir haben Müttertouren, um Frauen trotz Familienzeit als Mitarbeiterinnen zu gewinnen. Doch auch das führt manchmal zu Spannungen, denn die Pflegearbeit muss eben zu bestimmten Zeiten erbracht werden. Individuelle Vereinbarungen sind erforderlich, um überhaupt noch genügend Fachkräfte zu bekommen. Dies muss im Team gut kommuniziert und abgestimmt werden, so dass sich keiner benachteiligt fühlt.« (Andrea Wowereit)

»Kernarbeitszeiten und Gleitzeitkonten gibt es im Rathaus. Wir wollen ja für die Bürger verlässlich erreichbar sein. Bei uns stempeln alle Mitarbeitenden. Zum einen hat jede Person eine Selbstkontrolle, außer-

dem können wir mögliche Schwächen rechtzeitig erkennen. So werden zum Beispiel die jeweiligen Aufenthalte im Bauhof exakt erfasst, um Informationen für mögliche Verbesserungen zu bekommen. Daten sind die Währung der Zukunft: Konkrete Informationen sind die Basis für positive Veränderungen. Daran wird in den Verwaltungen aktuell gearbeitet«. (Johannes Schurr)

9. Ist agile Unternehmensführung in Ihrem Betrieb von wichtiger Bedeutung? Schnelle Veränderungen, anpassungsfähige Mitarbeiter, die offen sind für Neues und Leader, die Prozesse transparent definieren.

Für viele Befragte hat dieses Thema große Bedeutung, allerdings ist es zurzeit stark von Coronaverordnungen bestimmt. Sie verlangen von den Betrieben wöchentliche Anpassungsprozesse, viele Informationsbriefe, Absprachen und Kontakte zu Angehörigen.

»Wir brauchen interne und externe Schulungen, zurzeit sind vor allem Online-Schulungen angesagt. QM-Prozesse müssen ständig angepasst oder verändert werden.« (Isolde Otto-Langer)

»In unserem Betrieb ändert sich stetig alles, das erfordert eine Schnelligkeit und die Bereitschaft sich darauf von vornherein einzulassen. Die Transparenz ist enorm wichtig, jeder kennt alle Strukturen und alle Zahlen. Wichtig ist, das Delta zu kennen, was man kann und was nicht. Und die Herausforderung anzunehmen, das, was man noch nicht kann zu lernen und dadurch den Horizont immer weiter werden zu lassen.« (Adrian Raith)

»Interessierte innovative Vorgesetzte sind die beste Voraussetzung.

Es gibt ständig neue Medikamente, neue Untersuchungsmethoden, neue OP-Techniken, computergestützte OP-Methoden usw. Wir brauchen laufende Fort- und Weiterbildungen des medizinischen Personals. Neue Ideen sind wichtig, damit wir immer wieder neue Herausforderungen haben«. (Dr. Seidl)

»Digitalisierung statt Elektrifizierung, das ist in Zeiten schneller Entwicklung unerlässlich.« (Johannes Schurr)

10. Was muss getan werden, um solche motivierte Mitarbeitende zu bekommen bzw. zu behalten?

Die meisten Interviewten betonen auch bei dieser Frage die Bedeutung einer anerkennenden und wertschätzenden Unternehmenskultur. Die aufgeführten Ausdrucksformen einer solchen Kultur unterscheiden sich zwar im Einzelnen, laufen aber doch hauptsächlich darauf hinaus, den Mitarbeitenden die gebührende Anerkennung zukommen zu lassen. Immer wieder hervorgehoben werden gute Arbeitsbedingungen und die Ausbildungsqualität.

»Mit Anerkennung, Wertschätzung, Lob und Dank darf nicht gespart werden.« (Andrea Wowereit)

»Wir müssen gut für die MitarbeiterInnen sorgen. Sie bekommen beispielsweise Vergünstigungen bei Gesundheitsangeboten (Sportstudio, Massage), wir organisieren Ausflüge und Jahresfeiern, und immer wieder zwischendurch gibt es kleine Aufmerksamkeiten, z.B. einen Korb voll Orangen zum »Vitamin-Boostern«, Mitarbeiterfrühstücke usw. (Stephanie Eßwein).

»Gute Arbeitsbedingungen und vor allem ein gutes Ausbildungskonzept sind wichtige Pfeiler, um Mitarbeitende in der Klinik zu halten und neue zu bekommen.« (Dr. Seidl)

»Bei uns sind alle MitarbeiterInnen mit Anteilen am Betrieb beteiligt. Gute Bezahlung ist zwar wichtig, aber nicht der wichtigste Punkt. Viel wichtiger ist für die Mitarbeitenden, in einem Unternehmen zu arbeiten, in dem Werte durch gute Führung gelebt werden und in dem persönliche Entwicklung möglich ist. Gute Führung ist gefragt!« (Adrian Raidt)

»Wir müssen die Skills der Mitarbeitenden beachten und nutzen. Denn bei der Arbeit geht es immer mehr um Selbstverwirklichung. Wo kann wer seine Talente besonders gut einsetzen? In Projektstrukturen zu denken, wird immer wichtiger. Mit projektorientiertem Arbeiten lässt sich die Generation Z faszinieren. Das Thema Quartiersmanagement ist ein schönes Beispiel dafür, wie Menschen verschiedenster Generationen durch ein spezielles Projekt in einer Gemeinde eingebunden werden.« (Johannes Schurr)

11. Wie werden Unternehmensziele auf die einzelnen Abteilungen/Bereiche/Personen heruntergebrochen?

Bei dieser Frage unterscheiden sich die Antworten naturgemäß zwischen wirtschaftlichen Unternehmungen und zum Beispiel Verwaltungseinrichtungen. Wo auf wirtschaftlichen Erfolg hingearbeitet wird, spielen objektive Betriebsdaten und Effizienz eine große Rolle. In beiden Bereichen wird auf die Bedeutung von ausdifferenzierter Zielformulierungen und der Projekt- bzw. Auftragsbezug verwiesen. Im Pflegebereich überdecken die durch die Pandemie verursachten Gesundheitsvorsorgemaßnahmen alle anderen Ziele.

»Zunächst gibt es klare Kennzahlen (Umsätze, Gewinn, Reklamationen ...) die der Unternehmensleitung den Überblick geben. Unternehmensziele werden im Zielprozess auf die einzelnen Abteilungen heruntergebrochen. Die Abteilungen brechen die Ziele in die Teams herunter. Diese setzen sich zusammen und wählen aus diesen Zielen ihre eigen definierten Ziele aus, die sie in 6–12 Monaten erreichen wollen und überprüfen diese selbst. Zielerreichung ist bewusst nicht lohnabhängig, denn es könnte dann passieren, dass Ziele ganz klein definiert werden, um sie zu erreichen und den entsprechenden finanziellen Betrag zu bekommen.« (Chef Raidt)

»Seit der Pandemie ist das wichtigste Ziel, gesunde Mitarbeiter und gesunde Bewohner zu haben, es gilt die Grundversorgung sicherstellen zu können, was teilweise nur unter schwierigsten Bedingungen möglich ist«. (Andrea Wowereit)

»Die Klinik ist mittlerweile ein Wirtschaftsbetrieb und wird als solcher geführt. Die DRG-Erlöse müssen stimmen, dafür gibt es in den Kliniken spezielle Abteilungen. Letztendlich kommt es auf den Chef und die Klinikleitung an, wie und in welcher Form die Ziele definiert, heruntergebrochen und erreicht werden.« (Dr. Seidl)

»Ziele sind oft auf bestimmte Projekte gerichtet, wie z. B. Sanierungsmaßnahmen, Bauprojekte oder der Umgang mit Fördergeldern für vorgegebene Maßnahmen. Dann sind die Bereichsleitungen für die Einhaltung verantwortlich.« (Stephanie Eßwein)

»Unsere Ziele beziehen sich nicht nur auf betriebswirtschaftliche Ergebnisse, sondern immer mehr auch auf Zukunfts- und Umweltbezogene Themen.« (Heiko Born)

12. Wie wird eine flache Hierarchie im Unternehmen gelebt?

Einerseits wird bei den Antworten zu dieser Frage die Wichtigkeit flacher Hierarchien betont, andererseits aber auch klar auf die Grenzen ihrer Verwirklichung verwiesen.

»Ja, so flach wie irgend möglich. Das hält mir als Chefin den Rücken frei. MA haben großen Freiraum für Entscheidungen jeweils in Ihrem Verantwortungsbereich. Ich weiß, was meine Leute können und bin stolz darauf«. (Stephanie Eßwein)

»Krankenhäuser sind extrem hierarchische Systeme. Flache Hierarchien sind darin nur bedingt sinnvoll und möglich.« (Dr. Seidl)

»Durch die verschiedenen Berufsgruppen und Aufgaben müssen gewisse Strukturen vorgegeben werden, damit die gesetzlichen Vorgaben in der Umsetzung gesichert sind. Wo es möglich ist, beziehen wir die Mitarbeiter und die MAV in Entscheidungsprozesse mit ein. Grundsätzlich findet jeder Mitarbeiter, Bewohner und Angehörige ein offenes Ohr, um seine Ideen oder auch Kritik zu äußern.« Andrea Wowereit)

»Wenn MitarbeiterInnen ihren Verantwortungsbereich kennen und verlässlich damit umgehen, ist flache Hierarchie eine Selbstverständlichkeit. Das trägt zur Entwicklung des gesamten Unternehmens bei. (Johannes Schurr)

13. Welche Erwartungen haben junge Menschen der Generation Z an ihre Vorgesetzten?

Diese Frage konnte, weil nur ein Befragter dieser Generation angehört, nur von diesem beantwortet werden.

»Von Anfang an gut in den laufenden Betrieb eingebunden zu werden ist wichtig, um schnell ankommen zu können. Anerkennung für geleistete Arbeit zu bekommen und vor allem von Vorgesetzten gutes Teachen. Gute Wissensvermittlung schafft schnell Sicherheit und ermöglicht selbstständiges Arbeiten.« (Dr. Seidl)

Wir bedanken uns bei Heiko Born, Stephanie Eßwein, Isolde Otto-Langer, Adrian Raidt, Andrea Vollmar, Corinna Schindler, Elke Sehon, Johannes Schurr, Roswitha Röhrle, Stephanie Töpfl, Dr. Adrian Seidel, Andrea Wowereit für die Beantwortung unserer Fragen und für den guten Austausch.

Sie alle haben uns sehr geholfen, unsere Ausführungen auf ein breites und praxisbezogenes Fundament zu stellen. Darüber hinaus haben sie uns Anregungen für neue Fragestellungen und vertiefende Betrachtungen gegeben.

ANHANG

QUELLEN UND LITERATUR NACH THEMEN

1. Zeitgeschichte, Generationen, Sozialisation und Werte

Autohaus: https://www.autohaus.de/nachrichten/autohersteller/mobilitaetsverhalten-der-generation-z-pragmatisch-statt-dogmatisch-2869731

Berlinerteam: Fehler! Linkreferenz ungültig.Bildungsserver: https://www.bildung-mv.de/

Bravo: https://www.ndr.de/geschichte/Die-Bravo-praegt-Generationen-von-Teenagern-,bravo152.html)

Bude/Munk/Wieland, Kess und militant. Jungmenschen i Westberlin der Achtziger. Süddeutsche Zeitung vom 2./3./4. 10. 2020, S. 21

Campus: https://www.campus.de/buecher-campus-verlag/business/management-unternehmensfuehrung/fuehren_leisten_leben-15390.html)

Computerwoche: https://www.computerwoche.de/a/harter-preiswettbewerb-der-386-pc-anbieter,1151939

Deutschland in den fünfziger Jahren. Informationen zur politischen Bildung Nr. 256 vom 3. Quartal 1997. Hrsg. von der Bundeszentrale für politische Bildung

Deutschland in den 70er/803r Jahren. Informationen zur politischen Bildung Nr. 2270 vom 1. Quartal 2001. Hrsg. von der Bundeszentrale für politische Bildung.

Die übertriebene Generation«. In: Spiegel 41/1967, S. 154 ff.

Engelhardt, Miriam und Nikola; Wie tickst du? Wie ticke ich? Babyboomer, Generation Y bis Z – Altersgruppen verstehen sich in Bildung und Beruf, hep verlag ag, Bern, 2019

Franck, Dieter (Hrsg.), Die fünfziger Jahre, München 1981, In: Informationen zur politischen Bildung Nr. 256, hg. von der Bundeszentrale für politische Bildung, 1997 S. 9.

Generation Schneeflocke. In: Spiegel Nr. 4 vom 22. 01. 2022, S. 70f.

Generation XYZ – Eine Übersicht der Merkmale und Touchpoints: https://unicum-media.com/marketing-wiki/generation-x-y-z/?portfolioCats=88 %2C84 %2C85 %2C82 %2C83

Generation Z will keine Verantwortung übernehmen: Internet 16. 02. 2022: https://www.diepresse.com/5078263/generation-z-will-keine-verantwortung-uebernehmen

Generation Schneeflocke. In: Spiegel Nr.4/2022, S. 70

Generationenwandel – Die traurigen Streber. https://www.zeit.de/2008/36/01-Titel?utm_referrer=https %3A %2F %2Fwww.google.com %2F

Hurrelmann, Klaus & Albrecht, Erik: Die heimlichen Revolutionäre – Wie Generation Y unsere Welt verändert, Beltz Verlag Weinheim und Basel, 2014

Harriehausen, Christiane u. Korndörffer, Sven H.: »Apropos Werte«. Frankfurter Allgemeine Buch, 2020, Vorwort, Seite 8

Höpflinger, Francois: Generationenfragen: Konzepte und theoretische Ansätze. http://www.hoepflinger.com/fhtop/Generationen-Dossier.pdf

Hüther, Gerald; Kommunale Intelligenz, Potentialentfaltung in Städten und Gemeinden. Hamburg: Edition Körperstiftung

Jahreschroniken von Lemo: https://www.hdg.de/lemo/jahreschronik/

Jung, weiblich, vorgesetzt: Wann Konflikte drohen. Stuttgarter Nachrichten vom 01. 02. 2022

Jugend 1967 – Die übertriebene Generation. Titelgeschichte in Spiegel Nr.41 vom 02. 10. 1967, S.154 ff.

Karasek, Helmut: Deutscher Ritt über den Bodensee. In: Spiegel Nr. 14 vom 03. 04. 1978, S.98

Kindergarten (Wikipedia Stichwort). https://de.wikipedia.org/wiki/Kindergarten

Lorenz, Michael: Generation Young – Wie sie denkt. Wie sie arbeitet, Business Village GmbH Göttingen, 2019

Landesarchiv: https://www2.landesarchiv-bw.de)

Matzig. Gerhard: Z wie Zukunft. In: Süddeutsche Zeitung vom 28./29. 5. 2022, S.49

Mythos der 50er Jahre. Die Sehnsucht nach den Wunderjahren. Titelgeschichte in Spiegel Nr. 14 vom 03. 04. 1978, S.90 ff.

Nestle: https://www.nestle.de/unternehmen/publikationen/nestle-studie/ernaehrungsstudie/generation-z

Sparvell, Mark: auf: https://www.42heilbronn.de/de/news-detail/gen-z-so-lernt-die-tech-generation/

Sprenger, Reinhard: Magie des Konfliktes: Warum ihn jeder braucht und wie er uns weiterbringt, 2020, DVA München

Ulrich, Bernd: »Kämpft ihr noch?« in ZEIT vom 20. 08. 20., S.2)

Watson, Thomas: https://www.sueddeutsche.de/digital/beruehmte-fehlprognosen-computer-sind-nutzlos).

Watermann, Rainer: Politische Sozialisation von Kindern und Jugendlichen. In: Aus Politik und Zeitgeschichte Nr. 41/2005, Beilage zur Wochenzeitung das Parlament, hrsg. von der Bundeszentrale für politische Bildung, S. 16ff.

Uhse, Beate: https://de.wikipedia.org/wiki/Beate_Uhse

Wertewandel: https://de.wikipedia.org/wiki/Wertewandel

2. Betrieb: Konflikt, Führung, Coaching

Aichinger/Deutsch/Friedrichsmeier (Hg.)/Josef (Hg.): Jung & gierig – Alt & Müde? – Karriere und Generationenkonflikte im modernen Management. Facultas (Verlag) 2013 – ISBN: 978-3-7089-1012-3 (ISBN)

Brenner Aloisia: Schwester Resi haut nichts um! Bedeutung von Resilienz in der Pflege, 2016 Schwäbisch Gmünd, einhorn-Verlag,

Engelmann, Bea: Führungs-Coaching; 3 × 7 Erfolgsfaktoren für eine positive Unternehmensführung; 2013, Beltz Verlag

Haller, Michael: Was wollt ihr eigentlich? Die schöne neue Welt der Generation Y, Murmann Publishers GmbH, Hamburg, 2015

Hartmann, Evi: Ihr kriegt den Arsch nicht hoch – Über eine Elite ohne Ambition, Campus Verlag, Frankfurt, 2018 Korndörfer

Korndörfer, Sven H. & Scheinert, Liane: »Ihre Werte, bitte!« Springer Gabler, Wiesbaden, 2012

Laloux Frederic; Reinventing Organizations, Ein illustrierter Leitfaden sinnstiftender Formen der Zusammenarbeit, Verlag Franz Vahlen, München, 2017

Lotter Wolf; Zusammenhänge – Wie wir lernen, die Welt wieder zu verstehen, Edition Körber Hamburg, 2020

Malik, Fredmund: Führen-leisten-leben: Wirksames Management für eine neue Zeit, Heyne, München, 2001

Manager Skills, Dossier von Manager Seminare vom 14. 7. 2022

Müller, Nicolai (Mitherausgeber): »WERTEorientierte Führung von Familienunternehmen« Springer Gabler, Wiesbaden 2015

Netzel, Werner: Mitarbeitergewinnung und -bindung, Konzepte und Lösungen vor dem Hintergrund des demografischen Wandels, Deutsche Sparkassenverlag Stuttgart, 2008

Sarica, Ruth Maria: Gesunde Führung in der VUKA-Welt, Haufe-Lexware GmbH & Co KG, Freiburg, 2020

Scholz, Detlef: Keiner kann so viel wie alle, Teamarbeit und Teamentwicklung im Sozial- und Gesundheitswesen, Facultas Verlags- und Buchhandels AG, Wien, 2018

Sprenger, Reinhard; Magie des Konfliktes: Warum ihn jeder braucht und wie er uns weiterbringt, DVA München 2001

Strobl, Ingrid: RESPEKT – Anders miteinander umgehen; Pattloch Verlag, München 2010

https://de.statista.com/statistik/daten/studie/182536/umfrage/durchschnittsalter-von-geschaeftsfuehrern-nach-bundeslaendern-und-geschlecht/#:~:text=51 %2C3 %20Jahre.-,Im %20Jahr %202018 %20 betrug %20das %20Durchschnittsalter,in %20Deutschland %20 51 %2C9 %20Jahre.

https://www.destatis.de/DE/Presse/Pressemitteilungen/2018/11/PD18_448_122.html#:~:text=WIESBADEN %20 %E2 %80 %93 %20 Im %20Jahr %202017 %20waren,M %C3 %A4nnern %20war %20 2017 %20nahezu %20identisch.

https://de.statista.com/statistik/daten/studie/182536/umfrage/durchschnittsalter-von-geschaeftsfuehrern-nach-bundeslaendern-und-geschlecht/#:~:text=51 %2C3 %20Jahre.-,Im %20Jahr %202018 %20 betrug %20das %20Durchschnittsalter,in %20Deutschland %20 51 %2C9 %20Jahre.

https://www.destatis.de/DE/Presse/Pressemitteilungen/2018/11/PD18_448_122.html#:~:text=WIESBADEN %20 %E2 %80 %93 %20 Im %20Jahr %202017 %20waren,M %C3 %A4nnern %20war %20 2017 %20nahezu %20identisch.

Jung, weiblich, vorgesetzt: Wann Konflikte drohen. Stuttgarter Nachrichten vom 01. 02. 2022. –

Generation Schneeflocke. In: Spiegel Nr.4/2022, S. 70,

https://de.statista.com/statistik/daten/studie/182536/umfrage/durchschnittsalter-von-geschaeftsfuehrern-nach-bundeslaendern-und-geschlecht/#:~:text=51 %2C3 %20Jahre.-,Im %20Jahr %202018 %20 betrug %20das %20Durchschnittsalter,in %20Deutschland %20 51 %2C9 %20Jahre.

https://www.destatis.de/DE/Presse/Pressemitteilungen/2018/11/PD18_448_122.html#:~:text=WIESBADEN %20 %E2 %80 %93 %20 Im %20Jahr %202017 %20waren,M %C3 %A4nnern %20war %20 2017 %20nahezu %20identisch.

ÜBER DIE AUTORIN UND DIE AUTOREN

ALOISIA BRENNER

Jahrgang 1961

Examinierte Krankenschwester, Weiterbildungen zur Pflegedienstleiterin, Krankenschwester für Gerontopsychiatrie, zertifizierte Pflegesachverständigen.

Seit 2001 – nach dem Studium der Erwachsenenbildung – tätig als freiberufliche Trainerin und Coach.

Eigene Praxis seit 2008 als Paar- und Familientherapeutin und Heilpraktikerin für Psychotherapie.

Buchautorin: »Schwester Resi haut nichts um – Bedeutung von Resilienz in der Pflege« 2016.

Mein
Schulgang

JULIUS BRENNER

Jahrgang 1985
Bankbetriebswirt mit Tätigkeitsschwerpunkt als Firmenkunden- und- Existenzgründungsberater.
Seit 2014 freiberufliche Tätigkeit als Unternehmensberater, seit 2022 angestellte Lehrkraft in der kaufmännischen Umschulung. Veröffentlichung eines Buchbeitrags in »Recht 2030 – Legal Management in der digitalen Transformation«.
Langjährige ehrenamtliche Tätigkeit als Betreuer von Jugendlichen im Schwarzhorn Zeltlager.

ERICH POMMERENKE

Jahrgang 1945

Lehre als Werkzeugmacher, Weiterbildung zum Realschullehrer über ein Studium an der Pädagogischen Hochschule Schwäbisch Gmünd mit den Fächern Deutsch und Politikwissenschaft,

achtjährige Tätigkeit als Realschullehrer,

1980 Berufung als Fachschulrat für Politikwissenschaft und ihre Didaktik an die PH Schwäbisch Gmünd, Pensionierung im Jahr 2006.

Verschiedene Dozententätigkeiten, unter anderem an der VHS und in der Fahrlehreraus und -weiterbildung.

Mehrere Veröffentlichungen von Schulbüchern, Fachaufsätzen und pädagogischer Literatur. Langjährige ehrenamtliche Tätigkeit als Gemeinderat und Bürgermeisterstellvertreter in seiner Heimatgemeinde Spraitbach (Ostalbkreis).

Der Autor Erich Pommerenke (links) mit seinem Cousin